云南文库

学术名家文丛

学术名家文丛

史军超学术文选
——神舞哈尼

史军超　著

云南人民出版社
云南大学出版社

作者简介

史军超，哈尼族，男，1946 年出生于红河县安邦村，现为云南省社科院研究员。长期从事文化人类学、哈尼族及云南各民族文化、梯田文化、茶文化、音乐文化研究，是红河哈尼梯田、世界茶树原产地及普洱茶、哈尼族多声部民歌三项世界遗产申报项目的提出人、论证者及专家组组长。2013 年 6 月，受邀参加中国代表团赴金边第 37 届世界遗产大会并成功获得红河哈尼梯田入选世界遗产名录。多次受邀赴海外举办学术演讲及书法展，如 2011 年赴美国国会图书馆作《茶烟如篆写千年——中国茶文化》演讲，2006 年赴马来西亚吉隆坡市及 2008 年赴美国加州尔湾市举办书法展，后者为汶川赈灾义售筹款。发表学术成果 700 万字，获中国国家图书奖三次，中宣部山花奖一次，云南省政府文学艺术奖励基金会一、二、三等奖多次。

总　序

中共云南省委书记　李纪恒

　　"盖文章，经国之大业，不朽之盛事。"一部承载责任与使命的好作品，必将是一部千古不朽的立言典范，也必将是一部历久弥新的传世教科书。千百年来特别是明代以来，许多贤人君子和名人大家在广袤的云岭大地耕耘、思考和写作，留下了闪光的足迹和丰厚的作品，足以飨及后进，启迪晚辈。在搜集、遴选和整理云南明代以来学术大家、学术名家著作的基础上，由云南宣传部门牵头推出了《云南文库》，这一丛书的面世诚为云南学术研究和出版界之盛事。

　　编纂《云南文库》是传承云南地域文明、提高云南文化自觉的有益尝试。"七彩云南"这片神奇的土地孕育了对中国乃至世界文明都有重要影响的古人类，造就了云南文化的丰厚积淀，从而构成了博大精深的云南文化艺术宝库。作为中华文化圈、印度文化圈和东南亚文化圈的交汇地，云南自古以来都不缺乏学贯中西的大师和博古通今的大家，从来都不缺乏魅力四射的光辉著作和壮美奇绝的文化遗存。其中，许多学术作品都凝聚了深邃的思想和超凡的智慧，体现了鲜明的地域特色和民族特色，彰显了有云南自身特点的知识谱系和学术传统。今

云南文库·学术名家文丛

天，我们将历史长河中的明珠拾起，用心记载云南学术史上的灿烂篇章，正是为了守护云南优秀的地域文化，为了汲取进一步繁荣发展云南哲学社会科学的养分和动力，进而筑牢云南文化自信的根基。

编纂《云南文库》是树立云南文化品牌、增强云南文化影响力的重要举措。云南文化是中华文化的有机组成部分，其悠久的历史文化、多彩的民族文化、独特的生态文化、包容的宗教文化，已经成为文化百花园中一枝流光溢彩、香飘四海的奇葩。千百年来，云南学者中英奇瑰伟之士以及众多寓居云南的外省学者念兹在兹，深植于云南沃土，扎根于传统文化，不懈探索、勤奋撰述，留下了一批经得住历史和实践检验的珍贵成果。特别是抗战时期，随着西南联合大学和相关研究机构的到来，昆明一时风云际会，云集了大批我国现代学术史上开宗立派的学术大师和著名专家，云南成为当时中国学术中心之一，诞生了大批学术经典。新中国成立后，云南学术研究取得很大进展，研究队伍空前壮大，学科建设卓有成效，学术成果日益丰硕，推出了一批享誉国内外的学术精品。近年来，《云南史料丛刊》《云南丛书》等一批历史文献和地方文献丛书相继刊印，云南文化的影响力和竞争力不断增强。今天，我们隆重推出《云南文库》，就是要为更多的人了解云南、熟悉云南、研究云南搭建一个平台和载体，为云南的经济社会发展、文化建设、文史学术研究等提供有益的历史借鉴，为在更广领域传播云南文化、打造云南品牌、增强云南软实力创造更好条件。

编纂《云南文库》是保障人民群众的基本文化权益的有效途径。文化建设的根本就是要用健康高雅的艺术、用智慧明辨的思想、用善良温厚的德行启迪人、引导人。编纂《云南文库》一个重要目的是丰富人民群众的精神文化生活、增进人民群众的幸福感。此次收入《云南文库》的著作，涉及哲学、历史、文学、语言、艺术、民族、宗教、政治、军事、外交等诸多方面，包含着丰富的自然、社会和人生哲理知识，体现了高度的人文关怀。阅读这些著作，有助于培育读者自尊自信、理性平和、积极向上的心态，有助于引导人们去发现、享用、珍惜世界和人生之美，能使大众的精神世界得以滋养和美化、人格得以陶冶和熏陶、心灵得以安顿和抚慰、情感得以丰富和升华，从而更好地满足人民群众多层次、多方面、多样性的审美需求。

编纂《云南文库》是推动云南跨越发展的必然要求。云南早在 1996 年就提出了建设"民族文化大省"的目标，是全国最早提出建设民族文化大省的省份之一。2000 年，我省正式确立了"建设绿色经济强省、民族文化大省和中国连接东南亚南亚的国际大通道"的三大目标，把文化事业和文化产业的发展纳入了全省经济社会发展战略的范畴。2009 年召开的中共云南省委八届八次全委会，作出了把云南建设成为"绿色经济强省、民族文化强省、中国面向西南开放的桥头堡"的重大决策，把云南文化建设推向了一个新的阶段。2011 年 11 月，云南省第九次党代会进一步明确了科学发展、和谐发展、跨越发展的发展主题，要求更加自觉、更加主动地推动文化大发展大繁荣。当前，云南人民正豪情满怀地沿着建设民族文化强省的道路阔步前行，具有云南特色的文化模式已经也必将进一步焕发动人而耀眼的光芒。我们将以打造《云南文库》等一批社科品牌和文化精品为契机，继承优良传统，发挥优势，突出特色，以面向现代化、面向世界、面向未来的宏大眼光，锐意进

云南文库·学术名家文丛

取,积极开展学术研究,努力创造出无愧于时代、无愧于人民、无愧于历史的优秀学术成果和文化产品,更好地弘扬以高远、开放、包容的高原情怀和坚定、担当、务实的大山品质为主要内容的云南精神。

《云南文库》最终得以发行,首先是众位先贤心血和智慧的结晶。在此,我们要对创造了云南学术精品并因此而为中华文化做出杰出贡献的学者们表示崇高的敬意!在《云南文库》的编纂过程中,相关编纂单位、出版单位和参加整理的学者,以高度的责任感和使命感,兢兢业业地做好编校和出版工作,正是有了他们的辛勤劳动和精心工作,才有如今的翰墨流芳。在此,我要诚恳地道一声,大家辛苦了!《云南文库》从构想走向现实,离不开众多读者和社会各界人士的支持,我也一并向你们表示诚挚的谢意!同时,衷心希望同志们一如既往地为云南文化建设献智献策,欢迎更多的同仁志士参与到云南文化建设的伟大事业中来!

谨为序。

目 录
Contents

云南文库·学术名家文丛

元阳哈尼梯田申报世界遗产可行性研究

一、申报世界遗产的前期准备

元阳，是滇南边疆一小县，在漫长的历史岁月里因经济贫困、文化落后寂寂无闻，但是近年来却声名鹊起，一跃成为云南省旅游观光与文化考察的最新热点，原因是这里有举世闻名的哈尼梯田奇观。目前，在国内外专家学者的大力推动下，在红河哈尼族彝族自治州政府的重视下，元阳哈尼梯田申报世界遗产工程正拟启动。

元阳哈尼梯田申报世界遗产，是云南省"民族文化大省"建设工作中的一件大事，其意义重大，不仅对红河州，而且将对整个滇南地区乃至云南全省的政治、经济、文化、科技、教育等等方面的发展带来相当影响；其作用巨大，不仅对哈尼族一个民族，而且将对同居一州的彝、汉、傣、回、壮、苗、瑶、拉祜各民族人民的社会生活、经济发展、文化繁荣产生明显的促进作用。

对哈尼梯田文化，尤其是对最具代表性的元阳哈尼梯田文化的调查与研究，许多同道已进行了 20 年，其中若干重要的学术成果业已发表和行将发表，然而，作为元阳哈尼梯田申报世界遗产的命题，则是在 1999 年 1 月云南省委和省政府主办、省委宣传部和省社科院（以民族文学为主）承办的"云南建设民族文化大省研讨会"上，由史军超首次提出的。红河州领导肯定并采纳了上述建议，并开展了一系列前期工作。嗣后，红河州领导委托云南省社科院史军超研究员和云南省民委古籍办副研究员李克忠、云南省人大政研处副处长白茫茫、云南民族出版社编辑杨羊就、云南省植物研究所硕士研究生王建华等起草申报方案、组织计划等文本。为使申报工作稳健、有效地展开，红河州领导并赴京邀请到世界遗产研究专家谢灵高教授,史军超等人还联系到联合国教科文组织亚太地区办公室高级顾问、美国大自然保护协会负责人白海思博士,向她介绍了元阳哈尼梯田申报世界遗产的情况,以上专家将于2000年6月赴元阳实地考察。有了以上的工作,元阳哈尼梯田申报世界遗产迈出了可喜的一步。

出于对此项工作意义的认知和弘扬民族文化的责任感,史军超等人以元阳哈尼梯田申报世界遗产为主题进行过4次考察:

1999年5月中下旬,赴红河、金平考察二县哈尼梯田文化状况;

1999年6月下旬,赴绿春考察该县哈尼梯田文化状况;

1999年7月下旬,赴丽江考察古城历史文化状况及申报世界遗产经验;

2000年4月下旬,再度赴元阳、绿春考察二县哈尼梯田文化状况,重点进行申报点的选择和初步评估。

之所以做以上考察,是基于下面的思考:

第一,元阳、红河、绿春、金平四县是哈尼梯田最集中、规模最宏大、景观最壮丽、民族传统文化保存最完整的地区,然而作为世界遗产的申报,必须遴选出其中具有独特性、唯一性和代表性并足以称为世界之最的地点,故须在尽可能大的范围内进行反复筛选比较。经过以上考察,我们在原来认知的元阳县胜村乡全福庄梯田和攀枝花乡老虎嘴梯田(猛品、阿勐控、保山寨、洞铺等4个村公所共有)之外,又发现了梯田景观极其壮丽、"森林—村寨—梯田"三度同构的呈现人与自然高度和谐可持续发展内涵的胜村乡坝达梯田。调查结束后,我们即向红河州、元阳县领导提出了补充性的意见和扩大选点的建议。①

① 1999年5月赴红河、金平考察,得到昆明企业家沈泰平女士和云南民族学院民族研究所李清升副研究员的帮助,并得到红河县文化局局长李克山的支持,同年6月赴绿春的考察,得到绿春县县长陶祖盛、民委主任卢保和与哈尼族文化工作者白金明的大力协助;同年7月赴丽江考察,得到丽江地区法院院长和明远、丽江地区一中教师和光明、广东企业家赖晓川的帮助;2000年4月赴元阳、绿春考察,同行者还有云南省民委古籍办李克忠副研究员,并得到元阳县县长张卫东、林业局局长白世明、文化局副局长李跃泽、政协文史委员会主任卢朝贵、原元阳县文化馆老馆长杨叔孔、胜村乡乡长潘卫东、副书记卢永锋、统计员彭凤鸣、攀枝花乡乡长石春明、副乡长吴旺、文书卢沙簸、绿春县县长陶祖盛、水电局局长朱文顺等领导和朋友们的大力支持和帮助。对以上各位同行、领导和朋友,谨在此一并致以衷心地感谢!

云南文库·学术名家文丛

第二，丽江古城是云南省唯一申报成功的世界文化遗产，其经验足资借鉴。

在大量的调查研究中，我们有若干心得，兹述于下，以向学术界专家同行们请益，并向各级政府及领导提供参考。

二、申报世界遗产的依据

哈尼族是中国 10 余个人口在 100 万以上的少数民族之一，其历史悠久、文化丰富，1998 年有人口 132.52 万人，在缅甸、泰国、老挝、越南还有 40 万人，红河州是其主要聚居地，也是我国唯一的以哈尼族为主体民族的自治州。

梯田文化是哈尼族的主体文化，也是哀牢山地域的代表性文化。哈尼族自古以来就是耕种梯田的民族，据中国最古老的史书《尚书》记载，早在春秋战国时期，哈尼族先民"和夷"在其所居之"黑水"（今四川省大渡河、雅砻江、安宁河流域）已经开垦梯田，进行水稻耕作，该书《禹贡》篇描述和夷所居之地"厥土青黎（土质肥沃），厥田下上（耕种梯田），厥赋下中三错（交纳不同等级的田赋）"。这是中国史籍对哈尼族及其耕种梯田最早的记载。汉代司马迁《史记·西南夷列传》记载西汉时期云南少数民族"西南夷"中较先进者已是"耕田，有邑聚"（稻作农耕，有村落），其中包含了哈尼族。唐代樊绰《蛮书·云南管内物产》更进一步描述"蛮（哈尼族先民'和蛮'）治山田（耕种梯田），殊为精好（技术精湛）"。明代大农学家徐光启《农政全书·田制》则将哈尼梯田列入全国七大田制之一，称誉为"世外梯田"，作诗赞道："世间田制多等夷，有田世外谁名题。"清代嘉庆《临安府志·土司制》记载了哈尼梯田的壮丽图景："依山麓平旷处，开凿山园，层层相间。远望如画。"该书及雍正《云南通志》还记载了哈尼族首领龙嘴（元阳县纳更土司）、吴蚌颇（红河县左能土司）因率部开垦梯田，受到清政府表彰封赏的事迹。哀牢山梯田是居住在该地区的各个民族（哈尼、彝、汉、傣、壮、苗、瑶、拉祜等）共同劳动的结晶，但诚如国家民委民族问题五种丛书之一中国少数民族简史丛书《哈尼族简史》所说，"云南多数的山居民族都能开垦梯田；但所垦台数之多，技术之精，则当首推红河南岸的哈尼族……从云南各少数民族耕山田的技术来看，只有哀牢山下段哈尼族的梯田达到'殊为精好'的水平"，① 因而哈尼梯田自古以来就是中国梯田文化的代表和象征。

历史文化因素之外，哀牢山区的特殊地理条件也决定了哈尼梯田成为中国梯田文化代表的必然性。哀牢山地区多属深切割中山地类型，亘古以来，在以红河为主的众多水系长期侵蚀切割下，宏观地貌呈中部突起、两侧低下的"V"形发育，雄峻异常。其气候多属亚热带季风类型，随地形升降，呈立体特征，即"一山分四季，十里不同天"。因此形成最为特殊也最为重要的"山有多高，水有多高"地理和气候特征：低纬度河坝地区常年出现高温，使江河之水蒸发升空，在高山区形成密布的云雾和充沛的降雨，大量水分被高山森林"绿色水库"贮存，形成四季长流的溪流、泉瀑、龙潭、池塘。千百年来，居住在上半山区的哈尼族根据这一水系特点，挖掘了无以数计的水沟干渠（俗称"大沟"），有效解决了人畜用水和梯田稻作的命脉——水利问题。大沟之水顺无数血管般的支渠纷注入田，梯田之水层层下注，又复归于江河，再度升空降雨，形成一个良性循环的生态系统。另外，哀牢山地区以有黏性的黄壤和红壤为主，间有大量肥沃的深棕色森林土和水稻土，哈尼族人民也利用了这一土质条件垦筑了上千级的梯田，其梯田具有不渗漏、不溃决、不倒塌的品质。

因此，哈尼梯田生态系统呈现着以下特点：每一个哈尼族村寨的上方，必然矗立着茂密的森林，提供着水利、用材、薪炭之源，其中以神圣不可侵犯的寨神林为表征；村寨下方是层层相叠的千百级梯田，那里提供着哈尼人生存发展的基本条件——粮食；中间的村寨由座座古意盎然的蘑菇状寨房组合而成，形成人们安度人生的居所。这一结构被文化生态学家盛赞为"江河—森林—村寨—梯田"四度同构的人与自然高度协调的、可持续发展的、良性循环的生态系统，这就是千百年来哈尼人民生息繁衍的美丽家园。

元阳县位于红河南岸哀牢山南段中心地区，地理位置为东经102°7′至103°31′，北纬22°49′至23°19′，与红河州首府驰名中外的锡都个旧市，滇南文化名城建水县，哈尼族主要聚居的红河、绿春县、金平三县毗邻，据昆明市300千米。

① 《哈尼族简史》编写组：《哈尼族简史》，云南人民出版社1985年版，第111—113页。

该县为哈尼、彝、汉、傣、壮、苗、瑶 7 个民族共居，面积为 2189.88 平方千米，1999 年，人口总数为 354 739 人，哈尼族人口为 187 036 人，占总数的 52.7%。全县有 15 个乡镇，133 个村公所（办事处），965 个自然村，共 76 571 户。农业人口为 336 971 人，耕地面积为 313 941 亩，其中梯田为 166 689 亩，占耕地面积的 53.1%，多为哈尼族耕种。梯田亩产平均为 450 千克，粮食总产 10.732 万吨，人均有粮 285 千克。以一座山坡而论，梯田最高级数为 3000 余级，梯田景观最壮丽的是胜村乡全福庄（箐口）梯田、坝达梯田和攀枝花乡老虎嘴梯田，其中仅在猛品公路下方山坳中的一块就有 1700 余亩，称为"猛品等玛"（哈尼语"猛品田坝"），虽未精确统计，但据乡干部估计，从夕欧河底到多沙山头这一连片的梯田（包含老虎嘴梯田）至少有 5000 级。① 全县森林为 63 958.4 公顷，其中水源林 22 684.9 公顷，水土保持 11 902.4 公顷，自然保护区 16 409.9 公顷，寨神林上 1000 座 1331.7 公顷。全县有水沟干渠 4653 条，最大径流量 0.3 立方米/秒，最小径流量 0.1 立方米/秒。境内最低海拔小河口 144 米，最高海拔白岩子山 2939.6 米，主要有红河、藤条江水系 29 条大小支流，总长 700 余千米，水资源总量 26.9 亿立方米，地表水 20.81 亿立方米，地下水 6.09 亿立方米，可利用水 1.47 亿立方米，它们是元阳县所有水源的总源头。全县年均降雨 1397.6 毫米，最多在 6 月，为 257.9 毫米，是云南省降雨最丰沛的地区之一；全年日照 1770.2 小时，年雾期 180 天。高山区气温年均 11.6℃，河谷区气温年均 25℃，最高气温 42℃，立体气候突出，海拔每升高 100 米，温度下降 0.7℃。②

由此可见，元阳哈尼梯田耕作之所以达到极高层次，除历史上哈尼族自古以来就有耕种梯田的文化传统外，更是哈尼族人民在千百年间巧妙地开发利用了元阳县特殊自然条件而成功的。元阳县有 7 个少数民族，共居一山的 7 个民族大致说来是按海拔高低分层而居的，从海拔最低的 144 米到 600 米，称为河坝区，多为傣族居住；从海拔 600 米到 1000 米，称为峡谷区，多为壮族居住；从海拔 1000 米到 1400 米，称为下半山区，多为彝

云南文库·学术名家文丛

① 此为 2000 年 4 月 19 日在攀枝花乡调查时乡干部们的估计数。

② 以上数字由元阳县政府办公室提供，部分引自《元阳县志》。

族居住；从海拔1400米到2000米，称为上半山区，多为哈尼族居住；海拔2000米以上称为高山区，多为苗族与瑶族居住。居住高山区的苗族与瑶族因海拔过高和文化传统，历史上少有水稻种作（海拔2000米以上一般不适宜水稻生长）。哈尼族居住的上半山，气候温和，雨量充沛，年均气温在15℃左右，全年日照1670小时，植被介于落叶常绿阔叶林与山地常绿阔叶林之间，适宜水稻生长。故哈尼族自隋唐之际迁入此地区就已开垦梯田种植水稻。在此1200多年间，元阳哈尼族倾注了数十代的心力，发挥了惊人的智慧和勇毅垦殖梯田。结合上文所说的江边河坝区因终年高温酷热，江河之水大量蒸发，在热空气带动下升腾入空，在上半山和高山区遇到冷空气，便形成密集的云雾，继而凝聚为雨水，倾泻在这一地区，养育了亘古以来的广袤森林。又由于森林巨大的贮水作用，这些降雨在高山森林中形成无数溪流、泉瀑、龙潭、池塘，同时在半山区因云雾的升腾沉降形成随处可见的云蒸霞蔚变幻莫测的云海奇观，将森林、村寨、梯田掩映覆盖，使人赏心悦目，美不胜收。高山森林中的无数溪泉沿着千沟万箐潺潺下注，而哈尼族发挥了巨大的天才和创造力，在大山上挖筑了成百上千条水沟干渠，其如条条银色的腰带，将座座大山紧紧缠绕，条条沟箐中流下的山水被悉数截入沟内，这样就解决了梯田稻作的命脉——水利问题。与此同时，哈尼族奋数十代人毕生心力，垦殖了成千上万梯田，将沟水分渠引入田中进行灌溉，因山水四季长流，梯田中可长年饱水，保证了稻谷的发育生长和丰收。哈尼族垦殖梯田的想象力令人惊叹，其随山势迥异地形变化，因地制宜，坡缓坡大则开垦大田，坡陡坡小则开垦小田，甚至沟坎下石隙之中，无不奋力开田，因而梯田大者有数亩、十数亩，小者仅有簸箕大，往往一坡就有成百上千亩。攀枝花老虎嘴梯田就有1700亩！这一景观构成了千姿百态、变幻莫测的天地艺术大交响，成为举世瞩目的梯田奇观。①

① 学术界曾对我国梯田集中的省区，如广西壮族自治区梯田、四川省梯田、贵州省梯田、云南省其他地区梯田做过比较，认为元阳哈尼梯田就规模、形制、技术、景观、文化内涵诸方面都远胜于国内其他地区。国外如美国、墨西哥、智利、菲律宾、日本等国亦有大面积梯田，目前尚未对其进行考察比较，但据资料介绍，元阳哈尼梯田的独特、壮丽是极为令人赞叹的。

　　长期以来，所有来访的中外宾客都搞不懂，以哈尼族这样一个生产工具简陋、现代科技缺乏的民族，何以能在险峻雄伟的大山上开挖出如此神奇的梯田？在上千年中，哈尼族是用整个民族的心力来挖筑梯田的。他们只有一把短柄锄头、一身铮铮铁骨，只有胸中万丈的豪情及脑中过人的智慧。同时，是他们投入了生命的全部，才营构出如此广袤的梯田奇观。通过哈尼族的"出门礼"，我们看到一个哈尼人如何把他的一生与梯田缠绕在一起。一生下来，如果他是男孩，就要举行挖梯田仪式（在院子地上画出象征梯田的方格，由一个七八岁的小男孩用小锄头在上面表演挖田的动作）；如果她是个女孩，也要举行梯田劳动仪式（同样由一个七八岁的小女孩背着小笆箩，在方格代表的"梯田"里表演摸螺蛳拿黄鳝的动作）。经过这一仪式他（她）才能拥有自己正式的名字，真正成为村寨里的一员。此后，他（她）的一生都将投放到梯田里，直到去世，仍然埋葬在梯田旁边的山坡上，在另外一个世界里守望着梯田。哈尼族就是这样，靠着一代接一代，祖祖辈辈永不中断、永不松懈的努力，如蚂蚁搬大山一般，终于把巍巍哀牢山的千山万壑都开垦成片片田山。每道梯田的田埂下面，都掩埋着哈尼祖先累累的白骨，每块梯田都是用祖先们的生命和鲜血垒成。也正因此，哈尼祖先把他们的伟大力量和人格镌刻在大山之上，成为后代儿孙，成为全人类永恒的骄傲和荣耀！

　　值得注意的是，元阳哈尼梯田奇观自古至今是一个充满生命力的大系统，今天它仍然是哈尼族人民物质和精神生活的根本：元阳县的 166 689 亩梯田，至今仍在养育着全县 336 971 农业人口，哀牢山上的 63 958.4 公顷森林，至今仍在供给全县人民生活用水和农田用水，全县 4653 条水沟干渠仍在灌溉着千山万岭之上的梯田。以上均以哈尼族为主体构成。这就是元阳哈尼梯田奇观的突出特点。它不像世界遗产中的许多项目已成古迹文物，如长城、故宫、秦始皇陵、埃及金字塔、印度泰姬陵等等，今天它们已丧失了当年的功能，也不是单纯的自然景观，如泰山、黄山、尼亚加拉瀑布等等，或单纯的人文创造，如曲阜孔庙、拉萨布达拉宫、北京颐和园等等，它是哈尼族人民与哀牢山大自然相融相谐互促互补的天人合一的人类大创造，是文化与自然巧妙结合的产物。

　　另外，哈尼族的文化是围绕着梯田农耕展开的一套宗教哲理、节庆仪典、社会人伦、人生礼仪、文学艺术等等，它们与梯田耕作相辅相成，构成丰富绚丽的文化内涵。

三、对梯田的研究、评价与宣传

自20世纪80年代以来，元阳哈尼梯田的知名度日渐提高，从封闭的哀牢山走向全国、走向世界，国内外专家学者和游客纷至沓来。1993年，第一次国际哈尼族文化研讨会期间，中国、荷兰、日本、美国、英国、泰国等10个国家的100多名代表参观过全福庄哈尼梯田，深为其景观的壮丽与文化的丰富折服。嗣后，有法国新婚夫妇（姓名不详）专程到老虎嘴梯田田棚中欢度蜜月并拍摄哈尼梯田专题录像。1995年，史军超陪同法国人类学家让·欧也纳博士观览老虎嘴梯田，面对脚下千亩梯田，欧也纳博士激动不已，久久不肯离去。他谈到西方现代派大地艺术家用布匹把塞纳河大桥包裹起来、将太平洋海岸用布匹包裹起来、在大峡谷中拉起巨大的天幕等等，从而构成他们的作品，而这些"大地艺术"与哈尼梯田比较起来那是差得太远了，他说："哈尼族的梯田，这才是真正的大地艺术，这才是真正的大地雕塑，哈尼族才是真正的大地艺术家！"1997年，史军超陪同美国福特基金会中国项目官员麦斯文博士赴元阳考察，在观赏老虎嘴梯田时，麦斯文博士也连连惊叹："多么美妙的哈尼梯田文化，千万不要破坏它一点点！"近几年到元阳观赏、拍摄哈尼梯田的中外游客和专家学者络绎不绝，我们每次前去考察都能碰到不少。

新闻媒体也频频加以报道，20世纪80年代香港《大公报》较早报道了元阳哈尼梯田，1991年"台湾"的地理杂志《大地》发表了史军超介绍元阳哈尼梯田的长篇专题文化散文《山坳中跳荡不息的精灵——哀牢山少数民族》。嗣后，法国巴黎电视台、德国国家电视台播放过元阳哈尼梯田专题片，泰国清迈大学、新西兰维多利亚大学、日本国立民族博物馆等国际著名媒体和学术机构从各个渠道以多种方式对元阳哈尼梯田做了大量报道和展示。

20世纪80年代，元阳哈尼梯田曾遴选为在智利召开的国际梯田文化学术研讨会的中国代表。菲律宾梯田是世界著名的旅游热点，20世纪90年代中期该国专家到元阳考察后认为，哈尼梯田远胜于菲律宾梯田，堪称世界一绝，并建议申报世界遗产。元阳哈尼梯田景观的壮丽、雄伟、独特以及所蕴含的人与自然高度和谐、"江河—森林—村寨—梯田"四度同构的可持续发展的良性循环农业生态系统特征，是中国任何梯田都无可比拟的，其申报世界遗产是可行的。学术界同行和朋友们对哈尼梯田文化也有丰硕的研究成果，其中较有代表性的是王清华的《梯田文化论——哈尼族生态农业》，史军超的《雕塑大地的民族》《哈尼族文学史》《哈尼族文化大观》，李克忠的《寨神——哈尼族文化实证研究》，白玉宝的《哈尼族天道人生与文化源流》《红河水系田野调查实录》，毛佑全的《哈尼族文化初探》，为则的《哈尼族自然宗教形态研究》，红河州民族研究所的《红河民族研究》集刊，孙官生的《古老·神奇·博大》以及《哈尼族文化研究》《哈尼族文化论丛》《首届哈尼族文化国际学术讨论会文集》等文著和《哈尼梯田文化》等图片集。另外，《人民画报》《云南画报》《民族画报》《山茶》《民族工作》《农业考古》等杂志及中央电视台、云南电视台、昆明电视台、红河电视台均做过大量专题报导。从 2000 年 4 月开始，昆明电视台"元阳哈尼梯田"专题片摄制组在元阳进行了为期一年的长时期跟踪拍摄，以一年四季的梯田农耕全貌和梯田耕作的主人——坝达寨一户哈尼族的现代命运为主题，从纵深层面拍摄精品片。

总之，元阳哈尼梯田已渐为国内外旅游界、文化界认可，它已成为与丽江、大理古城、西双版纳亚热带风光并列的云南省旅游标志，经学术界研究，认为它申报世界遗产是可行的。

四、申报世界遗产内涵的界定

经国内外专家学者的考察和比较，经红河州领导和群众反复研究，共同达成以下对元阳哈尼梯田申报世界遗产内涵的界定：

① 申报名称为"元阳哈尼梯田"。哀牢山梯田是同居一山的各个民族共同劳动创造的结果，但如前所言，学术界对其早有定论："从云南各少数民族耕山田（梯田）的技术来看，只有哀牢山下段哈尼族的梯田达到'殊为精好'的水平。"① 哀牢山区是云南省梯田文化最发达的地区，而此

---

① 《哈尼族简史》编写组：《哈尼族简史》，云南人民出版社 1985 年版。

区内耕种梯田的主体和耕种梯田层次最高的民族是哈尼族，这从元阳县的情况可以得到证明：人口比例哈尼族占全县总人口的52.7%，这些人口均为耕种梯田的农业人口，梯田数量、水渠开挖、村寨数量、耕作技术等等，都以哈尼族为最。梯田景观最壮丽的胜村乡人口33 993人，农业人口33 513人，其中哈尼族占87%，为29 156人，彝族占12%，为4021人，汉族占1%，为335人；该乡申报点全福庄、箐口、坝达则100%为哈尼族。另一梯田最壮观的申报点攀枝花乡老虎嘴梯田1700亩，分别属于阿勐控、保山寨、猛品、洞铺4个村公所，阿勐控村公所哈尼族占总人口的60%，保山寨村公所哈尼族占总人口的40%，猛品村公所哈尼族占总人口的53%，洞铺村公所哈尼族占总人口的100%。第三个申报点是马街乡的登云、丫多、鸠妈村，也多是哈尼族。此其一。其二，根据联合国教科文组织世界遗产中心对申报遗产的评判标准"三性"——独特性、唯一性、代表性——的要求，同时申报工作要有明确的品牌意识，只能突出其中的特点所在，即遴选出最具代表性的地点进行申报。因而，不论选择哪个点、哪个民族，都代表着元阳各民族的共同劳动成果，都将对元阳县、红河州乃至云南全省各民族的发展带来效益。

②选点：以梯田最为集中、景观最壮丽、文化传统保存最完好的胜村乡全福庄、坝达和攀枝花乡老虎嘴（"猛品等玛"）为第一批申报保护重点。

③申报类别为"文化与自然双重遗产"。世界遗产分为三类：文化遗产、自然遗产、文化和自然双重遗产。文化遗产又分三类：第一类，文物古迹；第二类，古建筑群（古城、历史街区、历史村落等）；第三类，古遗址（考古遗址）。自然遗产即世界著名的名川大山和大自然保护区。文化和自然双重遗产是兼有以上两种类型特点的世界遗产。目前经世界遗产中心批准列入清单的世界遗产共554项，其中文化遗产420项，自然遗产114项，文化与自然双重遗产20项。元阳哈尼梯田兼有深厚的哈尼族文化内涵和哀牢山高山、森林、云海的自然景观，申报文化与自然双重遗产最为相宜。

④元阳哈尼梯田的内涵是：第一，哈尼梯田文化所特有的"江河—森林—村寨—梯田"四度共构的人与自然高度和谐与可持续发展的良性循

环生态系统；第二，以梯田农业为核心的哈尼族传统文化系统；第三，由雄伟、壮丽的哀牢山自然景观及其特殊地理气候形成的云海奇观组成的自然风貌。

五、对红河社会经济文化发展的促进作用

① 元阳哈尼梯田申报世界遗产能够提高红河哈尼族彝族自治州的国际知名度，塑造红河州的新形象。在知识经济时代，知名度、形象就是品牌，就是价值，就是生产力，就是资源和资本，就能产生效益。元阳哈尼梯田申报世界遗产绝非哈尼一族、元阳一县的事，它是红河州乃至云南省具有国际意义的重要工作，涉及面大、影响显著。通过申报工作，红河州可以利用国际级、国家级的主要新闻媒体和学术机构进行宣传报道，研究开发，打出品牌，提高国际知名度，塑造红河州21世纪的经济文化新形象。

② 对红河州经济发展的推动作用。由于历史的原因，红河州近半数地区，尤其是红河南岸各少数民族聚居地区，长期处于经济滞后发展状况，贫困面大、贫困程度深，发展缓慢。通过申报工作，有利于争取中央、省、州各级政府和国际机构的大力支持和帮助，从政策制定、资金投放、技术指导、信息传播、人才培养各方面，提供良好的发展契机，为红河州哈尼族和各少数民族在21世纪的繁荣兴旺创造良好的国际国内环境。

③ 申报工作将促进红河民族文化大州的建设。云南省建设"民族文化大省"是云南省委、省政府结合本省实际提出的发展战略，红河是一个民族文化大州，肩负着落实云南省委、省政府决策的重任。以哈尼族为代表的梯田文化是一整套具有鲜明民族特色的文化系统，申报过程本身对恢复、抢救、保存、弘扬民族文化具有直接的促进作用，而梯田文化本身即是一项重要的产业，开发和利用的潜力巨大。

④ 全民推动红河州旅游业的发展。目前，元阳哈尼梯田已成为云南省旅游的主要标志之一，申报世界遗产，将形成以元阳哈尼梯田奇观为龙头的，辐射到弥勒（白龙洞）、泸西（阿庐古洞）、开远（小龙潭1400万年前的腊玛古猿考古遗迹）、建水（燕子洞、全国第二大孔庙、朱家花园民居村落）、石屏（异龙湖风景区、清末经济特科状元袁嘉谷故居）、个旧

（世界锡都）、蒙自（南湖风景区、滇越铁路大站）、红河（迤萨古镇民居群落）、绿春（黄连山自然保护区、李仙江漂流线）、金平和河口（国家级口岸）及屏边（大围山风景区）等全州 13 个县市的旅游网络。尤其元阳哈尼梯田独具的"江河—森林—村寨—梯田"四度同构、人与自然高度协调发展的特点和它提供的可居性（游客可以居住于哈尼村寨别具特色的蘑菇房中，享受哈尼族淳朴善良热情的人情）、观赏性（梯田奇观、云海变幻、山林雄峻清幽）、参与性（游客可参与一年四季梯田耕作的各道程序以及哈尼族众多节日庆典，如二月祭寨神"艾玛突"的盛典长街宴、六月节"苦扎扎"的打磨秋、十月年"啊勒特"的过大年等等），将为云南省旅游业带来新的刺激因素，形成新的旅游热点。

六、申报世界遗产的环境条件

① 21 世纪全球关注的焦点是人与自然的和谐发展。云南省这方面最成功的例子是'99 昆明世博会的举办和丽江古城的申报成功。元阳哈尼梯田的最大特点，就是充分利用了哀牢山的特殊地理、气候、土壤等自然特性，加以人类的智慧和创造，形成了"江河、森林、土地、气候"这大自然与"水沟干渠、梯田、村寨、民俗"这哈尼人文化创造的高度协调发展。

② 联合国关于 21 世纪全球发展的可持续战略。经过恢复、抢救、保护、合理开发后的元阳哈尼梯田，将有效保护资源、优化生态，更有利于后代子孙的生存与发展。

③ 中央的西部大开发战略。西部大开发并非遍地开花，而是以市场为导向择优开发。元阳哈尼梯田以其独具的、无可替代的特色，拥有国际国内旅游观光和文化考察的强大市场竞争力，这一竞争力从近年来日渐增多的国内外游客自发旅游状况可以得到证明。

④ 云南省委、省政府建设云南"民族文化大省"的战略。

⑤ 云南省委、省政府建设云南"绿色经济强省"的战略。元阳哈尼梯田本身已包含着农业、林业，已构成绿色经济的内容，在新的时期将增加科技投入、调整产业结构，促进发展。

⑥ 云南省委、省政府关于把云南建成中国连接东南亚、南亚国际大通

道的战略。元阳哈尼梯田申报点恰在省城昆明到越南的交通沿线。

⑦ 近年来，随着哈尼族文化研究的深入与国际交流的发展，哈尼族文化（以梯田文化为中心）在国内外学术界、新闻界已渐有影响，将吸引更多的国外人士前来考察研究和游览。

七、申报世界遗产的操作程序

申报世界遗产是一项复杂而长期的工作，绝非一蹴而就。联合国世界遗产中心对申报项目有着极其严格的要求，世界各国在申报中曾先后遭遇到许多难以预计的障碍，有的几经努力终于申报成功，有的因准备不足一报即败。而且世界遗产中心规定，凡申报不成功者，予以"无限期延长"（即终生否决）处理，永远不得再申报，遭此处理者，只得抱憾终生。我省丽江古城的申报经过三年充分准备，做了大量恢复、重建工作，但在申报过程中，仅因评估报告的附件不全，几乎惨遭失败，① 这是元阳哈尼梯田申报世界遗产中应予以汲取的教训。

目前，元阳哈尼梯田申报世界遗产尚处于准备阶段，要做的工作很多，大致可以归为以下几个方面：

（1）组织领导与工作机构的建立

借鉴丽江古城的经验，要成立由红河州政府主要领导直接负责的申报领导小组，对申报工作予以全面领导。同时红河州委、州政府要对申报项目做出全面评估，统一认识、做出决策，将其列入全州数年内工作的总体规划，成立相应工作机构，划拨专项资金。元阳县则应成立由县长直接负责、由主管文化的副县长具体管理的申报工作组，相关部门如文化局、农业局、林业局、水电局、环保局、旅游局、城建局、民委、宣传部、广播局等参加，负责日常事务。

---

① 1997 年 4 月，受联合国教科文组织世界遗产中心的委托，国际古迹遗址理事会成员巴基斯坦的哈利姆博士到丽江做了最后的评估鉴定，6 月，世界遗产中心主席团在巴黎因评估报告不全，做出"丽江古城因资料不足，列入无限期延长"的决定。后中国政府代表团据理力争，会议亦充分理解巴基斯坦与巴黎邮路有时中断等原因，改为补报材料。经重新补报材料，1997 年 12 月 3 日，世界遗产中心在意大利那不勒斯召开的第 21 届全体会议上通过丽江古城的申报。

云南文库·学术名家文丛

鉴于此项工作的学术性，应聘请有关专家组成专家小组，具体负责指导、考察、论证与评估。专家组应包括以下方面的人员：生态学家、环保学家、文化学家（尤其对哈尼族文化素有研究的专家）及中央和云南省文化、农业、林业、水利、建设、旅游、民族等部门的专家。还应包括国内外有名的相关学科专家，如国家历史文化名城专家、文物专家郑孝燮、罗哲文、傅熹年、徐苹芳、黄景略、阮仪三、王瑞珠、侯仁之等，国际知名专家如白海思博士等。专家组对元阳哈尼梯田申报项目的选点考察、材料组织、恢复保护等各个环节予以指导，并进行阶段性评估论证工作。

在专家组的指导下，成立文字组、图片组、录像组、图纸组，围绕梯田耕作、民居建筑、山林植被、水利网络诸方面，进行材料的调查、收集、写作、拍摄，以写出高水平、符合要求的、规范化的申报文本，摄制出相配套的图片、录音、录像、图纸等申报材料。

（2）宣传报道，扩大影响

元阳哈尼梯田虽然宝贵而独特，但因缺少宣传，知名度远较丽江古城、故宫、长城等世界遗产为低，需要从广播、电视、报纸杂志等媒体上加以广泛宣传，此一。第二，需要针对元阳哈尼梯田进行专题性的系统化学术研究，从现象与本质、宏观与微观的角度，把握其特点和内涵，以加深人们的了解和认识。

结合申报工作，需要出版一套与元阳哈尼梯田密切相关的研究论集、图片集和专题片（光碟）。同时举办元阳哈尼梯田图片展、服饰展、民俗展演、民间文学、艺术、音乐、舞蹈、美术、工艺、生产、生活展演和摄影、摄像、书法、绘画比赛等各项活动。在条件成熟时，在元阳召开国际梯田文化学术研讨会，以扩大交流、扩大影响，促进申报工作。

（3）加强对以元阳哈尼梯田为核心的人文景观和自然景观的恢复与保护

① 对所有重要节典祭仪习俗予以尊重保护。在当地群众自愿的基础上，帮助他们恢复因极"左"思潮和外来文化冲击而取消的项目和内容，如哈尼族三大节日——二月祭寨神的"艾玛突"、六月祭天神的"苦扎扎"、十月祭祖的"哑勒特"等。

② 对重要的祭祀、节庆、游乐、聚会的场所及设施予以保护和维修，如神林及其中的祭坛、杀牛祭神的秋房和秋场、磨秋和荡秋、寨门、水井

及各家的祭坛等。

③ 在州县旅游部门的组织下，在当地群众自愿的基础上，积极开展以梯田旅游为中心的民族文化旅游业。

④ 加强环境保护，优化梯田生态。

a. 在恢复新中国建立前森林面积的基础上，扩大种植面积，优化自然生态，这方面可与元阳县政府"221 工程"① 相结合。首先恢复历年受极"左"思潮干扰被毁坏的神林，这是所有哈尼人最乐意做的事。其次恢复生态林、水源林、用材林和薪炭林，大面积推广、使用沼气，解决燃料问题。严格控制自留山林的砍伐。保障村寨用水和梯田用水。发展用材林和经济林。结合不同海拔气候和土质，在原有树种基础上引入高效速生优质树种，同时考虑到生物多样性的综合发展，以利于绿化荒山保持水土，增加农民的林产收入。

b. 维修原有大小水沟干渠，保证它们截留山水和疏导山洪的作用，确保梯田用水，保护村寨房屋和梯田安全。

c. 恢复、加固传统梯田，完备梯田配置，如积沙田、管水法规和装置（如水木刻）、田棚等，确保梯田的给排水、虑沙、养殖（梯田养鱼是传统做法）等功能。

d. 修缮村寨公用肥塘和私人肥塘，提高肥效，改造和修建厕所，提高卫生水平。

⑤ 促进脱贫加速现代化进程。

a. 科技投入。传统梯田稻作只能填饱肚子，远不能满足哈尼族人民的现代化要求。帮助他们科学种田，引进优良品种，加强科学管理，提高作物品质和产量。改良传统种植方式，与国际市场接轨，提高经济附加值。在巩固原有积肥塘的同时，引进优化土壤结构而又有高肥效的现代农家肥，因地制宜，提高单位面积稻作产量和质量。

b. 调整产业结构。根据群众自愿，组织家庭农业基础上供产销一条龙的集约化生产，保证农民的最大经济利益。对人口过剩、劳力过剩问题，

① 元阳县政府 1997 年制定的《元阳县七年扶贫攻坚计划》主要内容为：①高寒山区退耕还林 20 万亩；②开发热区土地 20 万亩；③转移高山地区贫困农民 10 万人到热区异地扶贫开发。简称"221 工程"。

转变其生产方式，组织他们种树植林，教习传统工艺如银作、绣作、编织等并形成产业。组织他们投入旅游服务业，培训导游、民间艺术表演人员等。配合政府的计划，组织他们到热区异地开发。

c. 交通能源的改良。梯田生产最沉重的负担是交通运输困难，哈尼族祖祖辈辈在哀牢山爬坡上坎人背马驮，耗费无穷精力却收益甚微。首先帮助他们修筑乡村和田间道路，使拖拉机、农用车等轻型车辆能进入村寨、田间，第二步再考虑重型车辆和机械的交通建设。项目点（如老虎嘴）可考虑架设空中索道，以便提高田间运输和旅游观赏。

d. 传统文化教育的普及提高。保存哈尼族传统的"烟嘎"（古歌）、"独打"（传说故事）、"罗作"（集体舞蹈）的歌舞艺术和文学创作，并将其列入学校教学中，保持民族文学艺术的传承。组织哀牢山哈尼族民间艺术团加以培训，赴各地展演。收集当地民间流传的各种神话传说故事，编制音像制品，以利于保存、宣传民族传统文化。

e. 开发以哈尼梯田为中心，包括各个少数民族在内的传统文化旅游，组织游客参与梯田耕作和传统习俗活动。

八、项目考察、论证及进度计划

① 2000 年完成初步考察及选点，各工作组进入实做性阶段。

② 2002 年在元阳召开国际梯田文化研讨会，邀集国内外有关专家学者交流学术，并考察、论证元阳哈尼梯田文化，进一步促进申报工作。

③ 2001—2003 年，恢复、完善项目点的各项设施。完成项目申报材料，通过论证评审并申报联合国世界遗产中国委员会。完成向联合国世界遗产中心的呈报工作。争取通过批准列入世界遗产清单。

（载《华夏人文地理》2001 年增刊）

建立"元阳县哈尼族梯田文化奇观保护与发展基地"的构想

一、时代对基地的呼唤

每当我站立哀牢山之巅的元阳县城游目四望，心胸便顿生一种深沉的激动……这里天高地阔，满眼都是梯田。那一座座如巨浪狂涛的山峦，从山脚到山顶，一层层、一块块、一条条、一磴磴，都是绵延无尽的梯田。大者一块十数亩，小者一块如桌面，少者一坡上百级，多者一山上千级，在秋后稻收清水入田的时节，如魔镜一般，在阳光的辉映下，远远近近这里那里地闪耀着无数惊心动魄的亮块。多少年来，我始终弄不明白，地处偏远、科技落后的哈尼族，究竟凭借怎样的力量与意志，创造出如此壮观的梯田奇观？①

我是无数次经过元阳了，每次都被它弄得神经兮兮……朝阳挑逗似地把山间飞扬的流雾东拉开一角，西扯碎一面，水光闪闪连到天际的梯田露出她迷人的线条……元阳的哀牢山梯田堪称世界一绝。②

元阳梯田甲天下！③

哈尼族的梯田，这才是真正的大地雕塑！④

---

① 史军超：《山坳中跳荡不息的精魂——哀牢山少数民族》，《大地》杂志 1991 年 9 月号。

② 丹斯：《让人心跳的元阳》，《山茶》1998 第 2 期。

③ 香港《大公报》记者 1990 年观元阳哈尼梯田有感。

④ 法国人类学家让·欧也纳博士 1995 年访元阳梯田有感。

多么美妙的哈尼族梯田文化，真是了不起，千万不要破坏它一点点！①

这些惊叹、感佩、赞美，在颂扬着哈尼族梯田文化景观的奇伟与瑰丽。说实在的，中外游客、访者、专家、艺术家，只要看过元阳哈尼族的梯田，他们的灵魂就不会不被震撼。

哈尼族的梯田不仅是一个观赏的对象，它更以其深厚的文化内蕴吸引着人们。

在中国的农耕文化中，哈尼族梯田文化占据着一个特殊的位置，它被民族学家称为"山地农耕文化的最高典范"，因为它是一整套与云南南部哀牢山、无量山特殊地理环境和自然景观相适应相协调的、具有可持续发展的、良性循环的山区稻作农业生态系统，是哈尼族人民在千百年历史岁月中凭借自己的聪明才智和惊人毅力所创造出来的独特的文化奇观。它与所有文化不同的地方在于，它充分利用、保护和发展滇南哀牢山、无量山的森林植被、地理气候和水利资源，加以人工的整合，所创造的人与自然完美结合的壮丽景观，无论在过去、现在和将来的岁月里，都有着鲜明的不可替代性，人类不但需要它，而且以自己创造出如此完美的人与自然相融互补的杰作而自豪。

非常遗憾，近半个世纪以来，伴随着"人民公社化""大跃进""大战钢铁""向荒山要粮，向自然开战""文化大革命"等一次次疯狂运动以及随着人口的急剧增长，在无知的人们一次又一次地非理性"开发"下，在现代科技、经济、文化的冲击下，哈尼族的梯田文化惨遭摧残。目前，哀牢山、无量山地域性生态失衡已严重发生，哈尼族与同居一山的彝、傣、壮、苗、瑶、汉等民族的生存受到威胁。再不对这一文化及其生存环境进行特殊保护，人类历经千年创造的梯田文化奇观将遭受永劫不复的厄运。

出于对这一现状的忧虑和认知，笔者依据自己对哈尼族梯田文化10余年的调查研究，撷选其最优秀亦是最富有代表性的红河哈尼族彝族自治州

---

① 1997年3月史军超带领美国福斯特基金会中国项目官员麦斯文观览元阳哈尼族梯田，麦斯文先生感慨之语。

元阳县，提出在该地建立"哈尼族梯田文化奇观保护与发展基地"的构想及相关的设计，一则提供专家学者们做进一步的研讨，一则提交云南省、红河州及元阳县政府有关部门与国际有关文化机构——如联合国世界遗产委员会、美国福特基金会等做立项参考。①

二、元阳哈尼族梯田文化奇观

元阳县位于红河南岸哀牢山南段地区，地理位置为东经102°7′至103°31′，北纬22°49′至23°19′，与红河州首府驰名中外的锡都个旧市、滇南文化名城建水县、云南省第二侨乡红河县及绿春县、金平县毗邻，距昆明市300公里。

该县为哈尼、彝、汉、壮、苗、瑶等七个民族共居，1996年人口达36万，52%是哈尼族，总耕地面积50万亩，30余万亩为梯田，占总耕地面积的65%，多为哈尼族耕种。

哈尼族梯田文化之所以达到极高层次，是与所居的哀牢山特殊自然条件紧密关联的，例如元阳县的自然环境有三大特点：第一，地貌特征是山高谷深，沟壑纵横，多为深切割中山地类型，即县内众山在亿万年中被红河、藤条江水系深度切割，多为中部突起，两侧低下，鸟瞰全境，山地连绵，层峦叠嶂，地形呈"V"形发育，高下之间，壮观异常。从江边河坝到高山峻岭，海拔高差极大，境内最低海拔小河口为144米，最高海拔白岩子山为2939.6米。而由河坝到高山高差2795.6米。第二，县内气候多属亚热带季风类型，但因地形复杂高低悬殊，立体气候突出，河坝区年均温度25℃，最高气温42℃，高山区年均温度11.6℃，两区温差达年均13.4℃，在由河坝经下半山、上半山到高山区的行程中，要经历热带、温带、寒带的变化，正所谓"一山分四季，十里不同天"。河坝峡谷因其酷热干旱素称"干热河谷区"，高山因低气温降雨量大称为"阴湿高寒区"。第三，随着海拔的上升和地理气候的变化，植被亦呈垂直分布，且形成大面积高山原始森林（如下页图示）：

---

① 向云南省政府和联合国世界遗产委员会提交的申请报告和论证书，笔者将会同红河州政府和元阳县政府另行拟定。

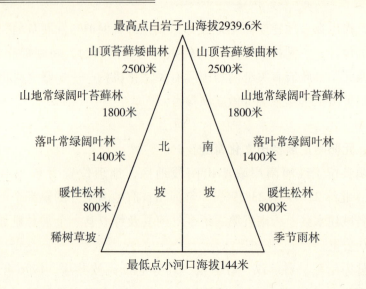

最高点白岩子山海拔2939.6米

山顶苔藓矮曲林　　　　　　山顶苔藓矮曲林
2500米　　　　　　　　　　2500米

山地常绿阔叶苔藓林　　　　山地常绿阔叶苔藓林
1800米　　　　　　　　　　1800米

落叶常绿阔叶林　　北　南　落叶常绿阔叶林
1400米　　　　　　　　　　1400米

　　　　　　　　　坡　坡

暖性松林　　　　　　　　　暖性松林
800米　　　　　　　　　　800米

稀树草坡　　　　　　　　　季节雨林

最低点小河口海拔144米

　　从海拔 1400 米的中半山到高山区均分布着各类植被，而且在半山区和高山区密布着大面积的原始森林。据《元阳县志》载，1949 年以前全县有森林 80 余万亩，覆盖着全县 24% 的土地，这些森林多分布在半山区和高山区。在以上三大自然条件的组合下，构成了一种特殊的自然生态：江河水网密布的河坝区，由于终年高温酷热而水分蒸发量极大，在热空气的带动下升腾入空，在上半山和高山区形成密集的云雾，这云雾继而凝聚为雨水，大量倾泻在这一地区，养育了亘古以来的广袤森林。另一方面，由于森林巨大的贮水作用，这些降雨又同时形成森林中无数高山水泉、溪瀑、龙潭和河流，形成"山有多高，水有多高"的状况以及在半山和高山区随处可见的云蒸霞蔚、变幻莫测的茫茫云海景观。这无数溪泉瀑流沿着千万条沟箐潺潺下注，又复归入河坝的江河水网之中。如此这般，水分在此地区内升空下泻，下泻又升空，降雨养育森林，森林又贮存降雨，从而构成了周而复始的良性循环生态系统。

　　以上介绍，是元阳县哈尼族梯田文化形成的特殊自然地理条件，这一条件在红河、把边江水系流经的哀牢山、无量山地区大致相同，因而居住于这一地域的哈尼族，均以从事梯田耕作为主要生产方式。

　　在进一步介绍元阳哈尼族梯田文化之前，有必要简单谈一些哈尼族的整体状貌及其主要文化特征，以使读者对哈尼族梯田文化大背景有一个完整的认知。

哈尼族是中国人口在百万以上的 10 余个少数民族之一，1997 年人口达 135 万人，主要聚居在红河、把边江、澜沧江流域的哀牢山、无量山和傻尼山地域，因澜沧江流域和傻尼山地区缺乏哀牢山、无量山地区那种适宜开垦梯田的地理环境和自然气候，同为一族异地而居的哈尼族支系傻尼人（居于西双版纳及思茅部分地区）不耕种梯田，而以旱稻种作为主。散居于缅甸、老挝、越南、泰国山区的哈尼族各支系，也出于同样原因多以旱稻生产为主，故无我们所说规范意义上的梯田文化。梯田文化是哀牢山、无量山地区哈尼族的主体文化，因该地区哈尼族人口占该族总人口的80% 左右，这一文化可作为该族的代表性文化。

中国历代先贤十分注重对农田制度的研究，遗有若干宝贵的科学著作，如明代大农学家徐光启的《农政全书》就将海内（包括各少数民族地区在内）田制划为七类，其为区田、圃田、架田、围田、柜田、梯田、涂田，① 诸田因地制宜各有规模，山地农耕则以梯田为典范。中国梯田集中在南方尤其是西南少数民族地区，世居山区的各少数民族，是中国梯田文化的主要创造者。但是，由于各民族居处的自然条件有所差异，对梯田耕作投入的精力和智慧不同，因而各民族梯田文化的层次也不相同。唐人樊绰对这一现象有过细致的观察，其著《蛮书·云南管内物产》特别品鉴了各地梯田的运作，对其中的佼佼者赞曰："蛮治山田，殊为精好。"国家民委五种丛书之一《哈尼族简史》说道："从云南各少数民族耕山田的技术来看，只有哀牢山下段哈尼族的梯田达到'殊为精好'的水平。"② 因而哈尼族梯田文化自古就是中国梯田文化的代表。在哈尼族聚居的哀牢山、无量山地区，同时居住着彝、傣、壮、苗、瑶、汉、拉祜等族，由于历史的原因，各民族居域自来有别，低海拔的江边河坝及峡谷多为傣、壮、汉族的居域，在此之上的下半山，多为彝、汉、回族的居域，更高于此上的上半山，多为哈尼族的居域，高山区则是苗、瑶、拉祜族的居域。各民族在自己的居域内从事各自的生产活动和文化创造，而正是由于这一居域的差异，成为哈尼族梯田文化精良于他族的前提。

① 徐光启：《农政全书》卷 5《田制·农桑诀田制篇》。
② 《哈尼族简史》编写组：《哈尼族简史》，云南人民出版社 1985 年版，第 112—113 页。

现在我们再来观察元阳哈尼族的梯田文化建构，由于它的代表性，也可以见到各地哈尼族梯田文化的一斑。

首先，元阳县境内居住着哈尼、彝、汉、傣、壮、苗、瑶7个民族，其居处特点是随着海拔的升高，各族分层而居，大概说来，从最低海拔144米到600米的河坝为傣族所居，从600米到1000米的峡谷为壮族所居，从1000米到1400米的下半山为彝族所居，从1400米到2000米的上半山为哈尼族所居，2000米以上的高山区为苗族与瑶族所居。居处高山的苗族与瑶族，因海拔过高气温过低，不宜种植水稻，故鲜有梯田种作。哈尼族居处的上半山气候温和，雨量充沛，年均气温在15℃左右，全年日照1630小时，植被介于落叶常绿阔叶林与山地常绿阔叶苔藓林之间，适宜水稻生长。据学术界研究，自隋唐以来，哈尼族就在此垦殖梯田，《哈尼族简史》也介绍道："明初洪武时，为鼓励农垦，乃对率众开辟荒山、扩大耕地面积的和泥（哈尼族历史称谓——引者）首领，如左能吴蚌颇、纳更龙嘴……给予土官职衔，世领其所开辟地区。"[①] 吴蚌颇为红河县左能土司之祖，因开垦左能山梯田有功，被官府"授长官司，世袭"（嘉庆《临安府志》卷18《土司志》）。龙嘴是元阳县纳更土巡检，即今该县上新城乡的土官，雍正《云南通志》卷24《土司传中·纳更山巡检》记其事曰："明洪武中，龙嘴以开荒有功，给冠带，管理地方，寻授土巡检，传子龙政……"这些都是哈尼族头领率部垦殖梯田的记载。

自隋唐以来的千余年间，哈尼族在所居的上半山区倾注了数十代人的心力，发挥了惊人的智慧和勇毅，结合前文所说的江边河坝之水升空为云雾阴雨降落高山森林，形成"山有多高，水有多高"的自然特征，创造了庞大的高山水利渠网。他们构筑了无数条银链般的干渠水沟（俗称"大沟"），把各山各岭拦腰捆住，沿高山溪泉、瀑流、龙潭倾注而下的山水，被大沟悉数截留，再在大沟之下开垦数百级乃至上千级的梯田，大沟之水通过所筑大大小小千万条支渠水沟，纷注各田，从而解决了稻作农耕的命脉——水源问题。元阳县的30余万亩梯田主要就靠人们挖掘的6000多条（1985年统计）水沟灌溉。哈尼族称梯田为"湘七托七机"，意为"像楼

---

① 《哈尼族简史》编写组：《哈尼族简史》，云南人民出版社1985年版，第51页。

梯一样一道一道的田",这道道梯田通常从山脚直达山顶,遥接天宇,在瞬息万变的云海巨幔掩映下,更显得如诗如画神奇壮丽。那块块层层如银涛如金浪的镶嵌布满山体,道道梯田组合出纵横恣肆的线条,有如上帝之手挥洒出一幅幅奥妙无穷的大写意,足令中外登临者倾倒。难怪1995年笔者带领法国人类学家让·欧也纳博士观览元阳县攀枝花乡哈尼族梯田时,他会不由自主地发出"这才是真正的大地雕塑"的惊叹。相比之下,西方现代艺术家用布匹将大桥、海岸包裹起来的大地艺术,在哈尼族梯田艺术(如果可以这样说的话)的映照之下,实是相形见绌。

由于大沟截留的山水四时不绝,故哈尼族的梯田可终年饱水,这田水经由层层叠叠的梯田徐徐下注,最后又复归于河坝的江河水网,演变成良性循环天人合一的农业生态系统。围绕着梯田构筑和大沟挖掘,哈尼族发明了一套严密有效的用水制度,从开沟挖渠、用工投入,到沟权所属、水量分配、沟渠管理和维修等等,无不精心经营。如在水源管理方面发明了"水木刻",这是根据各家权益设置的画有不同刻度的横木,安放在各家田块的入水口,随着沟水流动,水位上升到该家的刻度,即立即关闭水口,如此公平合理而又科学地管水,保证每块梯田都能得到充足的水量供给。非但如此,除解决本民族梯田用水外,哈尼族挖筑的大沟还同时解决了居住下半山和峡谷河坝区的彝、壮、傣族的水田灌溉问题,因此可以说,哈尼族的梯田文化同时养育了共居一山的兄弟民族,这是一件千秋不朽的功业,在中国民族关系史上应予以大书一笔。

由于哈尼族为首的各兄弟民族共同奋力垦殖梯田发展稻作生产,新中国建立初期,元阳县梯田产量一般亩产可达100公斤到150公斤,高的可达300公斤,在"地无三尺平""天平岭自雄"的哀牢山,稻作农耕的生产水平已经与内地平坝地区相等。然而,由于山高岭峻,一出门就要爬坡上坎,其劳动强度和难度比平坝地区要大许多倍。正是哈尼族和各兄弟民族的共同努力,使元阳"在云南变成为一个主产粮县,1980年前后每年都向外地调出粮食1500万公斤左右,粮食统购派购政策取消后,还继续向外调出粮食，这不能不说是个奇迹"。①

梯田、水渠造就之后，哈尼族利用上半山居域的特点把生活的大本营村寨建筑在梯田的上方，这样做好处有二：一是山高凉爽，不易生病；二是节省下田劳动的能量支出，使生产和运输变得相对轻松。

作为村寨补充的是田棚的兴建，这是哈尼族的又一发明，目的也是为了减少劳力的负担。在层层梯田之间每隔一定的距离建盖一个窝棚，有条件的人家甚至建盖永久性的二层楼房加小院的建筑，也叫田棚。这样每到春耕大忙和秋收季节，各家携带粮食、被褥等生活用品住进田棚十天半月，直到农忙季节结束，不必每天往返村寨和田间，至少可以节省一半体力。秋收时则只需将脱下的稻粒运回村寨，稻草堆放在田棚里，待用时来取。田棚平时也可以关养牛马鸡鸭。姑娘伙子常喜到此谈情说爱，此处成为一重要的社交场所，因而田棚是哈尼人居家之外的又一生产生活基地。田棚大量减轻劳力、缩小劳动半径、扩大生产生活的范围和效率，被称为"田棚经济"，是构成哈尼族梯田文化的又一重要内容。

对稻作之民来说，水之外最重要的就是肥，哈尼族利用村寨在上、梯田在下的地理优势，发明了"冲肥法"。每个村寨都挖有一至数个巨大的公用积肥塘，牛马牲畜的粪便污水贮存于内，经年累月，沤得乌黑发臭，成为高效农家肥，春耕时节挖开塘口，从大沟中放水将其冲入田中。届时举寨欢腾，男女老少纷纷出动，有的还特意穿上盛装，宛若过节般热闹。大家争先恐后用锄头钉耙搅动着糊状发黑的肥水，使其顺畅下淌，沿沟一路均有专人照料疏导，使肥水涓滴不漏悉数入田。各家也有自己的肥塘，平时堆沤畜肥，施肥时挑到沟边放水冲肥，此前只需打声招呼，沿路各家自觉堵上水口，使肥水顺利冲入施肥者田中，从无差错。这一方法省去了大量担肥劳力。人工冲肥之外，还有另一套"自然冲肥法"。平时牛马猪羊放牧山野，畜粪堆积在山，六、七月大雨瓢泼而至，将满山畜粪和腐殖土冲刷而下，来到山腰，被哈尼族的大沟拦腰截入，顺水注入田中，此时稻谷恰值扬花孕穗，正需追肥，自然冲肥正好解决了这及时之需。

---

① 王清华：《哈尼族的梯田文化》，载云南省民族研究所编印《民族调查研究》，1988年第1—2期。

综上所述，哈尼族梯田文花呈现出"森林—村寨—梯田"（顺海拔由高到低次序）三度同构的特点，其中以水利作为纵向的贯穿，从而形成了良性循环的生态大系统。千百年来，哈尼人在此系统中与自然取得和谐的共生、共存与共同发展。

围绕梯田生产，哈尼族形成了一套相应的文化宗教礼仪，重要的有二月祭寨神的"昂玛突"，为春耕大忙前生理与心理的准备，仪为祭祀村寨守护神"昂玛"；有六月的"苦扎扎"（六月节），为秋收时节的调适，仪为祭祀天神，届时邀神同庆，人神共乐；有十月的"甘通通"（十月年），为丰收之后的庆典，为辞旧迎新的佳节，仪为祭祖认宗等等。总之，哈尼族梯田文化是一个丰富多彩别具特色的大系统，也是哈尼族对中国农耕文化的一个大贡献。

三、元阳哈尼族梯田文化的现代命运

元阳哈尼族梯田文化在近 50 年以来遭遇了厄运。20 世纪 50 年代至 70 年代，元阳与全国一样，在"大跃进""人民公社""大战钢铁""向荒山要粮，向自然开战""文化大革命"等疯狂运动中，大举砍伐山林、水源林和薪炭林乃至一般灌木林，森林面积大幅度锐减。新中国建立前，全县森林面积达 80余万亩，覆盖率占土地总面积的 24%，到了 20 世纪 70 年代减至 38 万亩，覆盖率为土地总面积的 11.6%，1980 年以后改革林业体制，贯彻《森林法》，森林面积上升到 42.89 万亩，覆盖率达 12.9%，仍远未达到新中国建立前的面积。另一方面，由于政府决策的错误，哈尼族梯田文化中重要的一环——人与土地资源的合理调适，即人口多少是按梯田面积和产量的多少严格规划的，旧寨人口的发展超出土地负担，则须分立新寨，另行开垦梯田——受到了破坏。20 世纪五六十年代政府鼓励生育，人口倍增，而土地的利用已趋饱和，不可能再提供人们立新寨开田地，但过多的人口仍不顾自然条件所限过度开发。1949 年全县总人口 88 600 人，1985 年增长到 313 427 人，36 年间增长了 353.74%。这新增加的 20 多万人为了搞饭吃，大肆毁林开荒，使森林面积锐减，导致水源枯竭、气候恶化、山体滑坡、水土严重流失，大生态由原先的良性循环变为现代的恶性循环，人类遭到大自然无情地报复。笔者 10 余年来连续深入该县村寨调查，多次眼

见不同程度的滑坡和塌方，因水土流失山洪暴发冲走梯田、房屋、牛马甚至人员的事时有所闻。突出的恶例则是因山体滑坡，县城不得不由气候凉爽、风景如画的新街古城大举搬迁到气候炎热的河坝南沙，国家为此耗费资金上亿元。

《元阳县志》提供的下列资料也反映出生态失衡造成的恶果：

元阳县 1955 年、1965 年、1975 年、1985 年人口、耕地、粮食产量、购留情况一览表

内容 \ 年度	1955 年	1965 年	1975 年	1985 年
总人口（人）	164 877	191 558	259 752	313 417
农业人口（人）	158 670	185 028	250 920	300 730
耕地面积（亩）	262 846	301 995	426 445	367 029
粮食产量（万公斤）	5289.7	6146.8	9357.3	7222
留粮（万公斤）	3860.2	4608.3	7582.5	6151
净征购粮（万公斤）	849	1373.3	1560.5	907.2
农村返销粮（万公斤）	580.5	165.2	241.5	163.8
农业人口平均（公斤）　产量	325	332	372	240
征购	90	83	71	36
留粮	234	249	302	205
净征购	50	74	62	30
净留粮	270	258	310	210

我们将 1955 年和 1985 年两年相比较，农业人口由 158 670 人增加到 300 730 人，增长率为 89.4%，耕地面积由 262 846 亩增到 367 029 亩，增长率为 39.63%，即新增人口中有 49.77% 人无地可种。粮产量由 5289.7 万公斤增到 7222 万公斤，增长率为 36.52%，即新增人口中有 52.88% 的人没饭吃。人均产量、留粮、净留粮这些衡量生活水准的重要指标相比，两年分别为 325 公斤和 240 公斤、234 公斤和 205 公斤、270 公斤和 210 公斤，减少量分别为 85 公斤、29 公斤、60 公斤。而导致这一苦果的

原因便是由于破坏了哈尼族世世代代恪守的梯田文化规范，山林锐减，生态失衡，人口恶性膨胀。

元阳县政府面对严峻的局势，痛定思痛，深刻反省，1994 年下决心从大环境着眼，采取战略性举措改变恶劣现状，制定出《元阳县七年扶贫攻坚计划》，又称"221 工程"。总括起来即是高寒山区退耕还林 20 万亩，开发河坝干热地区土地 20 万亩，转移高山地区贫困农民 10 万人到热区异地扶贫开发。到 2000 年实现以下指标：① 贫困户人均纯收入 600 元（按 1990 年不变价格），人均有粮 300 公斤；② 森林覆盖率达 30%，生态进入良性循环；③ 解决 8.2 万人口和 2.4 万头大牲畜饮水；④ 所有贫困乡镇、主要商品基地、农副产品集散地通公路；⑤ 贫困乡和大多数村通电；⑥ 初等教育普及，80% 青壮年文盲脱盲；⑦ 工业化、城镇化达到相当水平。这一计划与我们建立"元阳县哈尼族梯田文化奇观保护与发展基地"的构想有许多共同点，二者可以相促并长。

四、建立"元阳县哈尼族梯田文化奇观保护与发展基地"的框架设计

（1）目 标

① 有效保护哈尼族梯田文化奇观这一人类宝贵的文化遗产，并使其在原有基础上获得现代的持续发展。

② 恢复、保护、优化自然环境，促使生态良性循环。

③ 推进元阳县哈尼族和其他兄弟民族的脱贫和现代化进程，帮助他们的生活质量获得提高。

（2）对 象

以元阳县梯田规模最大、最集中、最有特色的攀枝花乡猛品、阿勐控、洞铺、胜村乡麻栗寨、全福庄等几个有一定地理联系、又在交通沿线或公路附近的哈尼族村寨为基地，便于开展工作，同时易于辐射其他村寨和地区。

（3）内 容

① 民族文化保护与发展。

a. 对所有重要节典祭仪习俗予以尊重保护，在当地群众自愿的基础上，帮助他们恢复因极"左"思潮和外来文化冲击而取消的项目和内容，

如哈尼族三大节日——二月祭寨神的"昂玛突"、六月祭天神的"苦扎扎"、十月祭祖的"甘通通"等。

b. 对重要的祭祀、节庆、游乐、聚会的场所及设施予以保护和维修，如神林及其中的祭坛、寨中杀牛祭神的神房和神场（"秋房"和"秋场"）、磨秋和荡秋、寨门、水井（哈尼族祭祀水神的场所）、各家的祭坛等。

c. 在当地群众自愿的基础上，帮助他们组织、开展民族文化旅游业。在这方面元阳是一块处女地，但具备巨大的潜力。首先，千百层梯田所组成的宛如海涛巨浪般的奇伟景观，足令观众对哈尼族人民历经千年发挥的创造力而惊叹的同时，感受到人类力量的伟岸而沉迷在梯田之海的魅力里。其次，观众可欣赏到森林、高山水源、哈尼干渠、梯田、村寨所组成的人与自然相融一体、完美契合的协奏曲；欣赏到在大自然的怀抱中，哈尼族这自然之子有着怎样优美祥和的人情和安谧自然的气韵，领略其宗教文化、民俗文化和文学艺术的丰富绮丽。第三，哀牢山赐给哈尼人的还有烟波浩渺、绚丽多姿的云海奇观，其妙在与梯田和村寨景观相映衬，越加奇伟神秘，这是所有云海不曾有的奇观。

② 环保生态。

a. 在恢复新中国建立前森林面积的基础上，扩大种植面积、优化自然生态，这方面可与元阳县政府的"221 工程"相结合。首先是恢复历年受极"左"思潮干扰被毁坏的神林，这是所有哈尼人最乐意做的事。其次是恢复水源林和薪炭林，解决村寨用水、梯田用水和燃料来源。第三是发展用材林和经济林。结合不同海拔气候和土质，在原有树种基础上引入高效速生优质的各种树种，同时考虑到生物多样性的综合发展，以利保持水土。

b. 维修原有大小水沟干渠，保证它们截留山水和疏导山洪的作用，确保梯田用水，保护村寨房屋和梯田安全。

c. 加固传统梯田，促使新梯田早日规范化。完备梯田配置，如积沙田、管水装置（如水木刻）等，确保梯田的给排水、虑沙、养殖（梯田养鱼是传统做法）功能。

d. 修缮村寨公用肥塘和私人肥塘，提高肥效；修建厕所，提高卫生水平。

③ 促进脱贫和现代化。

a. 科技投入。传统梯田稻作只能填饱肚子，远不能满足哈尼族人民的现代化要求。帮助他们科学种田，引进优良品种，加强科学化管理，提高作物质量和产量。在低海拔地区推广双季稻和再生稻。改革传统种植，与国际市场接轨，如引进日本、法国等国需求的芦荟、青豌豆等宜植品种，提高经济附加值。在巩固原有积肥塘的同时，引进优化土壤结构而又有高肥效的现代农家肥，如 360°POPAN 生物浓缩有机土壤改良剂之类。因地制宜，试搞植物多样性种作，梯田与山地结合，木本、藤本、草本作物立体化发展，提高单位面（体）积种作质量。

b. 调整产业结构。根据群众自愿的原则，组织在家庭农业基础上的供产销一条龙的集约化生产，保证农民的最大经济利益。对于人口过剩、劳力过剩的问题，转变其生产方式，组织他们种树植林、教习传统工艺，将各地区、各支系哈尼族传统工艺中的精粹部分集中引进，教给他们，如银作、绣作、编织等，并形成产业。组织他们投入旅游服务业，培训导游、民间艺术表演人员等。配合政府的计划，组织他们到热区异地开发。

c. 交通能源的改良。梯田生产最沉重的负担是交通运输困难，哈尼族祖祖辈辈在哀牢山爬坡上坎人背马驮，耗费无穷精力却收益甚微。首先帮助他们修筑乡村和田间道路，使拖拉机、农用车等轻型车辆能进入村寨、田间，第二步再考虑重型车辆和机械的交通建设。在不宜通车而又梯田集中的地方（如猛品、阿勐控村公所的老虎嘴，百丈悬崖下方，有着最为壮观的上千亩梯田，但地势险峻，难挖公路），可利用当地水源修建乡村水电站为动力，架设空中索道，解决运输问题，也可同时架设缆车作观赏梯田美景的旅游之用。对不通电的村寨，帮助其解决通电。

d. 文化教育的普及提高。保存哈尼族传统的"哈巴"（古歌）、"独打"（传说故事）、"罗作"（集体舞蹈）等歌舞艺术和文学创作，并将其列入学校教学中，保持民族文学艺术的承传。对著名哈尼族文学艺术家，如洞铺寨的朱小和等，重点帮助解决生活困难，鼓励其授徒传艺。组织哀牢山哈尼族民间艺术团，加以培训（请老艺人为师），赴各地表演。搜集当地民间流传的各种神话传说故事，编制音像、书籍。完善初等教育，修缮配齐校舍和应有的教学设施，对困难学生扶贫助学，逐步普及中等教育。

（4）方法步骤

① 2000 年至 2001 年完成调查选点，2001 年配置完备各基地，形成格局。

② 与元阳县政府的"221 工程"相配合，某些部分可纳入其计划，至少可以相互促进。

③ 向云南省及红河州政府申请立项与向联合国世界遗产委员会申请立项同时并举。

④ 2003 年在"元阳县哈尼族梯田文化奇观保护与发展基地"举行国际梯田文化研讨会，邀集国外有关专家学者交流经验、探讨学术。同时或在适当时候，成立"世界梯田文化研究会"，以利扩大交流。

以上是个人的初步构想，极不成熟，错误缺漏所在多有，匆匆草就的目的，是希望得到广大领导和专家学者尤其是哈尼族朋友的指教，以使之逐步完善。

（载《哈尼族梯田文化论集》，云南民族出版社 2000 年版）

哈尼族八声部复音唱民歌亟待申遗

在滇南本那河流域哈尼人中，世代流传着一种罕见的八声部复音唱民歌，它的发现被誉为 20 世纪最惊人的音乐奇迹之一。笔者认为它是人类创作天才的杰出代表，应当申报为世界"口头与非物质文化遗产"。

一、哀牢山中的天籁之声

本那河流经红河、元阳、绿春三县交界处，这里是哀牢山腹地，山高岭峻，交通闭塞，直到现在仍属极端封闭的不发达地区，因此，居住在这里的哈尼人历来被人轻蔑地称为"老本那"。然而正是在这蛮荒的山野中，恰恰埋藏着令世界乐坛震惊的珍宝——哈尼人的八声部复音唱民歌，它的发现，改变了中国乃至世界的音乐史。

1995 年 2 月，料峭春寒时节，哈尼族乡土音乐家吴志明带着两位陌生的访客来到本那河，他们就是云南艺术学院的张兴荣教授和李薇女士。他们三人在红河县阿扎河乡的普春寨发现了哈尼族八声部复音唱《栽秧歌》。大为惊喜之下，他们又专程邀请了该寨哈尼族歌手十来人到昆明做了高保真分轨录音，对它展开研究后得出结论——这是中国乃至世界民歌中极其罕见的八声部复音唱法。要知道，国际音乐界历来认为中国民歌没有多声部复音唱法，哈尼族八声部复音唱《栽秧歌》的发现，无疑从根本上推翻了外国权威们的结论，在人们面前打开了一个全新的音乐世界。这一发现对世界音乐史、音乐形态学、音乐民俗学等音乐理论提供了新鲜的思辨材料和佐证，其意义非同小可。因此，消息一经发布，立即引发了中外音乐界的一场大地震。很快，这一发现在世界各地传播开来，中外众多著名媒体广加报道。《春城晚报》亦做了报道。张教授的论文被再三刊载，如

《音乐探索》《音乐研究》等都进行了刊载，张教授还应邀到荷兰、美国、菲律宾讲学，一时间，全世界对哈尼族八声部复音民歌赞扬备至。

无独有偶，1995年秋，笔者与台湾音乐家彭达烟先生也到了红河、元阳、绿春县，也是由吴志明做向导，调查了哈尼族八声部复音唱《栽秧歌》和其他多声部民歌。在元阳县也采录到同类复音唱民歌，此后笔者两次到绿春县戈奎乡（属本那河流域）采录到哈尼族多声部复音唱《栽秧歌》和其他民歌。在这些调查的基础上，笔者逐渐形成了这样的认识：在本那河流域存在着一个以八声部复音唱《栽秧歌》为代表的，形态多样、内容丰富、文化底蕴深厚的哈尼族多声部复音音乐文化体系。为证实这一点，2004年初，笔者专门拜访了张兴荣教授，得到他的热情鼓励和悉心指点后，愈加坚定了自己的看法。

二、亟待申遗的世界奇珍

笔者认为，本那河流域哈尼族八声部复音唱《栽秧歌》所代表的这一音乐文化体系，在中国乃至世界音乐史和音乐形态构架中都堪称旷世奇珍。它展现了中国乃至世界民间音乐可以发展到何等高级的层次，作为一种艺术创作，它充分体现了哈尼族人民所独具的非凡的音乐才能，它是"人类创造天才的优秀作品"（以上和以下所引均为联合国人类口头与非物质文化遗产标准），而具有高度的独特性、唯一性与代表性；又由于它是一大套活态的音乐文化，深深植根于哈尼族上千年梯田农耕文明的沃壤之中，表达着哈尼人的生命存在、宗教信仰、价值观念、生产方式、生活方式、行为模式和思想感情，因而作为一种"民间传统文化的表达"，它"在历史、艺术、人种学、社会学、人类学、语言学及文学方面"都有"特殊价值"。

在调查中笔者还注意到，由于近20年来受经济改革、外来文化、现代文明的影响，稔知这一文化的歌手年事渐高，有的已然辞世，年轻一代多对它不感兴趣，出现了严重的后继无人现象，而它又属于民间自生自长自灭的口头存在状态，再不加以及时有效的保护和继承，将面临消亡的绝境，这也正是世界遗产标准中所说的"由于缺乏抢救和保护手段，或加速的演变过程，或城市化趋势、或适应新环境文化的影响而面临消失的危险"。总之，经反复研究和比较，笔者认为这一音乐体系完全符合联合国"人类口头和非物质文化遗产"的全部标准，应当将其进行申报，使这一文化奇珍不致在我们这一代手中遗失。

三、惊人相似的姊妹遗产

非常有趣的是，位于菲律宾安第斯山的伊富高梯田和伊富高族的"哈德哈德圣歌"，与位于哀牢山的红河哈尼梯田及哈尼族八声部复音唱民歌，竟有着极其惊人的相似性和对应性。我们知道，伊富高梯田1995年就已进入"世界遗产名录"，因申报得晚，红河哈尼梯田在今年刚刚结束的苏州第28界世界遗产大会上才被联合国正式受理为中国五个预备项目中的一个，算是迈出了关键性的一步，其成为世界遗产指日可待。伊富高族的"哈德哈德圣歌"在前两年已进入"世界非物质文化遗产名录"，与"哈德哈德圣歌"同为传统民间歌唱，而且从音乐学、文化人类学、历史学诸学科的价值和代表性来说远胜于它的哈尼族八声部复音唱民歌，则从1995年被张教授等学者发现以来，至今没有人提出将其申报为世界遗产，这不能说不是一个极大的遗憾！

笔者作为红河哈尼梯田申遗的提出者和参与者（任专家组组长），经数年认真研究后认为，将哈尼族八声部复音唱民歌申报世界遗产已是刻不容缓，现在再次充当一个首倡者的角色，正式提出建议：吁请云南省政府有关部门、红河州政府和红河、元阳、绿春县政府尽快把"本那河流域哈尼族八声部复音唱民歌"这一闪耀着哈尼人天才智慧、在中外音乐史和音乐形态学上罕见的异宝奇珍申报世界"人类口头与非物质文化遗产"，让哈尼人民创造的这一奇迹能与全中国、全世界人民共享！笔者亦愿为这一申遗大业贡献自己的绵薄之力，并吁请对这一音乐文化有贡献有研究的音乐家们（包括张兴荣教授、李薇女士、吴志明先生及其他更多的音乐家）共同投身到这一事业中来！

笔者祈愿："哈尼族八声部复音唱民歌"的天籁之声早日荣登世界遗产之门，愿它飞出本那河狭小的天地，在世界音乐的大舞台上放声欢唱！

（载《春城晚报》2004年12月24日副刊C8版）

茶事鼻祖　历久弥芳

——关于思茅、西双版纳、临沧世界茶树原产地与世界名茶普洱茶申报世界遗产的思考

一、思茅、西双版纳、临沧世界茶树原产地与世界名茶普洱茶申报世界遗产势在必行

2000 年 8 月，在"云南省第二届建设民族文化大省高级研讨会"上，笔者在向省委、省政府建议建立云南申报世界遗产战略的发言中，提出了思茅、西双版纳世界茶树原产地和世界名茶普洱茶申报世界遗产的建议，①此建议得到了省委、省政府领导和著名人类学家费孝通教授的首肯。会后，笔者的与会论文《建立申报世界遗产战略——关于云南建立民族文化大省的新目标思路（五）》被《人民日报内参》2000 年第 585 期刊发，并上报中央有关领导。其中以上建议是作为云南申报世界遗产战略的重要内容和一个严格的科学命题郑重提出的。

在发言和论文中，笔者如此表述：

> 云南拥有世界三大茶树王和万亩野生古茶林以及闻名世界的普洱茶。茶为世界三大饮料（茶、可乐、咖啡）之一，世界上有三分之一的人在饮茶，这些人群中至少有一半人知道世界名茶普洱茶，普洱茶的家乡就在西双版纳和思茅。这三大茶树王是——西双版纳勐海县巴达山 1700 年的野生型大茶树王，思茅

---

① 本文为 2002 年 8 月笔者在中国社科院与云南省委宣传部联合举办的"文化产业发展与文化品牌开发研讨会"上的发言论文。是年底，云南省及红河州有关部门与茶学界的专题论证会确定普洱茶原产地尚有临沧地区，故本文之申报地更改为思茅、西双版纳、临沧三地州。

澜沧县邦崴村 1000 年的过渡型大茶树王、西双版纳勐海县南糯山 800 年的人工栽培型大茶树王，这三大茶树王构成了从野生、过渡到人工栽培的完整驯化系列。另外，思茅镇沅县九甲乡和平村千家寨又有万亩野生古茶林，亦为世界之最。三大茶树王、①万亩野生古茶林与世界名茶普洱茶具有申报文化与自然双重世界遗产的优势。

此后，笔者为争取这一构想的实施做了大量工作，如发表过《哈尼族与百濮民族茶事丛谈》《世界茶文化源头之辩》等论文。2001 年 1 月，笔者代表红河哈尼族彝族自治州政府邀请联合国教科文组织亚太地区负责人理查德博士和顾问白海思博士前来参观元阳哈尼梯田时，系统地向他们陈述过以上意见，并获得他们的支持。

时间过去了两年，十分遗憾的是，无论从云南省政府还是相关地区和政府部门，都没有关注到这个极其重要的问题，更没有相应的计划和方案出台。然而，笔者的建言并非一时的心血来潮或浅薄之论，它乃是笔者长达数年潜心调查研究的结果，它同时是一个对云南省经济、文化发展和社会进步具有重大意义的思路。笔者始终坚信它势在必行。故而在此再度建言并呼吁有关地区和部门应予高度重视和采纳，并立即把申报工作开展起来！

二、思茅、西双版纳、临沧世界茶树原产地与世界名茶普洱茶申报世界遗产的依据

1972 年联合国教科文组织大会缔结的《保护世界文化和自然遗产公约》规定，文化遗产有 6 条标准，自然遗产有 4 条标准，列入名录者必须至少符合其中之一。据笔者看来，思茅、西双版纳、临沧的申报至少符合下面一条或几条：

文化遗产——第一条，表现出人类创造才能和智慧的杰作；

第三条，目前仍存在着或已消失或还存在少量证据，带有独特色

---

① 若以年龄论，野生茶树当以千家寨 2700 年的大茶树为王，但其发现较巴达大茶树为晚，而 20 世纪 60 年代茶学界论证世界茶树发源地时，是以后者为佐证的，故从之。

彩的传统文化和传统文明；第五条，含有某种文化特性或多种文化特性的人类传统集中地或土地利用之类的东西，特别是随着人类历史的发展，它的存在也在逐渐消亡的东西。

自然遗产——第一条，记录有生命进化的过程，表述了地球形成过程中某一重要的地质学过程或代表了地球历史发展的某一重要阶段的东西；第二条，在大陆地区、淡水区域、沿海海岸、海洋生态系统、动植物群的进化和发展中，伴随着进化并能够代表生态学、生物学的重要过程；第四条，从科学性及保全的角度，为了保存优秀的具有世界性价值包括趋于灭绝种类、带有生物多样性以及包括珍稀自然物种的生存区域。

对照以上，我们来看思茅、西双版纳、临沧世界茶树原产地与世界名茶普洱茶申报世界遗产的依据何在。

笔者曾论证道，茶集药用、饮用、观赏、静性、导德诸种功能于一身，是人类物质文明与精神文明高度结合的完美典范，在人类发展的历史进程中发挥了巨大的作用，产生了完整的茶文化体系。近现代以来，尤其在人类受到现代工业、科技与文化压迫，人们的焦虑感日渐严重的情况下，人类对茶文化的需求与日俱增，茶文化的地位也日益提升，由此，茶学界对茶文化之源、茶树原产地的探讨也日渐深化。①

首先，中国是世界茶文化之源，这是多少个世纪以来全世界的共识。但是20世纪初西方学者利用英国东印度公司在印度东北地区发现了野生大叶种茶树，于是推断印度是世界茶树发源地，中国之茶乃印度茶种北移而形成小叶矮丛。此说在世界茶学界一度造成混乱，原因是中国在长时间内没有发现野生大茶树。这一结论直到1962年，中国茶学家张顺高、刘献荣等人在西双版纳勐海县巴达贺松小黑山原始森林中发现树高32.12米、树龄达1700年的野生大茶树王，才被推翻。此前，1953年，在勐海县著名茶山南糯山半坡僾尼山寨，发现了树高5.5米、树龄达800年的人工栽培型大茶树，这是世界上树龄最长的人工栽培型茶树王。1991年，又在思茅澜

① 史军超：《世界茶文化源头之辩》，《云南民族学院学报》（哲学社会科学版）2001年第6期。

沧拉祜族自治县富东乡邦崴村发现树高 11.8 米、树龄 1000 年的过渡型茶树王。此三大茶树王的意义在于：第一，证实了中国的西双版纳、思茅、临沧是世界茶树原产地；第二，以三大茶树王为代表的茶树群落构成了从野生到过渡到人工栽培的完整的人类发现、利用、驯化茶树的文明演进序列，它们是茶树和茶文化发生、发展、演化的活化石。由于生物资源的不可再生性和历时性，它们是世界上独一无二的、不可替代的，同时也是在全世界范围内的当然代表者。

思茅、西双版纳、临沧是世界茶树原产地，有着深刻的地球史、地质史、古气象学与古植物学诸学科的依据，它同时深刻地反映着地球史、地质史、古气象史和古植物史的演化进程。

根据古地质学权威魏格纳的大陆漂移说，2.5 亿年前地球分为冈瓦纳大陆板块与劳亚大陆板块，中间为海水隔断，即地中海经过西南亚直达泰提斯海，当时中国和印度不在一个大陆板块上。

古植物学家把地球古植物化石归为两大群落，即劳亚北古大陆热带植物区系和冈瓦纳南古大陆寒带植物区系。我国地处劳亚板块，西南部则处劳亚板块边缘，临近泰提斯海。在第四纪更新世、全新世喜马拉雅构造运动发生以前，地势平缓、浅海广布、气候温和、雨量充沛，诸多古生种子植物在这一带发生、滋长和繁衍。这一地质形态成了第三纪山茶等被子植物的温床，是高等植物的发源地，也是茶属植物的故乡。而当时的印度拉雅南坡还是一片大海，没有陆地植物。

经过漫长的地质变迁，到 1 亿年前的中生代后期，被子植物大量发生，出现了花果，许多山茶科近缘植物也在此繁生，这为茶树植物的孕育、形成创造了生存演化的条件。大约在 5000 万年前的新生代始新世，发生了喜马拉雅造山运动，青藏高原隆起，北方变得干燥而寒冷，使不少喜温植物向南迁徙。到第四纪，现代植物种群已经具备。

古地质学曾论证由于北半球发生了第四次冰川侵袭，中纬度消灭了喜热的第三纪区系植物种群，而云南由于地处中国西南，即劳亚古北大陆之边缘，临近泰提斯海，其南部地域，即今思茅、西双版纳、临沧一带有不受冰川袭击的优势。1980 年结束的地质勘探证明了这些地区果然未受到上更新大理冰期的袭击。中更新世的两次冰期中，此三地区未遭受全面袭击，许多地方未发现冰川擦痕。因这一特殊环境，古老植物种群在此区域内保留很多。而在澜沧江中下游地区（思茅、西双版纳、临沧一带），木莲、望天树、黄缅桂、龙脑香、苏铁、树蕨以及山茶科等古生植物反而繁生茂长，它们都是第四纪冰川期的劫后幸存者。而印度之产茶区喜马拉雅山南坡，在山茶等高等被子植物大量发源于中国地域时，尚处于大海汪洋之中，后因造山运动的"陆"出，才与中国连为一块，但不具备发生古老山茶科高等植物的条件，也不存在冰期毁灭与否的问题，自然不可能是茶树的发源地。其现在之所有茶树，均是从世界茶树原产地中国滇南思茅、西双版纳、临沧传播蔓延开去的。

此外，思茅、西双版纳、临沧成为世界茶树原产地还有古生物地理气候（地质、气候、温度、湿度等）以及土壤的化学、物理条件等等方面的科学依据，兹不赘述。

统计学也提供了相应的依据。到目前为止，世界上已发现茶树共 4 个系 37 个种、3 个变种，共 40 种，几乎全产于我国南部、西部地区。其中云南最多，而又以滇南、滇西南思茅、西双版纳、临沧分布为最多最广；这里有 4 个系 22 个种、2 个变种，共 24 种。这样的分布是世界任何一个地区所无法相比的。

其次，普洱茶文化是世界茶文化中历史积淀最深厚、茶学品质最高尚、最具代表性和独特性的文化体系，它是人类精神文明与物质文明结合得最完美的典范，高度展现了云南人民的创造才能和智慧，体现了人与自然高度和谐的认知理念与实践。

据"2002 中国普洱茶国际学术研讨会"和云南省地州政府部门及茶学界的共同界定，普洱茶的主要特点是：在云南独特的地理气候条件下，用云南大叶种晒青毛茶为原料，经后发酵独特工艺加工而成。这是说，历史上思茅、西双版纳、临沧形成了以古称"六大茶山"为中心的包括澜沧江中下游流域各茶山在内的大叶茶原料基地，经杀青—揉捻—晒干加工成晒青毛茶，及以晒青毛茶为原料制成的各种紧压茶，经长期贮存和后发酵形成独特风味的茶品，再运至普洱进行深加工，集散各地。因其后发酵，故有越陈越香的品质。这就是普洱茶及其内质特点之所由来。普洱茶的制作，是思茅、西双版纳、临沧各族人民充分利用当地大叶茶和这一地区独特地理、气候的结果，它是人与自然高度融合而成的智慧结晶。

普洱茶的历史源远流长。普洱茶的加工制作始于何时，因缺乏古籍佐证无以明之，但其形成商品贸易则自唐始。按阮福《普洱茶记》记载："西蕃之用普茶，已自唐时。"普茶即普洱茶。西蕃泛指贵州、四川、西藏、甘肃、云南等少数民族地区。虽然唐代陆羽《茶经》中未提到普洱茶，然而同时代的樊绰《蛮书·云南管内物产第七》中就说："茶出银生城界诸山，散收，无采造法。蒙舍蛮以椒、姜、桂和烹而饮之。""银生"是唐代云南六节度之一，驻节银生城（今景东），辖区包括今思茅、西双版纳、临沧一带。"蒙舍"是南诏国六诏之一，在今云南巍山、南涧地区。"散收"为民间制作，故收购分散。"无采造法"，为采造之法独特，殊不类内地，故茶品越陈越香，不以新鲜为贵。可见，早在1200多年前，思茅、西双版纳的茶叶已行销到巍山、南涧等地。而据大茶树王南糯山半坡寨的僾尼老人说，他们的祖先55代以前就在这里栽茶树了。按一般人类学推算法，这当有1100—1300年之久。南糯山自古是普洱茶重要原料供应地，故这一说法也印证了阮福和樊绰的话。

宋代，人们用普洱茶换西蕃之马并形成茶马文化。史称："茶兴于唐，盛于宋。"普洱茶也如是。

元代，普洱茶已成为商品进入市场，李京《云南志略·诸夷风俗》"金齿白夷"条说："交易五日一集，以毡、布、茶、盐互相贸易。"

明代，谢肇淛《滇略》卷3云："士庶所用，皆普茶也。"此时普洱茶已成为一种广泛适应不同社会层次需求的热销商品。随着茶叶贸易的发展，普洱已由原来没有名气的小地方发展为众人皆知的政经名区。"普洱"是哈尼语"水湾大寨"的意思，哈尼人世居此，且自古至今都是云南种茶、制茶、贩茶尤其是生产普洱茶的重要民族。《新纂云南通志》云："普洱之名在华茶中所占特殊位置，远非安徽、闽浙可比。"普洱茶之名已远扬海内外。

清代是普洱茶的兴盛时期，顺治十八年（1661年），仅从普洱运往西藏的茶叶就达300万斤。此时的普洱茶，正如檀萃《滇海虞衡志》云："普茶，名重于天下，此滇之所以为产而资利赖者也。入山作茶者数十万人，茶客收买，运于各处，每盈路，可谓大钱粮矣。"《云南通志》《普洱

云南文库·学术名家文丛

府志》和《大清一统志》等书都有"以茶为市""仰食茶山"的记载。在清光绪和辛亥革命前后，思茅茶叶市场曾兴盛一时，"鼎兴恒""信仁和"等茶号林立，"云南通省用茶，俱来自普洱"。而藏族同胞每到冬季必人马如潮前来运茶，用马匹、药材等换购普洱茶等。

19世纪以后，云南普洱茶还远销到缅甸、泰国、老挝、越南和欧洲各国。

目前，云南省已与20多个国家和地区建立了普洱茶的贸易往来关系，年出口量达数千吨，形成了蜚声海内外的国际名牌，国际茶学界对其景仰有加，誉之为"云南普洱世界万民健康之茶"（日本东西物产株式会社社长坂本敬四郎题词）。

另外，虽然思茅、西双版纳、临沧有着无与伦比的茶树产生、发展到人工驯化、栽培的完整系列，但非常令人痛惜的是，人们对此保护不力，如普洱茶家乡之一南糯山800年的大茶树王由于保护不善，前几年终已仙逝。消息一经传出，世界茶坛无不为之震惊，大批日本、新加坡及欧美茶人不远千里前来拜谒祭吊，其情其景，感人至深。笔者亦曾亲往祭奠，面对茶树王遗址今日竟被用来种苞谷、荞子的景况，不由生发千年的悲哀，而笔者关于建立茶树王纪念碑、馆的建议至今也未得有关方面的响应。这些，都反映出对茶树王这样的世界级至宝保护的急迫性和重要性。

以上对照可见，普洱茶及其文化符合于世界文化遗产标准中的第一、三、五条要求。

综上所述，笔者认为，思茅、西双版纳、临沧世界茶树原产地和世界名茶普洱茶有着充分的根据申报世界文化自然双重遗产。

三、思茅、西双版纳、临沧世界茶树原产地和世界名茶普洱茶申报世界遗产的范围、内涵及类别

① 为便于实行有效保护与管理，申报范围以建立"核心区"与"辐射区"两个层次为宜。核心区应包括三大茶树王、千家寨2700年野生古茶树、万亩野生古茶林以及普洱茶"六大茶山"、南糯山、普洱茶加工集散地普洱县及三地州重要的古茶乡、老茶庄所在地。辐射区应包括三地州的所有范围、历史上形成的著名茶马古道及普洱茶营销路线、遗址及普洱

茶原产地思茅、普洱、墨江、景东、景谷、镇沅、江城、孟连、澜沧、西盟、临沧、凤庆、云县、永德、镇康、双江、耿马、沧源、景洪、勐海、勐腊等 21 个县市。

② 申报内涵应包含世界茶树原产地所依据的古地质、古生物、古气候和茶树对土壤、气候的物理、化学条件所需的自然系统，以及普洱茶文化所包括的诸要素，如民族、历史、文化、工艺、商贸等，及所体现的地球史、茶属史的自然演化过程和人与自然高度融合的可持续发展的内容。

③ 申报类别以"世界文化自然双重遗产"为宜。

四、思茅、西双版纳、临沧世界茶树原产地和世界名茶普洱茶申报世界遗产对思茅、西双版纳、临沧及云南省经济繁荣、文化发展、社会进步的促进作用

思茅、西双版纳、临沧世界茶树原产地和世界名茶普洱茶申报世界遗产可做如下价值评估：

① 申报工作将大大提升三地州的国际国内知名度，塑造三地州的新形象。申报世界遗产，就是打造世界顶级品牌，人们将其比喻为不亚于获得诺贝尔奖，而品牌、形象就是价值，就是生产力，就是资源和资本，就能产生巨大的效益。世界茶树原产地和世界名茶普洱茶申报世界遗产，绝非仅仅是三地州的事，也绝非仅仅是茶学界的事，它是三地州、全云南，乃至全国的大事。通过申报工作，三地州可利用世界级、国家级的新闻媒体和学术机构宣传指导、研究开发，打出品牌，提高国际国内知名度，创造与国际接轨的新平台，塑造 21 世纪的经济文化新形象。

② 申报工作对三地州经济发展具有直接的推动作用。由于历史、自然诸方面的原因，三地州许多地方，尤其是少数民族聚居地区，长期处于经济滞后状况，有相当的贫困面和贫困深度，社会进步缓慢，远远不能适应全面建设小康社会的要求。通过申报，有利于争取中央、省、州各级政府和国际机构的大力支持和帮助，从政策制定、资金投放、基础建设、技术指导、信息传播、人才培养等方面，提供良好的发展契机，为三地州各民族人民在 21 世纪的繁荣兴旺创造良好的国际国内环境。云南省是中国茶产业大省，全省茶产业的重点又在三地州，申报工作将为发展云南省茶产

业创造最佳机遇和条件。

③ 申报工作将促进三地州的民族文化建设。云南民族文化大省建设是云南省委、省政府既定的世纪发展战略，思茅、西双版纳、临沧是云南省民族聚居的主要地区，其民族文化积淀十分丰厚，肩负着落实云南省委、省政府决策和民族文化保护与开发的重任。世界茶树原产地就是当地人民世代相袭的民族传统环保体系（如宗教仪典、风俗习惯、世界观、价值系统等）予以保护的结果。而当地各族人民对茶的野生到驯化到培育到创造出世界名茶普洱茶，以及关于普洱茶的一系列生产、销售（植茶、制茶、运茶、销茶、茶礼、茶义等）本身就是一个完整而极其丰富的文化大系统。申报过程对恢复、抢救、保护、弘扬世界茶树原产地和普洱茶文化，具有直接的促进作用，而世界茶树原产地和世界名茶普洱茶文化本身就是一项重要的产业，具有在有效保护前提下开发利用的潜力。

④ 申报工作将全面推动三地旅游业的发展。三大茶树王、千家寨2700年野生古茶树、万亩野生古茶林和普洱茶文化早已成为世界茶坛的明星，不远千里前来瞻仰、欣赏、品茗、体验的远不止茶道中人。从1993年起，思茅举行了多届国际普洱茶节；2002年6月，在西双版纳举行了"2002中国普洱茶国际学术研讨会"；同月，思茅成为中国茶叶流通协会、思茅地区行署和云南省茶业协会共同举办的"中国云南第二届茶叶交易会"的主会场；12月，省地州政府有关部门和茶学界又共同召开了"普洱茶原产地论证会"。这些活动大大吸引了中外茶学界、经贸界、文化界、科技界的专家学者和广大的旅游者。通过申报工作，将形成三大茶树王、千家寨2700年野生古茶树、万亩野生古茶林和普洱茶六大茶山、南糯山、普洱县等地的古茶山、老茶庄茶号保护、科考、观光、旅游的热潮，而从各大茶山到普洱，普洱到滇、川、藏以及缅甸、泰国、老挝、越南、印度、斯里兰卡各国的古茶道之旅，也将成为新的旅游热点。

五、思茅、西双版纳、临沧世界茶树原产地和世界名茶普洱茶申报世界遗产的有利条件

① 由于思茅、西双版纳、临沧世界茶树原产地和世界名茶普洱茶本身具有优越的自然史与人文史的丰富内涵和品质，它吻合于世界遗产标准中

的多项要求，使它具有在世界申报范围的竞争中获得胜出的优势。

②2000年8月7日，云南省人民政府成立了云南省申报世界遗产管理委员会，标志着云南省申报世界遗产战略拉开了序幕，申报工作走向规范化，为思茅、西双版纳、临沧世界茶树原产地和世界名茶普洱茶的申报提供了咨询、管理、信息、政策、资金、技术等等方面的便利，可免走弯路。1997年，我省丽江古城已申报成功。2002年，"三江并流"作为中国唯一地点正式申报，同年2月，红河哈尼梯田也成为中国政府报出的5个预备项目中的一个。这些地点的经验、教训，都可资借鉴。

③21世纪全球关注的焦点是人与自然的和谐发展，三地州世界茶树原产地和世界名茶普洱茶正是这一理念和效应的集中体现。

④三地州的申报符合联合国21世纪全球可持续发展的战略，符合中央西部大开发的战略，符合云南省委、省政府建设民族文化大省和绿色经济强省的战略。澜沧江流域是世界茶树原产地和普洱茶核心区域，申报工作也将极大地促进澜沧江—湄公河国际大通道的开发。

本文从宏观角度论证了申报的各要素及具体规划方案，笔者将会同思茅、西双版纳、临沧三地州政府和云南省政府有关部门共同提出上述规划。

[载《云南民族大学学报》（哲学社会科学版）2003年第4期]

世界茶文化源头之辩

一、问题的提出

茶，是世界三大饮料之一，全世界一半以上的人口在饮茶。茶，集药用、饮用、观赏、静性、导德诸种功能于一身，是人类物质文明与精神文明结合得最完美的典范。在物质生活资料日益丰富，生活节奏日益加速，人类身心健康日益受到现代工业、现代科技、现代文化压迫，人类的忧虑感日益严重的今日，世界各国对茶文化的需求亦日益增加，人们对茶文化的认识也日益深刻，茶文化的地位也日益提升。

中国是世界茶文化的故乡，中华民族是世界茶文化的首创者。多少个世纪以来，世界在一定程度上就是根据茶文化来认识中国的。

这本来是全世界的共识。但是，100多年前，西方学者企图利用印度对叶茶的发现，一笔抹杀中国是世界茶文化发源地的事实。公元1600年，英国成立了东印度公司，1824年，其职员在接近中国边境的印度东北地区发现了大叶茶树，东印度公司即派英国学者布鲁斯（C. B. Bruce）前往调查，调查报告证明此茶树是当地掸人从远东引种的。① 但以萨缪·贝尔顿（Samuel Baildon）为代表的部分英、印学者据此提出"茶叶原产印度"的说法，以装潢印度茶叶的门面，抹杀中国在茶叶方面的功绩，从而达到在国际市场上排挤中国茶叶的目的。

萨缪·贝尔顿等人所据理由是中国境内没有发现野生大叶茶树（Assamic），于是得出结论说，世界茶叶仅有一种，即印度种，中国种多小叶而矮丛，正是印度茶种北移中国受气候影响所致，甚至谎称印度茶叶在1200年

---

① 张宏达：《山茶科植物的系统研究》，《中山大学学报》1981年第4期。

前即已传入中国，云云。①

此说在世界茶学里一度造成混乱，究其原因，是在相当长时间内中国没有发现野生大茶树。自从 1953 年发现了西双版纳勐海县南糯山 800 年树龄的人工栽培茶树、1961 年发现了勐海县树龄 1700 年的巴达野生大茶树、1991 年发现了树龄 1000 年的澜沧县邦崴过渡型古茶树这三大茶树后，不仅彻底推翻了"印度唯一茶源说"，而且经中国茶学界和国际茶学界深刻、系统地研究，确立了中国思茅、西双版纳地区为世界茶树起源中心的地位。

二、思茅与西双版纳为世界茶树原产地

茶树原产地与茶文化的发源地，作为一个科学的命题，应从两个方面加以证明。一方面，是"有书为证"，即查考该国是否有早于别国的关于茶树及茶叶应用的古籍经典，这些古籍经典不受后世人们政治观点的影响而变化，它们是该国发现、利用茶的文献档案。另一方面，是"拿出证据来"，即看该国是否有野生古茶树和人工栽培古茶树，以事实胜雄辩。中国在这两方面，都有充足的证据，兹引录于下。

《周礼·地官》载，阙内有"掌茶"之职（古代"茶"与"荼"字通）。

《诗经·邶风》中载有："采荼薪樗""谁谓荼苦，其甘如荠"等七处。

《尔雅·释木篇》载，物产有"槚，苦荼"。注曰："树小如栀子，冬生叶，可煮作羹饮。今呼早采者为茶；晚取者为茗。一名荈。蜀人名之苦荼。"

《晏子春秋》卷6载："晏婴为齐国景公大臣时，仅食脱粟之饭，炙三戈，卵五枚，饮茗菜，如此而已。"

《华佗食论》："苦茶久食益思意。"

《神农本草经·本草衍义》载云："神农尝百草，日遇七十二

---

① 张顺高：《巴达野生大茶树的发现及其意义》，载赵春洲、张顺高编《版纳文史资料选辑》（4）。

毒,得茶而解之。"

王褒《僮约》载云:"武阳买茶""烹茶尽具"。

常璩《华阳国志·巴志》载云:"武王既克殷,以其宗姬(封)于巴,爵之以子。土植五谷,丹、漆、茶、蜜……皆纳贡之。"其地"园有芳蒻,香茗"。且云,西周初,巴蜀有茶之栽培与茶业兴作,及晋,"温峤上表贡茶千斤,茗三百斤"。《蜀志》中说:"山出好茶。"《南中志》云:"山出茶蜜。"

陆羽《茶经》为中国第一部茶学经典,其载云:"茶之为饮,发乎神农氏,闻于鲁周公,""茶者,南方之嘉木也。"

樊绰《蛮书·云南管内物产第七》载云:"茶出银生城界诸山,散收,无采造法。蒙舍蛮以椒、姜、桂和烹而饮之。"

李石《续博物志》卷7载云:"茶出银生诸山,采无时,杂椒、姜烹而饮之。"

元明清时,有关茶的记载更多,兹不一一列举。

"茶"字最早见于周代《尔雅》,其写法为二,一为"槚",一为"荼"。《诗经》《楚辞》写作"荼",《春秋》《史记》《汉志》诸书亦作"荼"。此外尚有"茗""槚""蔎""荈""菠"等写法,不胜枚举。直至唐代,茶圣陆羽著《茶经》,卢仝撰《茶歌》,易"荼"为"茶",沿用于今。这样,自 3000 年前的周初起,中国就已发现茶、利用茶了。若据《茶经》所言,"茶之为饮,发乎神农氏",则中国人的用茶、饮茶更要早到 10 000 至 15 000 年前去了。

实物的证据方面,自 1953 年至 1991 年之间,在云南南部发现了从野生型古茶树,经过渡型古茶树,到人工栽培型古茶树的巨大群落,并拥有中外茶学界公认的三大茶王树为其代表。这些古茶树分布在云南省 27 个县内(核心区域为滇南),其中树高数米、数十米者有 20 余处,树干直径在 100 厘米以上者有 10 余处。其主要分布如下:①

---

① 陈理华:《云南古茶树的分布与保护》,载黄桂枢主编《中国普洱茶文化研究》,云南科技出版社 1994 年版。

野生型古茶树

巴达大茶树（勐海县）	本山大茶树（凤庆县）
澜沧大茶树（澜沧县）	曼宋大茶树（勐海县）
苏湖大茶树（勐海县）	镇安老茶（龙陵县）
镇康大山茶（镇康县）	金平大茶树（金平县）
涩茶（马关县）	广南野茶（广南县）
千家寨大茶树（镇沅县）	柳叶青大茶树（昌宁县）
腾冲野茶（腾冲县）	新村大茶树（云县）
双柏大茶树（双柏县）	师宗大茶树（师宗县）
富源大茶树（富源县）	楚雄大茶树（楚雄县）
南华大茶树（南华县）	高树茶（昭通县）
镇雄大茶树（镇雄县）	

过渡型古茶树

邦崴大茶树（澜沧县）	帕拍大茶树（沧源县）

人工栽培型古茶树

南糯山大茶树（勐海县）	坝湾大茶树（保山市）
团田大茶树（腾冲县）	元江茶树（元江县）
峨毛茶（新平县）	镇安大茶树（龙陵县）
猴子寨大茶树（施甸县）	文家塘大茶树（腾冲县）

其中，三种树型的代表者，即世界闻名的三大茶树王是：野生型古茶树王——巴达大茶树。树在勐海县巴达大黑山原始森林中，乔木，直立。1961 年发现时树高为 32.12 米，后因狂风吹折，现树高为 15.3 米。树幅 7.1 米，基部最大干径 95.5 厘米，离地 1.5 米处分 5 个分枝，其中一个分枝直径达 40 厘米，叶片椭圆形，平均叶长 14.7 厘米，叶宽 6.1 厘米，叶色绿，有光泽。鳞片和芽叶无毛，芽叶黄绿微紫。花大，平均花径 5.5 厘米，花柱 5 裂，子房多毛。据考证，树龄已有 1700 余年。

过渡型茶树王——邦崴大茶树。1991 年发现，树在澜沧县富东乡邦崴村。其地海拔 1900 米，乔木型，直立，树高 11.8 米，树幅 8.2 米×9.0 米，根颈处干径 1.14 米。最低分枝高 70 厘米，叶片平均长 13.3 厘米，宽

5.3厘米，叶长椭圆形，花冠较大，平均花径4.6厘米×4.3厘米，果径平均2.8厘米×2.5厘米，果形扁圆或肾形，果皮绿色有紫色，外种皮上除有胚痕外，还有一个下陷的圆痕，抗逆性强，适合制作红、绿茶。该树具有野生大茶树的花果种子形态特征，又具有栽培型茶树芽叶、枝梢的特点。树龄估算在千年左右。

栽培型古茶树王——南糯山大茶树，1953年发现。树在勐海南糯山半坡寨，高5.9米，树幅10米，树干直径1.38米，树龄约有800余年。[①]

以上文献、实物均证明，中国是茶树原产地，中国人最早栽培和使用了茶这一植物，中国是世界茶文化的发源地，英、印学者的论点纯然是错误的。

三、中国成为世界茶树原产地的成因

科学史证明，真理是在实验和辩论中确立的。中国茶学界在半个世纪以来迎接了英、印学者的挑战，并由此开展了大范围的科学考察和深入研究，从而把茶树原产地问题之争，深化为中国茶学理论与实践的一次大飞跃，对于茶树原产地理论系统、野生茶树和茶种驯化理论系统、茶源的扩散传播理论系统、茶叶加工工艺和茶文化体系的完善等等问题，都做出了全面的研究，从理论和实践的结合上确立了中国作为世界茶文化的发源地和茶文化大国牢不可破的地位。英、印学者据以提出"印度茶树原产地说"的印度所谓"野生茶树"，其实据布鲁斯的报告已经说明并非野生茶树（此茶树是当地掸人从远东引种的），其种属当是与云南大叶茶相似的家茶印度阿萨姆种。

中国据古籍记载是茶叶利用最早的国家，当然，利用早不等于其地就是茶树原产地，茶的利用是文化发展的人文系统，而茶树原产地之是与否，则属物种分布的自然系统。但是，利用与原产地有着联系，因为原产地所提供的野生茶树资源给利用者创造了利用的条件。茶树原产地的产生是一个客观的存在，它有着自身的条件。首先，存在着地球史、地质史与

---

① 陈理华：《云南古茶树的分布与保护》，载黄桂枢主编《中国普洱茶文化研究》，云南科技出版社1994年版。

古植物学的条件。

据古地质学权威魏格纳的大陆漂移说，2.5亿年前，地球分为两个大陆，即冈瓦纳大陆板块与劳亚大陆板块，中间为海水所隔断。也就是说，地中海经过西南亚直达泰提斯海（今印支一带），中国和印度当时并不在一个大陆板块上。

古植物学家把地球古植物化石归为两大群落，即劳亚北古大陆热带植物区系和冈瓦纳南古大陆寒带植物区系。我国处劳亚大陆板块，西南部原处于劳亚古北大陆之边缘，临近泰提斯海。在第四纪更新世、全新世喜马拉雅构造运动发生以前，地势平坦、浅海广布、气候温和、雨量充沛，许多古生种子植物在这一带发生、滋长和繁衍。这一地质形态成了第三纪山茶等被子植物的大温床，是高等植物的发源地，也是茶属植物的故乡。而当时的印度拉雅南坡还是一片大海，没有陆地植物。

经过漫长的地质变迁，到1亿年前的中生代后期，被子植物大量发生，出现了花果，许多山茶科近缘植物也在此繁生，这为茶树植物的孕育、形成创造了生存演化的条件。大约在5000万年前的新生代始新世，发生了喜马拉雅造山运动，青藏高原隆起，北方变得干燥而寒冷，使不少喜温植物向南迁徙。到第四纪，现代植物种群皆已具备。

由于北半球发生了第四次冰川侵袭，中纬度消灭了喜热的第三纪区系植物种群，而云南地域，尤其是云南南部很多地方未受到冰川的袭击。1980年结束的地质勘探证实，思茅、西双版纳地区未受到上更新大理冰期的袭击。中更新世的两次冰期中，此两地区未遭全面袭击，许多地方未发现冰川遗迹。因这一特殊环境，古老植物种群在此区内保留很多。而在澜沧江中下游地区（今思茅、西双版纳一带），木莲、望天树、黄缅桂、龙脑香、苏铁、树蕨以及山茶科等古生植物反而繁生茂长，它们都是第四纪冰川的劫后幸存者。

据1979年出版的《中国高等植物科属检索表》所载，世界山茶科植物共23属749种，而中国就有15属398种，占总数的54.5%，且多集中分布在云南（这亦即云南是植物王国的原因）。其中山茶族种数共240个，我国就有210个，占总数的87.5%。在山茶族中，山茶属种共220个，我国就有190个，云南有55个，且独有种30个，茶树近缘物种之多，为世界之冠。

到目前为止，世界上已发现茶树共4个系37个种、3个变种，共40种，几乎全产于我国南部、西部地区。其中云南最多，而又以滇南思茅、西双版纳地区分布为最多最广；这里有4个系22个种、2个变种，共24种。这样的分布是中外任何一个地区所无法相比的。因此，这一地区为世界茶树原产地，具有古地质学与古植物学的依据。

而印度之产茶区喜马拉雅山南坡，在山茶等高等被子植物大量发源于中国地域时，尚处于大海汪洋之中，后因造山运动的"陆"出，才与中国连为一块，但不具备发生古老山茶高等植物的条件，也不存在冰期毁灭与否的问题，自然不可能是茶树的发源地。其现在之所有茶树，均是从世界茶树原产地中国滇南思茅、西双版纳地区传播蔓延开去的。[①]

此外，地理气候的因素在生物进化史中的作用十分明显。滇南古生物地理气候可说是决定茶树起源、演化与分布的首要条件。茶树一族的特性是喜温、喜湿、喜酸、耐阴、怕碱，这是其漫长的地质、气候、温度等环境因素和生物遗传基因相互作用的结果。滇南地处低纬度高原，由第三纪喜马拉雅造山运动形成之横断山、哀牢山、无量山脉，南北起伏，山岭交错，以澜沧江、把边江、红河水系为主的江河纵横其间，峡谷平坝与高山峻岭，海拔高低悬殊，温度垂直分布，差异甚大，所谓"一山分四季，十里不同天"。尤其受印度洋和南太平洋季风影响，形成南亚热带季风气候，年均温度为18℃左右，年降雨量在1000~2500毫米之间，平均降雨量在1400毫米左右，相对湿度达70%~90%。此一地区之气候特点是，具有海洋性气候和大陆性气候的优点而无其缺点，气候温和，干湿季分明，少霜多雾，滇南南部甚至终年无霜。这样的气候形成了摒避第四纪冰川侵袭的帐幕，不仅保留了古老的树种，而且为茶树起源、茶树种族的形成和演化提供了理想的气候生态环境。[②]

茶树种族对气温有着特殊要求，其喜温好湿，尤对气温变化甚为敏

---

① 张顺高：《西双版纳茶叶生产的过去、现在和未来》，载赵春洲、张顺高编《版纳文史资料选辑》（4）。

② 邱辉：《从邦崴古茶树的发展看茶树的起源与演化》，载黄桂枢主编《中国普洱茶文化研究》，云南科技出版社1994年版。

感。宜栽温度年均值在 14℃～22℃ 之间，宜长温度在 15℃～30℃ 之间。日均温度恒定在 10℃ 时，茶芽开始萌发，随温度上升，生长速度加快。生长速度最旺温度为 17℃～25℃ 之间，小于 10℃ 则处于休眠状态。高温不利茶叶生长，35℃ 以上生长受抑，39℃～40℃ 则茶树受灼伤而死亡。思茅、西双版纳地区年均温度在 18℃～20℃ 之间，正是最宜温度地区。

茶树种族对土壤的化学与物理学性质亦有特殊要求，其性喜酸怕碱，故对土壤的酸碱性颇为敏感。宜茶土壤的 pH 值在 4.0～6.5 之间，以 pH 为 4.5～5.5 最佳。思茅、西双版纳地区广布着砖红壤、赤红壤、红壤、黄棕壤、酸性紫色土等五类酸性宜茶土壤，为茶树生长提供了最优土壤条件。[①]

除古地质学、古植物学、环境生态学等学科的理论支撑外，滇南思茅、西双版纳地区确定为茶树原产地还有其事实的证据。前文我们已介绍过野生型、过渡型和栽培型古茶树的分布情况，而此三型的代表——野生型古茶树王巴达大茶树、过渡型茶树王邦崴大茶树和栽培型古茶树王南糯山大茶树全部在这一地区内，其中，野生型古茶树王巴达大茶树和栽培型古茶树王南糯山大茶树在西双版纳地区勐海县，过渡型古茶树王邦崴大茶树在思茅地区澜沧县，这些地区紧紧相连为一整体。此三型古茶树构成了野生—过渡—栽培，即原生—驯化—育成的完整环链。

除单株代表性古茶树外，此一地区还发现了巨大的野生古茶树群落。据《思茅地区农业报》载，思茅地区的野生茶树资源，主要分布在无量山、哀牢山和澜沧江两岸，海拔在 1800～2530 米之间。20 世纪 80 年代初期，思茅地区茶树品种资源调查统计，野生茶树分布在普洱、墨江、景谷、镇沅、景东、澜沧、孟连 7 个县，29 处，面积约 70 000 亩。最为集中的是镇沅县九甲乡和平村千家寨，野生茶树分布在海拔 2101～2600 米之间的大、小吊水上方的大龙潭、平掌地、碱水塘等 7 处原始森林中，属野生大茶树群落，面积约 10 000 余亩。千家寨野生大茶树中最大的一株，树龄估算约 2600 年，其树型为乔木，最低分枝 10 米，树姿直立，树高 18.5 米，

---

① 李青松：《中国云南思茅普洱茶区土壤》，载黄桂枢主编《中国普洱茶文化研究》，云南科技出版社 1994 年版。

树幅 16.35 米，基部干围 4.51 米，基部干径 1.435 米。此树于 1985 年被发现，是思茅地区最大的野生大茶树。

除镇沅县外，有野生大茶树的地方还有景谷困庄大地、景东石大门、孟连腊福黑山、景谷大水缸、澜沧老挝厂、景东驴打泥塘、普洱困卢山、普洱小高厂、普洱板凳山、景东李家寨、景谷大黑龙塘、景东花山岩梁子等处。① 野生古茶树密集度之高，当世无匹。世界植物学权威威利斯（Willis）认为："目前种属最多的地区，也就是那种植物的起源地区。"我国著名山茶科植物分类学家张宏达教授也持相同观点。② 因此，茶树原产地确定之位置是中国云南南部的思茅、西双版纳地区。

[载《云南民族学院学报》（哲学社会科学版）2001 年第 6 期]

---

① 黄桂枢：《云南澜沧邦崴古茶树的发现考察论证及其文物价值与世界茶树原产地问题》，载黄桂枢主编《中国普洱茶文化研究》，云南科技出版社 1994 年版。

② 邱辉：《从邦崴古茶树的发展看茶树的起源与演化》，载黄桂枢主编《中国普洱茶文化研究》，云南科技出版社 1994 年版。

中国湿地经典——红河哈尼梯田

红河哈尼梯田是以哈尼族为代表的红河州各兄弟民族在漫长历史时空中，发挥人的创造性所形成的与哀牢山区自然环境相融相谐的一套文明体系。由于它在中国乃至世界梯田农耕文化中所具有的独特性、唯一性与代表性，近年来声名鹊起，经笔者首倡并获云南省和红河州政府认可，现已列为中国申报世界遗产预备项目。学术界对红河哈尼梯田做了大量有价值的研究，但笔者认为它们尚停留在较浅的层面，对其文化特点的认知和价值的评判远为不足。笔者近年把红河哈尼梯田置放到世界生态的大区域中加以考察，发现了它的创造型（良性）人工湿地属性，及其堪称中国湿地经典的特质，从而扩展了对它的认知视野。

一、湿地生态与现代文明

众所周知，地球生态分为三大系统：海洋、陆地与介乎二者之间的湿地（Wetland）。湿地是水陆相互作用形成的生态系统，具有季节或长年积水、生长或栖息喜湿动植物等基本特征，是自然界最富生物多样性的生态景观，也是人类最重要的生存环境之一。在远古的时代，人类始祖就是从湿地里爬出来走向陆地而后演化成人的。湿地在蓄洪防旱、调节气候、控制土壤侵蚀、降解环境污染等方面起着十分重要的作用，它因此被称为"地球之肾"。从文化方面来讲，世界几大古代文明无不是湿地孕育的结果。但是，20 世纪随着工业时代的发展，湿地因其具有高度的生产力和粮食、肉类、能源、工业原材料、旅游资源等提供力，在全球范围内遭到人类的过度开发和破坏，致使我们这个星球出现全域性的环境污染、生态失衡、资源短缺、酸雨蔓延、沙漠化、石漠化、气候恶化、臭氧层出现空洞……人类尝到了自己亲手种下的恶果。

为了保护湿地这"地球之肾",1971 年 2 月 2 日,来自 18 个国家的代表在伊朗里海边的小镇拉姆萨尔签署了一份极其重要的国际性文件《湿地公约》,这是第一份也是到目前为止唯一一份针对一种特定的生态系统而设的全球性公约,同时,18 个国家的代表成立了"《湿地公约》组织",由此拉开了人类自觉地、全球范围内有组织地保护湿地生态运动的序幕。《湿地公约》的问世及"《湿地公约》组织"的成立是一个影响到地球生态和人类前途的划时代的伟大事件,它标志着人类文明进入了一个崭新的阶段,它一反过去"人类本体中心论"的思维走势,开始反思人类自身的价值系统和行为模式,重新架构一种新的、与自然相谐相融、高度尊重与保护自然,从而在根本上保护人类自身的理念和行为方式。30 多年来,《湿地公约》及其组织对保护地球湿地生态发挥了巨大的作用。

湿地,按《湿地公约》的定义为:"不问其为天然或人工、长久或暂时性的沼泽地、泥炭地或水域地带,静止或流动、淡水、半咸水、咸水体,包括低潮时水深不超过 6 米的水域。"从形成的动因和方式,湿地划分为天然和人工两大类。天然湿地有沼泽、泥炭地、盐沼、红树林、湖泊、河流及其他水深 6 米以下的滨海水域,人工湿地有水稻田、水生蔬菜种植地、鱼池、虾池、盐田、盐碱地、水库、运河等。

目前,全世界约有湿地 5.14 亿公顷,面积最大的是加拿大,有 1.27 亿公顷湿地;其次是美国,有 1.11 亿公顷;第三是俄罗斯;中国居第四位,为 6594 万公顷。列入《国际重要湿地名录》个数最多的前五名依次是:英国,169 个;加拿大,63 个;瑞典,51 个;意大利,46 个;爱尔兰,45 个。列入《国际重要湿地名录》面积最大的前五名依次是:加拿大,130.5 万公顷;俄罗斯,103.2 万公顷;澳大利亚,72.9 万公顷;博茨瓦纳,68.6 万公顷;秘鲁,67.6 万公顷。这些数据反映了不同国家对待湿地的不同保护程度。中国虽是湿地拥有大国,但在保护湿地方面远远落后于英、加、瑞、意、美等国,甚至连博茨瓦纳和秘鲁这样的发展中国家也不如。

中国在历史上曾经是世界湿地大国,但是最近半个世纪以来湿地面积大幅度减少,受经济利益的驱使,这一趋势仍在有增无减。于是,"中国:湿地在呻吟""拯救湿地就是拯救地球、拯救中国"的呼声日益高涨,牺

云南文库·学术名家文丛

牲湿地谋取经济利益的活动日益受到指责和限制，这是可持续发展的现代生态文明的要求。在这样的背景下，红河哈尼梯田所代表的湿地生态的重要性就凸现出来了。

二、红河哈尼梯田的湿地属性

目前，中国总计有 6594 万公顷湿地（不包括江河、池塘），分布见下表：①

湿地类型		面积（万公顷）
天然湿地	沼泽	1197
	天然湖泊	910
	潮间带滩涂	217
	浅海水域	270
人工湿地	水库水面	200
	稻田	3800
总　　计		6594

可见中国湿地中人工湿地占了一大半，其中主要是稻田。

红河哈尼梯田属人工湿地中的稻田类型。稻田类型人工湿地按其本质可分为改变天然湿地为人工湿地类型（劣性人工湿地）和创造性人工湿地类型（良性人工湿地）两种。非常遗憾，在中国的 3800 万公顷稻田中，属于前一类的占了绝大多数，属于后一类的只占少数，红河哈尼梯田就是这少数中的一部分。

改变天然湿地为人工湿地稻田类型的主要代表是长江中下游地区，范围包括鄂、湘、赣、苏、皖、浙、沪等六省一市。这里古代是中国天然湿地的主要分布地，在 2000 多年前的先秦时期，仅长江中游楚国（今江汉平原）的云梦泽面积就达 5 万多平方公里，一眼望去，烟波浩渺，漫无涯际。唐代这里湿地依然浩瀚一片，诗人孟浩然路过于此，不由得大兴感慨

---

① 刘青松：《湿地与湿地保护》，中国环境科学出版社 2003 年版，第 58 页。

道："八月湖水平，涵虚混太清。气蒸云梦泽，波撼岳阳城。"其湿地功能保存完好，水面平阔，遥接天宇，云蒸霞蔚，厚润华滋，有效地调节着南中国的大气候。臻至南宋，这里丰富的沼泽湿地资源吸引了全国各地人们的眼光，纷自迁来，开始了大规模的围湖造田。他们先在湖沼边围筑堤坝，再抽干坝内之水，十分方便地造成了水肥丰美的稻田，史书称为"垸田"。由于垸田的垦殖，长江中下游沿岸成为天下闻名的鱼米之乡，人口随之稠密起来，南宋王朝亦将首都迁至杭州。此后历朝，垸田垦殖有增无减，终于造就了中国人口最密集以及供养这庞大人口的稻田面积广大的长江中下游平原地域。所以说，历史上南中国的兴盛实质是人工湿地适度开发的结果。然而，随着开发的过量，到1949年，这里各类湖泊面积仅剩3.5万平方公里。而1950—1970年，在"六亿人民搞饭吃""农业学大寨"单一农业经营思想的指导下，人们对这块天然湿地又开始了新一轮疯狂围剿，在不到30年的时间里，1.2万平方公里湖泊天然湿地变成了稻田，目前这里只剩下2.1万平方公里天然湖泊湿地。

人工湿地比天然湿地，在蓄洪防旱、调节气候、控制土壤侵蚀、降解环境污染、保护生物多样性等基本功能方面大大减退，所以改变天然湿地为人工湿地并非好事。长江中下游湿地的转型，在历史上固然造就了中国的江南繁华地，但近代的过度开发引发了人口爆炸、生态环境恶化等等，无疑是中国的悲哀。

与此相反，红河哈尼梯田是在原来没有湿地的哀牢山区，通过哈尼族与各兄弟民族千百年的努力创造了梯田湿地，大大优化了这一地区的生态环境，因而它属人工湿地中创造型的良性湿地类型。

三、红河哈尼梯田的湿地经典性

红河哈尼梯田，从广义上说，是指滇南哀牢山区红河哈尼族彝族自治州境内的梯田，面积有100多万亩，从狭义上说，则指其中最具代表性的，亦即现已列为中国政府向联合国申报世界遗产预备项目的元阳县哈尼梯田。

红河哈尼梯田是人类农耕文明中的一个奇迹，20年前，当笔者第一次见到它时即被它的雄伟壮丽所征服。根据笔者多年的研究认为，红河哈尼梯田是中外梯田中最杰出的：从连片面积看，数千亩、上万亩甚至数万亩连为一体者在在皆是；论层数，一坡竟可达3000余层；讲坡度，有15度到25度的，有25度到40度或50度的，甚至50度到75度的也为数不少，这些是中外任何梯田都无法媲美的。

然而这只是表层的观照，红河哈尼梯田之所以长久吸引着中外学术界的眼光，主要原因在其生态学的深层原因：

第一，红河哈尼梯田是在没有湿地的地方创造了湿地。

红河哈尼梯田建构在一个十分独特的自然环境中，在哈尼人和其他民族尚未来到这里挖筑梯田时，它已然存在了最为适宜梯田稻作的天然条件。红河哈尼梯田所在的元阳县具有以下自然特征：

① 整体地貌山高谷深，沟壑纵横，多为深切割中山地貌。土地面积99%为山地，境内群山在亿万年中被红河、藤条江水系深度切割，呈现中部突起、两侧低下的形态。最低海拔小河口144米，最高海拔白岩子山2939.6米，在狭窄的范围内海拔高差达2795.6米。鸟瞰全境，山体连绵，层峦叠嶂，地形呈"V"形发育状，高下之间，险峻异常。

② 立体气候突出。低海拔河坝区年均气温25℃，最高气温42℃，高海拔上半山区年均气温11.6℃，两区年均温差13.4℃，即所谓"一山分四季，十里不同天"。

③ 高、低海拔区降雨量悬殊。低海拔河坝区终年蒸发量在2300毫米以上，巨量水蒸气随着热气团压迫层层上升，在高山区受到冷气团压迫冷却凝聚为浓雾，使该地区终年云雾缭绕。浓雾再度凝聚为雨水，洒落在高山区的60 000公顷原始森林中，被森林吸收贮存为地表水和地下水，形成无数溪泉、龙潭、瀑布，这就是元阳特有的"山有多高，水有多高"的水文状态。这溪泉瀑布龙潭之水沿着千沟万壑潺潺下泻，又归复到低海拔的江河之中，再被蒸发升空凝聚为云雾雨水再流入江河，形成了周而复始的原始水流程生态。

在1000多年前，当哈尼人来到哀牢山的时候，他们所做的第一件事是在高海拔的上半山靠近森林水源之处挖筑大沟，这条条大沟如千万条银链把大山拦腰一捆，将溪泉瀑布龙潭流出的山水悉数截入，然后在大沟下方挖出层层梯田。大沟之水又通过无数分渠小沟进入梯田，满足了水稻生

云南文库·学术名家文丛

长的需要。这样，奇迹就出现了，在原先干旱荒芜的山坡上，哈尼人创造出了由千百万块大大小小层层叠叠的梯田构成的立体化水域湿地，而且这湿地的面积随着梯田的增加而扩大。

笔者曾将红河哈尼梯田的生态特征纳归为"'江河—森林—村寨—梯田'四度同构的、人与自然高度融合的、良性循环的、可持续发展的生态系统"，① 亦即以水的流程为经，贯串了哀牢山自然环境和哈尼人文化创造的各要素，形成了立体的、有序的、人与自然相融相谐的生态结构。这一理论揭示了红河哈尼梯田的构成原理，受到学术界和各级政府的重视，它已成为申报世界遗产的理论依据。但是经过笔者对红河哈尼梯田的湿地生态属性研究之后，这一理论应当补充为："江河—森林—村寨—梯田"四度同构的、人与自然高度融合的、良性循环的、可持续发展的湿地生态系统。笔者相信这一新的概括将大大有利于红河哈尼梯田的申报世界遗产，因为它有着更为深远的生态文化的观照，也更加完美和严谨。

哈尼人在哀牢山创造梯田的事迹历有所载，唐代樊绰《蛮书·云南管内物产》记载道："蛮（和蛮，哈尼祖先）治山田（梯田），殊为精好。"清代嘉庆《临安府志·土司志·纳更司》记载道："明洪武间，有龙嘴者，始以开辟荒山，给冠带，寻授为土巡检，隶临安。"纳更为元阳土司之一，其始祖明代哈尼头人龙嘴因带领族人开垦梯田而被朝廷封土授官。据《元阳县志》记载，到 1949 年，元阳县有梯田 90 000 亩，水沟干渠 2600 条，② 这是哈尼族与同县各兄弟民族创造梯田湿地的历史业绩。半个多世纪以来，元阳各族人民在政府的组织下，更是大规模地挖筑水沟开垦梯田，到 1999 年，全县共有干渠水沟（包括三面光干渠和倒虹吸管等大型水利工程）4653 条，梯田 166 689 亩，比历史总和增长了一倍。而这一切都是在哀牢山无湿地的自然状貌下，通过哈尼等族人民的勤劳与智慧创造出来的。

第二，红河哈尼梯田使湿地功能优化，其属性为良性人工湿地。

我们谈过中国人工湿地稻田的最大分布区是长江中下游平原，其稻田

---

① 史军超：《哈尼族文化大观》，云南民族出版社 1999 年版。
② 云南省元阳县志编纂委员会：《元阳县志》，贵州民族出版社 1990 年版，第 150 页。

是通过毁坏或改变天然湿地的方式形成的，这就必然影响或衰减了湿地的基本功能，造成生态的恶化，这一地区近 10 年来频繁发生洪灾和旱灾，原因就在于此。

另一个毁坏或改变天然湿地为耕地而导致生态恶化的例子是三江平原。三江平原是中国赫赫有名的"北大仓"，自 1958 年 10 万官兵来此屯垦，接着"文化大革命"中大批知青又来此拓垦，随着粮食的大量生产，生态也日趋恶劣了。下表可以简要说明其恶化程度：①

生态特征 变化类型	生态变化过程	三江平原湿地
湿地面积的变化	① 填埋天然湿地造耕地； ② 湿地排水转化为农业用水。	1949 年沼泽湿地面积为 5.344×10^6 公顷，1995 年仅剩 1.977×10^6 公顷，减少了近 60%。
湿地水状况的改变（湿地流域水状况的改变，湿地水状况的改变）	① 筑坝； ② 地下水、地表水过量抽取； ③ 水的输入； ④ 荒地开发及低地化。	① 三江平原挠力河上游龙头桥水库建设对下游取水的影响； ② 三江平原水田面积在进一步扩大，地表水已远远不能满足需要； ③ 地下水抽取在部分地区已出现危机。
湿地产品的不可持续开发	① 沼泽被过度放牧； ② 湖泊被过度捕捞； ③ 无节制狩猎活动。	20 世纪 50 至 60 年代，三江平原湿地鱼类丰富，随人口的增加过度捕捞，加上水域环境污染，致使鱼类资源衰退。

红河哈尼梯田是在荒硗无湿地的山体上建造湿地，它与长江中下游平原的稻田和三江平原的耕地相比，是全息性、系统化地在哀牢山区引入湿地功能，而后二者则是使湿地功能退化、衰减乃至最后消失。

第三，红河哈尼梯田大幅度保持了哀牢山区的水土，缓解了自然灾害

---

① 刘青松：《湿地与湿地保护》，中国环境科学出版社 2003 年版，第 74 页。

造成的危害。

哀牢山区的自然环境特征是山高谷深，海拔高低悬殊，高山区雨水丰沛，但恰是这些因素，自古以来就形成水土大量流失，泥石流灾害频生，江河为之淤塞的恶劣状况。由于山高坡陡，该地区山体具有强大的排水性，尤其在七、八月雨水旺季，瓢泼大雨造成山洪暴发，红河两岸山坡上的土层被大量冲刷成泥石流注入红河、藤条江水系，江河水被染成浑浊的红色。纵贯红河州全境的大河原来叫"元江"，但历史上人们习惯称它为"红河"（"红河哈尼族彝族自治州""红河县"也因此得名），就是因为它一直受到泥石流污染的结果。

这一恶劣的生态在哈尼等族人民在千山万岭间挖筑了无数梯田，使整架哀牢山变成"田山"以后，状况就大为改观了。红河州内的100万亩梯田，使原来荒硗的山体披上了稻田湿地的新装，这100万亩面积（加体积）的水体和泥沼在条条田埂以及一系列防洪设施的围护下有效地抵抗了山洪的冲刷，遏阻了泥石流的形成，大幅度地优化了哀牢山区的生态环境。

第四，红河哈尼梯田有效地调节了哀牢山区的气候。

与内地坝区水田的耕作不同，红河哈尼梯田的耕作与哀牢山终年清泉长流的自然环境相适应，而采取了梯田长年饱水灌溉法，即除秋收和短时段的秋后"田翻身"（翻挖梯田晒田）外，其余时间田里始终贮水浸泡。因此，每一块梯田就是一个小水塘，遍布群山的梯田使原来缺水干硗的山坡变成千千万万个小水塘组合而成的巨大立体水域，这水域终年蒸发，形成了哀牢山湿润的气候，使全县年雾期达到180天，全年相对湿度达85%，年均降雨量达1397.6毫米，湿润的气候和丰沛的降雨滋润着土壤，使天然植被和人工植被茂盛生长。

第五，哈尼人把每块梯田都变成一个小型生态园，不但保持而且丰富了哀牢山区的生物多样性。

梯田是水生动植物的繁衍栖息地，植物方面，梯田自然主要是种植水稻，但仅稻种一项，哈尼人在千百年耕作实践中，根据不同海拔、气温、土质、风向等自然条件和人类需要，培育出数十种不同品质的稻种，大大丰富了中国的水稻基因库。如糯稻"迟杯嗬略"（灰糯）和"麦普嗬略"

（长毛糯），前者难脱粒而后者易脱粒，但都系长杆稻，可提供哈尼人翻盖居房"蘑菇房"之用。"略梭"（香糯），广泛适应不同海拔气候。"略纳"（紫糯），含铁高，药用价值好。又如籼稻，"堆策"（冷水谷），适应海拔1500～1800米的高寒山区，米无论舂得多白，煮出来都是红饭，经吃耐饿，大面积种植品种。"归替"（红脚谷），适应海拔800～1000米地区。"策科"（早熟谷），适应下半山，因熟得快，能很好解决山区吃粮青黄不接的问题，等等。在梯田中还有水芹菜、细叶菜、牙齿草、青苔、水木耳、芨芨菜、染饭花、浮萍等野生植物。动物方面，梯田中有黄鳝、泥鳅、田螺、螃蟹、青蛙、石蚌、蜗牛、水蛭、蚂蚁、水母虫、水板凳、蜻蜓等数十种野生水栖动物。此中最值得一提的是哈尼人养殖的"谷花鱼"。因居住山区缺乏水面可养鱼，哈尼人把每块梯田变成一个养鱼塘，在春插季节根据田块大小投放不同数量的鲫、鲤等鱼秧，鱼儿伴随稻秧成长，吞食着田水中的微生物和小虫，清除了水稻害虫，到五、六月稻谷扬花抽穗时节，也正是鱼儿催肥长肉之时，富有营养的稻谷花粉在清风中簌簌飘落水面，积为厚厚一层，正好供鱼儿啜食，此时鱼群生长迅速，到秋收时节已长成巴掌大小，正好捕捞，其肉鲜嫩香甜，远胜其他鱼类。为争食花粉，鱼群常常腾跃升空，所以哈尼梯田有"鱼跳田"奇观出现，成百上千鱼儿在层层梯田间凌空翻腾，在阳光下如万道银光闪烁，上一层田中的鱼儿不时落入下一层田中，这是江南和其他地区稻田中绝难看到的景象。梯田中还有布谷、阳雀、野鸽、野鸡、野鸭、鹧鸪、斑鸠、鹌鹑、白鹇、老鹰、啄木鸟、燕子、孔雀、鹭鸶等野生禽类栖息，因白鹇很多，哈尼人将其视为吉祥物。还有一种叫"鱼雀"的候鸟常常顺着河谷大群飞到上半山梯田中聚落，于是人们传说此鸟原先是江河里的鱼，因喜欢梯田而变为鸟儿飞上山来，其实因为这里的生态良好，才吸引了其他地区的鸟儿飞来。

第六，哈尼人在创造梯田湿地的同时，创造了一套维护生态的梯田湿地文化。

水是湿地的命脉，也是梯田的命脉，哈尼人深知这一点，于是他们所有的理念和行为都指向维护水源。哈尼族信奉万物有灵的原始宗教，一年四季有数十种年节祭仪，主要的祭仪是二月"艾玛突"（祭寨神）、六月"苦扎扎"（祭天神）、十月"甘通通"（祭祖神），其中以"祭寨神"最盛大。祭寨神实际是祭祀寨头神林中象征寨神的一棵神树，神林和神树是至高无上的，平时人们不得擅入，牛马猪鸡也不准放入，以免骚扰寨神的清静。之所以以树为最重要的村寨守护神的象征，是哈尼人知道树（森林、大自然）是哀牢山的万水之源，哈尼古歌就唱道："有好山就有好树，有好树就有好水，有好水就开得出好田，有好田就养得出好儿孙。"哈尼人的水神是螃蟹和石蚌，他们认为这两种动物在泉眼里夜以继日地辛苦挖掘，才使哈尼山乡一年四季清泉长流，所以每年要祭水神螃蟹和石蚌。哈尼人称自己是"哈尼阿波摩咪然哩"，意思是"哈尼人是天神的儿子"，天神是大自然的象征和代表，哈尼人以自己为大自然的儿子而自豪，他们的所有行为和思想都发源于对自然的崇拜、亲近和维护，也正因此，他们才与大自然水乳般融合，而这融合的标志，就是他们创造的人工湿地梯田。

从生态学的意义来讲，红河哈尼梯田给我们提供了一个良性人工湿地的经典性范例，它以人与自然高度融合，维护自然、优化自然为旨归，创造了哀牢山区亘古未有的人工湿地梯田，这一创造丰富、发展了中国的湿地文明。

红河哈尼梯田湿地文明虽然古老，却与21世纪的文明理念——生态文明十分契合，这对中国乃至世界正在大规模破坏湿地，以牺牲环境生态为代价谋取经济利益的人们，不正是一个深刻的醒喻和教诲吗？

［载《云南民族大学学报》（哲学社会科学版）2004年第5期］

哈尼族"十月物候历"与农耕生产

　　哈尼族是中国 10 余个人口在百万以上的民族之一，历史悠久、文化灿烂，千百年来，在其主要聚居的云南南部哀牢山的千山万壑中开垦梯田，达到"殊为精好"①　的层次，创造了中国少数民族半山稻作农耕的最高典范——梯田文化。②

　　作为梯田文化一个十分重要的组成部分，哈尼族在长期生产活动中创造了一套因地制宜而又行之有效的历法，用于指导一年中各个季节的农事活动，这就是"十月物候历法"。③　这是他们根据哀牢山深切割中山地貌"山有多高，水有多高"和亚热带季风气候"一山分四季，十里不同天"的自然地理特点创造的历法，这一历法对哀牢山地区数十万哈尼人的生产发挥极为重要的作用。

一、哈尼族的"十月物候历"

　　哀牢山地区的哈尼族由于局域广袤，各地随着海拔高低不同，气候、土壤、植被、自然生态也各不相同，因此大体上并行着两种历法：一种为"十月物候历"，这是主要历法；一种为"十二月历"，是次要历法。

---

　　①　语见〔唐〕樊绰《蛮书》。
　　②　关于哈尼族梯田文化有众多学者研究，本文仅从历法角度讨论。
　　③　哈尼族分布广泛，主要有哀牢山、无量山、僾尼山（西双版纳、澜沧地区）的大聚居区。"十月物候历"乃一与各地海拔、气候诸自然条件相依相随且密切指导当地农事活动的历法，因而各地哈尼族的"十月物候历"（以农历十月为岁首）各项节令具体时间有所不同。此历法主要在哀牢山和无量山部分地区哈尼族中使用，至于僾尼山地区则不用。一般而言，僾尼山地区过年时间比上两地推迟一个月左右，此因自然条件不同，生产方式有异故也。

"十月物候历"一年分三季，即冷季，哈尼族称"崇塔"，时段为农历十一月至次年二月；暖季，哈尼语称"窝夺"，时段为农历三月至六月；雨季，哈尼语称"惹翁"，时段为农历七月至十月。全年365天，每季4个月，每月30天，余下5天为过年时间。此历法以农历十月为岁首，九月为岁末。

"十二月历"与汉族农历一致，一年分四季，一季3个月，月有闰，多在公路沿线或受汉文化影响较大的地区使用，总体使用较少。

"十月物候历"以物候交替计算季节、掌握节气，但因各地物候变化有细微差别，故各地区之间未有统一的确定时日。一般而言，各地哈尼族以所居之地山野间树木的生长、开花、结实和各种飞鸟的往还为识别季节变化的标志。为使人们不致混乱，在各地流传的传统古歌《虎珀拉珀卜》（以下简称《虎珀》，又称《十二月生产歌》或《翻年歌》）① 中，对各种标志、计算方法予以形象的表述，因而各地哈尼族只按大体一致的历法时段从事农耕生产。

如《虎珀》中这样唱叙岁首十月的到来：

> 讲了，年轮树发到十月这枝（哈尼族神话说
> 年月日是从一棵遮天大树上长出来的），
> 哈尼翻年（过年）的时候就到了。
> 十月是哈尼一年的岁首，
> 像一条大路的起头，
> 一年的日子要上路了。
> …………
>
> 哈尼，
> 你认不得翻年的样子吗？
> 你找不着年阿妈的路吗？
> 你认不得翻年的样子也不怕，
> 你找不着年阿妈的路也不怕，

---

① 参见《哈尼族古歌·窝果策尼果》第十九章，云南民族出版社1992年版。

只消到山林里去找，
只消到山林里去认。
…………

山林里的野樱桃花，
望去是光秃秃的，
数去不见一片叶子；
可是你没有望见吗，
红艳艳的樱桃花，
开得一树一树的。
…………

那一轮一轮的樱桃树，
是天神留给哈尼翻年的木刻，
樱桃开花的时候，
就是翻年的十月来到了。
…………①

又如一月的到来，《虎珀》是这样教人们判断的：
…………
金嘴金嗓的阳雀，
一声挨一声地叫了。
它叫什么呢？
它叫勤劳的哈尼，
春天已经到了，
一家的父子备耕得了。
脸上有七层皱纹的老人，
天不亮就叫醒儿子：

---

① 参见《哈尼族古歌·窝果策尼果》第十九章，云南民族出版社 1992 年版。

　　"起来吧，

　　不是睡懒觉的时候了，

　　是挖田挖水沟的时候了……"①

　　"十月物候历"大体有这样几种物象参照：

　　正月：樱桃花、攀枝花开放，柳树吐芽，偶有燕子飞掠报春，春风送暖，蛰虫复苏，蠢蠢欲动。准备"咪谷"（主祭）的选举和"昂玛突"（祭寨神盛典）活动前的各项事务。修理农具，寻找耕牛，备耕。

　　二月：梨花放白，草木发芽，西南风起，气温渐升，万物萌动，大群燕子在屋檐上呢喃做窝，家畜发情，群鸟争鸣。于第一个属龙日举行最盛大之宗教庆典"昂玛突"。女主人捂稻种，男劳力犁耙秧田，育秧苗。

　　三月：哈尼语称"扩达"的红嘴黑身鸟鸣叫，哈尼语称"托姑"的红头绿身鸟叫唤，山上野果被群鸟吃尽或掉落，野鸡、斑鸠、麂子鸣叫，表示将要找窝交配下崽。西南风强劲，溪水变小，春雨初降。鱼蕨草发芽，黄饭花、眼睛花开，树木发枝，布谷频唱，家畜野兽活跃，梯田栽秧，高山撒荞，河坝植绵，农忙开始。

　　四月：雨量渐增，天气转热。山茶花开，攀枝花果炸棉，结出早木耳，金丝竹、苦竹破土冒笋，遍野青翠，长尾斑鸠频叫，"比库鸟"唱，薅早播作物。

　　五月：雨季来临，万木繁茂，竹笋争发，山花烂漫。草虫争鸣，野猪等动物出没啃吃庄稼。男子行猎，妇女薅二道秧。

　　六月：雨季，电闪雷鸣，大雨时降。"奥玛"虫（据说它出生在寨头太阳出山的方向）曳声长鸣，告诉人们谷子拔节抽穗，要铲埂除草了。

　　七月：山谷间热风吹动，雨量最大。"担荣"虫满山遍野叫唤，告诉人们稻谷已灌浆，预示丰收年成，随即谷穗如马尾拖垂，日渐黄熟。叫谷魂过尝新节，准备工具修茸道路，准备秋收。

　　八月：风雨渐减，谷穗低头，漫山金灿，儿孙扶老人到大田边望秋，欣赏哈尼人一年的辛劳成果。秋收大忙，稻谷入仓。

------

　　①　参见《哈尼族古歌·窝果策尼果》第十九章，云南民族出版社 1992 年版。

九月：西南风转弱，雨水渐收，气温下降，候鸟南还。"乌努"树（此树被认为是祖宗传下来守护村寨的）和红叶树开花，预示十月年不远了。农事为打埂犁田，休耕。

十月：气温续降，草木枯黄，树木挂果，杂草结籽，锥栗果成熟，预示十月年已来临。节前将牛马家畜从放牧地赶回，抢收晚熟作物。

十一月：冷空气降临，霜落四野，草木凋零。道路上出现成堆的黑毛毛虫。时序入冬，野兽休眠。翻犁水田，糊田埂，砍荞地。

十二月：樱桃花打苞，鸟虫不飞，豺豹难觅食，饿鹰鸣叫。男人积肥修埂，女人居家纺织。①

除观察动植物和飞鸟的情状外，哈尼族还有自己计算日子的一套方法。如过十月年（哈尼语"咂勒特"），其实为农历十月第一轮（以十二生肖计轮，与农历同）的兔日和龙日，兔日（哈尼语"托拉"）为旧年最后一天，龙日（哈尼语"劳"）为新年第一天，分别相当于农历大年三十和正月初一。其不固定于某日，而依历法推算。如哈尼语所称"托资"，设为"白天和夜晚长短相等的日子"，时在农历十一月，即以此日推算一年节气的演变，安排年内农事活动。"托资"后45天，是"胡西哦及"，即春雷发动的立春日。再向下推，相隔81天，谓之"沃都突"，即"地气像蒸笼一样上升的日子"，即三月阳春，地气回升之暖春时节，亦即栽秧季节。又如哈尼语所称之"觉咂咂"，即"冷季尽头"，时在腊月下旬的属马日或属羊日，亦是节气更新之时。再如"嘎玛妥"，意为"修通道路的时节"，在农历第一个属蛇日，此际稻谷将熟，丰收在望，哈尼人为迎接秋收来临，各村各寨均需修理从村寨到田间的道路，以备秋收背谷时道路通畅——山区运输、行走艰难，故道路平坦与否十分紧要。②

如此等等，皆是哈尼族"十月物候历"的特点所在。此历法有效地保证了一年四季耕作生产的顺利进行。

为方便读者查检，兹列夏历（农历）与哈尼族"十月物候历"之对照表：

---

① 李克忠：《寨神——哈尼族文化实证研究》，云南民族出版社1998年版，第541—542页；白宇：《哈尼族历法概论》，载《红河民族语文古籍研究》1987年第1—2期。

② 史军超：《中国各民族宗教与神话大词典·哈尼族之部》，学苑出版社1990年版。

夏历	十月历	哈尼语名称	夏历	十月历	哈尼语名称
十月	一月	户鱼巴拉	五月	八月	伏森巴拉
十一月	二月	年叟巴拉	六月	九月	苦玛巴拉
十二月	三月	思鱼巴拉	七月	十月	农森巴拉
正月	四月	遮拉巴拉	八月	十一月	属纳巴拉
二月	五月	贝若巴拉	九月	十二月	属浦巴拉
三月	六月	擦奥巴拉	十月为岁首，属第一轮之兔日为大年三十，	
四月	七月	咪提巴拉	龙日为正月初一。	

二、"十月物候历"的渊源流变

中国各民族的历法各有其特点，也各有其渊源流变，哈尼族"十月物候历"的特点，与其所居之哀牢山地区的自然气候、地理环境紧密关联，即其尽取自此一地区自然环境与风物之四季变化为辨别标志，因而具有在当地精确指导农事活动的功能。而考其渊源所自，则又深邃古远，盖起源于周朝历法。

我国历法起源甚古，以至渺渺茫茫不可详考。然据古典所籍，皆云夏、殷、周三代所用历法不同。

观察历法，其要在"岁首"与"月建"。据《礼记·檀弓》孔疏引《春秋纬》"元命苞"及《乐纬》"稽耀嘉"说："夏以十三月为正，以寅为朔；殷以十二月为正，以鸡鸣为朔；周以十一月为正，以夜半为朔。"所谓"十三月"，即指夏历寅月，也就是夏历正月。因从"寅"到"丑"已过了12个月，即是一年，再从头推演，又是寅月；而此一寅月紧接着上一年的十二月，从本年来说，是正月，从上一年来说，是第十三月。因古人认为以数字来计算，易于混淆，故以"十二支"（自"子"及"亥"）来计识，如此则简洁明了。哈尼族对于远古之世曾用数字计的古历有所继承，计历习称"七演策梭，七虎巴拉策梭习"，意即"一轮日子是十三天，一年月份是十三月"，即是接着上轮、上一年的数字为纪日、纪月的古历遗留。

又据《春秋·公羊》隐元年传何休注称云："夏以斗建寅之月为正，殷以斗建丑之月为正，周以斗建子之月为正。"所谓"斗建"，言北斗星之斗柄所指的方向，"寅""丑""子"等代表12个月之天体方位——北斗星斗柄指向"寅"的方位，则为寅月，亦即夏历的正月；指向"丑"的方位，则为丑月，即殷历的正月；指向"子"的方位，则为子月，即周历的正月。故夏历的正月（寅月）为殷历的二月，亦为周历的三月。而周历的正月（子月），则为殷历的十二月，亦为夏历的十一月。故《史记·历书》中说："夏以正月，殷以十二月，周以十一月，三王之正若循环。"《史记》所言，盖以夏历为推演标准。

故结合《春秋纬》"元命苞"和《乐纬》"稽耀嘉"与《史记·历书》的三者辩证，可知周历之正月（子月）为夏历头一年的十一月，为当年的十月；亦为殷历头一年的十二月，为当年的十一月。故周历以十月为岁首，从而与夏、殷之历相区别。

周人历法与夏、殷相异，其原因出于政治所需，即王权更替，江山代变，天命始新。周人既为天子，万物亦应随之更移，以符新朝开泰、宇宙澄清、天地肇始的帝王思想。而周统一天下，号令八方，"普天之下，莫非王土，率土之滨，莫非王臣"。哈尼族先民"诸羌"于周朝之际尚在西北高原游牧，地近京都，律令悉从，故而使用周历。其后历经3000余年，辗转迁徙到滇南哀牢山腹地，生产方式由游牧型转为农耕，历法亦由周历演变为适宜当地的物候历，然其周天子之"王臣"观尚潜伏于意识深层，以周历之子月为正的历法未去（这或者隐示着自己是周天子统属正宗的潜意识亦未可知）。但在实际生产生活中，周历的节气所设已不适用，故因地制宜加以变法，创造了物候历以为己用；但十月（夏历）为岁首，月建为子正，并由此排出十二月序的古礼未废。

这就是哈尼族"十月物候历"的渊源和流变。

至于使用夏历，则是部分哈尼族（多为与汉族杂居地区）吸收了华夏文化的结果，这是不言自明的。

哈尼族"十月物候历"一经形成，就作为其梯田文化的组成部分而对整个民族的文化构成产生重大影响，全部农事活动和生活程序都受到它的规范，甚至连表述民族文化的古歌（民族文化经典）的程式，都深受其制约。哈尼族古歌多以"哈巴"调式演唱，而这庞大的古歌"哈巴"系统多以十二调式（或十二的倍数如二十四）来演唱：演唱"开天辟地"的古歌，则有"俄色密色哈巴"十二调；演唱婚嫁习俗的古歌，则有"然密克玛色哈巴"十二调；演唱丧葬礼仪的古歌，则有"诗窝纳窝哈巴"十二调；演唱农耕生产的古歌，则有"虎珀拉珀哈巴"十二调等。十二（或十二的倍数）节调的结构，源自十月物候历以十二月为一年的观念，又涵化着"十二"为圆满、吉祥、兴旺之义。

游国恩先生曾列表比较夏、殷、周三历异同，堪为哈尼族"十月物候历"渊源之参证，兹引于下：①

夏正	殷正	周正		周正	殷正
正月（寅）	二月	三月		正月（子）	正月（丑）
二月（卯）	三月	四月	春	二月（丑）	二月（寅）
三月（辰）	四月	五月		三月（寅）	三月（卯）
四月（巳）	五月	六月		四月（卯）	四月（辰）
五月（午）	六月	七月	夏	五月（辰）	五月（巳）
六月（未）	七月	八月		六月（巳）	六月（午）
七月（申）	八月	九月		七月（午）	七月（未）
八月（酉）	九月	十月	秋	八月（未）	八月（申）
九月（戌）	十月	十一月		九月（申）	九月（酉）
十月（亥）	十一月	十二月		十月（酉）	十月（戌）
十一月（子）	十二月	正月	冬	十一月（戌）	十一月（亥）
十二月（丑）	正月	二月		十二月（亥）	十二月（子）

三、"十月物候历"指导下的农耕生产

在"十月物候历"指导下，哈尼族依时进行梯田耕作，其序如此：

① 农历十月至十一月，即哈尼语之"户鱼巴拉"（一月）到"年叟巴拉"（二月）之间。此际寒霜续降，草木枯萎，时序入冬。深埋田泥的稻茬、杂草已腐烂成肥，可进行头道耙田。头道田要耙六遍，头三遍粗耙，以便把田泥和草肥耙起来，每距六七尺成一堆，然后再细耙三遍，找平田面。

② 农历十二月，即哈尼语之"思鱼巴拉"（三月）。此际寒冬，男人下田修埂、积肥，女人在家纺织土布、制衣。

---

① 游国恩：《楚辞论文集》，古典文学出版社1957年版，第222—224页。又，此节心得，系受云南社科院著名学者赵橹先生之启发，而先生于2000年末遽归道山，每览及此，无不惋伤，志以悼也！

③ 农历正月至二月，即哈尼语"遮拉巴拉"（四月）到"贝若巴拉"（五月）期间。女人捂稻种，育秧苗，男人修理农具，从放牧地寻回耕牛挖二三道田。挖田之法同于头道，但不糊田埂，如此又减少杂草，增加田泥暖度。另因深挖，田底被淤泥铺满，可保梯田不渗不漏，二道田耙过后即进行三道耙田，为栽秧做好准备。此时几经犁耙，田泥已经熟化，田面平静如镜，最后细耙一遍，就可以栽秧，此道工序哈尼语称"哦竹恰卡"，即"栽秧前的耙田"。

犁耙梯田是极其重要的农事活动，哈尼人甚为重视。哈尼族钟爱自己的梯田，对田地总是不遗余力地精耕细作，亲切地称梯田为"大田"，甚至拟人化，古歌中唱道"大田是哈尼的独生子，大田是哈尼的独姑娘"，在田里"做活要像土狗打洞，不怕烂泥沾满身子"，对犁田耙地的要求是要把田耙得又松又软，"像蒸糕一样"。

④ 农历三月，即哈尼语之"擦奥巴拉"（六月）。此际春风渐暖，布谷声声传遍山野，时序进入栽秧大忙季节。

栽秧是一个复杂的过程，由选种、育秧、栽插三道工序组成。

第一道工序——选种。

哈尼族在经营水稻耕作的上千年历史中，对籽种有着精心的培育，他们说，"施肥不如换种"，仅在哀牢山地区就培育出100余个稻谷品种。在传统稻谷品种中常见的是大红谷、小红谷、白小谷、红小谷、老粳谷、花谷、观音山谷、大蚂蚱谷、小蚂蚱谷、金赤糯、冷水糯、紫糯、长芒糯、香糯、红早谷、白早谷、苦聪谷、白脚红谷、九月糯、花地谷、长毛谷、冷水谷、大白糯、地谷糯、大白壳糯等，其中又分水稻和陆稻两种（哈尼族亦栽种陆稻，称为地谷），而以水稻为多。哈尼族就在如此众多的品种中选种。

其种在秋收之前就特意在田间留好，开镰前到田里选出穗大粒饱的单穗，拔回家中晒干留种。这些品种是在不同海拔高度、气温、土质等条件下培育出来的，它们能适应各种不同的环境，各有其特点优势。

第二道工序——育秧。

时在农历正月（"十月物候历"之四月"遮拉巴拉"）中旬。哈尼族所居之上半山，海拔在1000～1800米之间，气候较冷，因此很早就采用温水浸种法。其法为温水浸种一夜，再晒半天，趁种子温热装入篾箩里用树叶捂盖严实，放于火塘边或阳光下保温。三天后倒出，洒泼温水搅拌，再装箩捂盖。如此三次，待稻壳开裂冒根，即可撒入秧田。一月之后，秧苗发棵，即可移栽。

第三道工序——栽秧。

阳春三月，布谷声中，栽秧时节来到。这时各村各寨一群群哈尼人踏着晨露走到田边，举行开秧门仪式"卡沃跑"，开始栽秧。

栽秧取互助形式，集中各家"哦竹玛"（栽秧女人），按照一定顺序，一家一家轮流栽插。届时要请嗓音清亮的歌手领唱，众人边栽秧边合唱，放声高歌"哦竹竹阿茨咕"（栽秧山歌），因此，栽秧的过程始终在抒情的歌声相伴中进行。栽秧山歌内容广泛而饶有情趣，其中歌唱栽秧的由来，歌唱哈尼人的友谊和年轻人的爱情，声调悠长抒情、婉转动人。在哈尼人观念里，农耕生产与人类繁衍是紧密相连的，春天栽插象征着人种的播殖，稻谷的生长象征着生命的成长，收获庄稼象征着生命的丰收。对年轻人来说，栽插播种的同时他们也把爱情的种子播下，秋收时节，他们将金谷和爱情同时收获（哈尼族的婚礼均在秋后举行，即此缘故）。

栽秧时，第一把秧必须由田主家女主人亲手栽下，她栽完大家才可续栽。女主人栽完第一把秧后，须拔腿向田尾猛跑，周围的人为了让她跑得更快，不停地用泥巴打她，用田水泼她，人们认为如此能增快栽秧的速度。有些地区如绿春县哈尼族有栽"秧母"之俗，即在田中央将稻秧围成圆圈，中间竖一根木棍，棍顶戳一束秧，标示这是大田中心，那束秧为"秧田"，只有技艺高超的"哦竹玛"才有资格栽，这也是一种示范表演。有的地区如元阳县哈尼族妇女在栽秧时会解下腰带，把田边的蒿枝丛捆绑在一起，意谓拴住太阳不使它落山，好延长栽秧的时间以便赶节令。

⑤ 农历四、五、六月，即哈尼语之"咪提巴拉"（七月）、"伏森巴拉"（八月）、"苦玛巴拉"（九月）期间。主要农事是田间管理——除草、薅秧、铲埂、护秧。

薅秧用手和脚，拔起杂草和稗子，将其扭结成团，踩进泥里。一般薅三次，同时施一次草灰肥。哈尼族很早就会用蒿枝沤入田水中作肥，肥效甚高。铲埂草是在栽秧后三个月，稻谷抽穗扬花时节进行。此时梯田埂墙上长满杂草，须及时铲除，以免水老鼠、鸟雀在草丛中做窝。埂墙高度一般在 1 米到 1.5 米五左右，特别高的可达四五米，埂墙越高，铲草越难，须在墙面上挖几个凹洞，踩在上面才能除尽埂草，有的地方则用"剁铲"——即长杆铲子从上往下铲。

⑥ 农历七月，即哈尼语之"农森巴拉"（十月）。此际大雨倾盆而下，热风吹过山谷，稻谷灌饱浆汁，开始拖垂而下。此时最重要的农事活动是护秧，其法一是扎草人插在田埂上吓鸟雀，一是用竹子做成响器，摇动之际发出"啪啪啪"的响声吆雀，孩子们常参加此项工作。另一要务是整修道路，以备秋收运粮。

⑦ 农历八月至九月，即哈尼语之"属纳巴拉"（十一月）到"属浦巴拉"（十二月）之间。此际金谷黄熟，铺满山野，放眼望去，连天金灿，哈尼人开镰收割的大忙季节来到了。

割谷子的活儿全部由妇女担任，打谷子则由男子进行，打好的谷子边打边装进口袋，搬运到田棚外的扎马驮子处（一块田棚边的平地），然后人背马驮，运回村寨。

脱粒后的稻草在田埂上晒干，然后整齐地捆好背运回家，堆放在蘑菇房（哈尼族住房）楼上，以备冬天喂牛；背不完的，在田边地头的树杈上码成圆锥形草垛，上盖草顶遮雨，待用时再来背回村寨。

秋收之后，挖头道田，哈尼语称"恰哈切"。哀牢山哈尼族一般实行三犁三耙，多的四犁四耙，认为多一道犁耙多一分肥力。头道田于十月内挖完，其法以牛犁为主，兼以人挖，即对牛犁不到的田角和因梯田太小（有的只有桌面大）耕牛不便入田的部分，则以人挖。挖田前先撒干田水，接着糊田埂。糊埂之法先用脚把旧埂内侧踩沉，使田埂形成内倾坡状，如此可将田埂上的黄鳝洞、老鼠洞塞死，以免漏水。糊好田埂就可翻挖水田，其法为边挖边把田中杂草、稻茬和埂草翻埋泥中，使其腐烂为肥，然后平整田面，放水灌田。

至此，一年农作即告完毕。

[载《中国哈尼学》（第 1 辑），云南民族出版社 2000 年版]

哈尼族的茶道·神道·人道

　　笔者有幸以一个文化人类学者的身份在滇南哀牢山、无量山的哈尼山乡做过长期考察，更复有幸拜谒世界三大茶树王——西双版纳州勐海县巴达乡野生型古茶树王、勐海县南糯山乡人工栽培型古茶树王、思茅地区澜沧县富东乡邦崴过渡型古茶树王，得知哈尼族的家乡是世界茶树的发源地。[①] 哈尼族是最早栽培茶树的民族之一，并创造了名动中外的普洱茶及一系列优秀的茶文化，[②] 由是引动了兴趣，对其茶文化——茶道的内涵和韵味做过一番品啜，特将心得写出，以飨同好。

　　哈尼族在茶叶生产的悠久历史中，与茶结下不解之缘，茶助其疗疾治病，茶供其衣食来源，[③] 茶令其身心健康。因此，茶在哈尼族心目中有着

---

　　① 此三株古茶树王树龄分别为 1700 年、800 年、1000 年，为世界茶学界公认之三种类型古茶树代表者，并作为中国滇南是世界茶树发源地和人工栽培茶发轫地之实证，备受各国茶坛专家景仰。据茶学界考证，最早栽培茶树——即将野生茶驯化为人工栽培茶的民族是"百濮"。然哈尼族从百濮学习种植茶树后，复有创新独树，发明了风行天下的普洱茶系，赢得累累声誉，而在中国各种茶的民族中，唯哈尼一族得以族称命名茶名，即《云南省茶组植物种表》中所列的"五种茶系"（编号 15）的"哈尼茶"（Chaaniensis），此皆为哈尼族茶道之丰富内蕴准备了有利条件。以上可参看唐代樊绰《蛮书·云南管内物产第七》、宋代李石《续博物志》卷 7、谢肇淛《滇略》及今人黄桂枢主编之《中国普洱茶文化研究》（云南科技出版社 1994 年版）诸书。

　　② 同上。

　　③ ［清］檀萃《滇海虞衡志》第十一"普茶"条云："普茶，名重于天下，此滇之所以为产而资利赖者也。出普洱所属六茶山……周八百里，入山作茶者数十万人。茶客收买，运于各处，每盈路，可谓大钱量矣。"此为历史记载，而笔者考证普洱乃古代哈尼族一著名村寨，盖哈尼语之"普"为寨子，故有"普玛"（大寨）、"普然"（小寨）之称，而"洱"之哈尼语音译为"水"，"普洱"即"水边寨子"之意。此为古代哈尼族马帮驮运茶叶之加工集散地。对此笔者另有专文详述。

神圣的地位，他们从种茶、用茶、饮茶到崇圣茶，将茶幻化为神加以膜拜，又将融融泄泄的人情渗透其中，使其成为人性的表征。因而，茶之于哈尼族，是神物、实物、礼物的三者合一，是神道、人道、茶道的三位共体，这即是哈尼族茶义的精髓所在。

一、端严神灵悉入茶

关于茶的起源，在哈尼族神话传说中有多种表述，如野生型茶树王的家乡勐海县巴达乡的僾尼人（哈尼族支系）说：

> 在远古之世，天神阿培明耶看到人间生活很苦，到处山高箐深，茅草过人，食物稀少，僾尼山又一年四季云遮雾罩，潮气逼人，鬼们借云雾御潮气侵袭人类，人们又冷又饿还常常被鬼拖，在生死线上挣扎。阿培明耶同情僾尼人，就撒下一把茶籽，赋予它以神力，用以镇压鬼魂，鬼们惧怕茶籽，不敢再来害人。由于这神奇的威力，僾尼人就世世种茶，借它的神力保护自己。

在人工栽培型茶树王南糯山大茶树的家乡——勐海县南糯山地区的僾尼人又如是说：

> 三国时期，孔明听说西南边地的雅尼人（僾尼人又一自称）忠厚老实、勤劳勇敢，但是居住老林之中，工具极为落后，就想亲自去看一看。他来到南糯山，看见一群人正在砍树，用的是一种从未见过的双面斧，砍得又快又省力，孔明非常喜欢，一问才知他们就是雅尼人。再一看，雅尼人住的房子又低又矮又难看，就说："你们的工具一点也不落后，用这样好的工具应该盖得出好住的房屋。"雅尼人说："可惜我们不知道盖成什么样才是好，有个样子比照着就好了！"孔明想了想，就摘下帽子来说："照着它的样子盖，保证房子宽大防潮，又暖和。"雅尼人就照着孔明的帽子盖起了"拥戈"，① 而原来们却是住在难住的"拥熬"②

---

① 拥戈：僾尼人的杆栏式竹楼，较宽大明亮暖和。
② 拥熬：僾尼人的地棚式竹楼，较古老简陋。

里。孔明和雅尼人相处得很好，最后要回去了，雅尼人送给他很多礼物，孔明也想给他们留点纪念，就把他心爱的手杖插在地上，说："我没有什么送你们，就把这根手杖留给你们吧！"然后就走了。春天来时，这手杖萌发新芽，长出绿油油的叶子。哈尼人很惊奇，摘片叶子嚼嚼，苦苦甜甜的，很爽口，很清凉，又放到锅里煮煮，味道更好。以后，他们就从这棵树上采叶摘籽，种起了茶树。

这两个故事的产生，分属两个不同的文化时期，前一个更为古老，是神话时代的产品，后一个稍晚近，是传说时代的产品。前一个反映了哈尼族先民在采集经济时代对茶树的认识，彼时，他们一如神农氏，仅仅认识到茶能解毒疗疾强身健体的药用价值，[①] 这正是野生型茶树尚未进入人工栽培型的时代，人们所取的还仅是野生茶的初原属性，而对此属性又无深究，故以之为神，托为天神阿培明耶所赐。后一个反映了僾尼（雅尼）人祖先已进入农耕时代，由对茶初原属性的利用，进而对野生茶进行人工栽培，即能利用其后天属性。故事中的表述，是借孔明手植一杖成茶的情节，来传递僾尼先民人工种茶的文化信息，而这正是南糯山人工栽培型茶王树时代的反映。两则故事之共同点均是将茶树神圣化，无论是天神阿培明耶，还是人神孔明（西南各族人民因其政治的成功，常将其神圣化，其实孔明并未到过西双版纳），都赋予茶以超自然的神力，使茶树、茶叶、茶籽具有足以威慑妖魔鬼怪和保佑人类健康的巨大力量。

哈尼族有"无茶不祭"之俗，充分表现在各种重大祭典和节庆中皆有茶祭（如婚丧嫁娶、村社聚祭等等无不如此），这反映了哈尼族对茶的信仰。哈尼族在不同祭典中视祭祀对象（神灵）的不同而设不同的祭品，但不论何种祭祀，最基本的祭品有三样——米（或饭）、酒、茶。

即如红河州绿春县坪河乡哈尼族支系格角人在盛大的宗教祀典"昂玛突"中，对不同的神祇均有以上三种祭品——

祭祖先：祭品为"（装有）酒、粑粑、茶的三个碗"；

[①] 《神农本草·本草衍义》载云："神农尝百草，日遇七十二毒，得茶而解之。"

祭地神咪松：祭品分三台，"上台用（装有）米、酒、茶的三个碗"，中台和下台均用同样三个碗；

宴请鬼王：搭三层祭坛，"作为唤请十二方鬼主上供的地方，各台分别放三个碗，碗内装着米、酒、茶"；

献水潭鬼：大水潭上方一块平地上搭祭坛，"放上盛有米、酒、茶的三个碗"；

献五谷神"士月罗"：在大咪谷（主祭者）家门口献五谷神，摆好篾桌，放上盛有米、酒、茶的三个碗。[①]

红河州红河县哈尼族支系奕车人"六月年"时祭水井的"厄堵冷"仪式中——

……从属猴这天起，吃饭前由家庭主妇主持祭献仪式，在堂屋供桌右端摆上九碗饭、九碗茶、九盅酒、九双筷、九碗菜。按从右到左的顺序，祭献人先从右首最后头起，取下一碗饭、一碗菜、一盅酒、一盅茶、一双筷，放在小簸箕里，端起站立，首先献给保护神"威最"，口中念念有词，意为请"威最"降福除害，保佑五谷丰收，人畜兴旺。[②]

哈尼族主要聚居的哀牢山地区祭仪——

日、月、星祭："哈尼族有祭星之俗，祭品为红公鸡一只、酒两碗、茶三碗、米饭三碗"；

宴天神（"摩咪罗"）："哈尼族对天神摩咪恭奉甚勤，对所有天神有一年两次的例祭……祭品蒸煮不用猪油，均用菜油，另有酒、茶、米、蛋、炒黄豆各三碗做供品"；

对人、庄稼、牲畜之神的总祭（"宗咪乌"）："祭品为一只母鸡、一对鸭、鸡鸭蛋各一个、米一碗、酒一碗、茶水一碗、筷一双、小贝壳（海贝）三颗"；

① 李克忠：《绿春县哈尼族"昂玛突"（祭寨神）仪式及其禁忌调查》，载云南省社会科学院民族学研究所编印《民族学》，1990 年第 3—4 期。
② 郭纯礼：《哈尼族奕车"苦扎扎"的调查》，载《红河》1984 年第 12 期。

请财神（"遮"）：保佑财富增添，"祭品为一只白母鸡或鸡鸭各三只，外加米、酒、茶、饭各一碗"。①

广泛分布在西双版纳地区和缅甸、泰国、老挝诸国的哈尼族支系阿卡人（僾尼人之又一称谓）祭仪相似——

播种祭：播种谷物之前要举行播种祭……由嘴玛带着寨中族老到阿培明耶老治（神水井）旁杀鸡祭祀井神……再将熟鸡、饭、米酒、稻谷、茶叶、姜等祭品各取一些撒在井的四周，由嘴玛先打一桶水，然后其他人争先恐后取井中之水。

祭谷堆（波皮老）勐海县西定、格朗和乡的乞神祭，届时在地棚里堆土为包，砍木桩四根插在地上为祭坛，以鸡一只、鸡蛋一至三个、一壶米酒、一包糯米饭、一包茶叶、一包黄叶菜，放在土堆前祭祀，求地神地鬼保佑稻谷不要被风吹倒、被水淹、被冰雹打烂。然后杀鸡，将鸡血抹在木桩和土堆上敬地神地鬼。②

如此等等，各地哈尼族都认为茶叶与米、酒具有同等重要的神秘力量，这些东西可以维持人类的生命，带给他们以欢乐、能量、健康。因而人们认为这些东西同样能够带给鬼神以种种满足，而成为他们的至爱，可用来威慑或贿赂鬼神，故米、酒、茶在多数祭祀中是必然到场的重要角色。

三种祭品之中，哈尼族认为茶的地位在酒之上，而与最重要的米等同，因此在往昔生活中，长辈有时可向晚辈敬酒，而绝不可向晚辈敬茶。如在宗教祭典"祭寨神"中有"然尼基作色"之仪，意为庆贺新婚夫妇生下第一个孩子的酒宴，在此盛宴之上，主祭咪谷和德高望重的老人要向年轻夫妇举酒祝贺。这是一项重大的人生礼仪，故在古歌大典《窝果策尼果》中专有唱词记载，其云：

听了，
咪谷和老人来对你们（年轻夫妇）说了：
"祝贺你们啊，

---

① 史军超：《中国各民族宗教与神话大词典·哈尼族之部》，学苑出版社1990年版。
② 门图：《西双版纳哈尼族宗教概况》。

生下小娃的夫妇！
在那一月听见阳雀的叫声，
你们夫妇一起去挖田；
在那二月听见布谷鸟的叫声，
你们夫妇齐心去播种；
合心的哥妹开出合心的大田，
合心的夫妻开出合心的后代。

"年轻的夫妻啊，
你们的姑娘（生下女儿则如是说），
是九山最香最亮的那朵花，
千百双伙子的眼睛，
都会望着你们的然密（姑娘），
愿她长大成人，
给你们找一个最好的姑爷回家！

"想到我们寨里，
又添了新的男士（生下男孩则如是说），
看到我们的眼前，
又多了撵山（打猎——引者）的猎手，
老人的心里面，
像火堆一样热和。
愿他长得像神树一样高大，
愿他生得像犊子一样健壮，
我们脸上有七层皱皮的人，
等着喝他来年新婚的喜酒，
等着抱他和他一样健壮的小娃！"①

---

① 朱小和演唱、笔者整理之大型古歌：《窝果策尼果》，载《哈尼族古歌》，云南民族出版社 1992 年版。

在如上的特殊场合，长者又向晚辈敬酒祝福，但无论在什么场合，长者均不可向晚辈敬茶，敬茶之序只能由下而上，由少而长，不可颠倒。因为茶是极神圣之物，举仪不可随意。同样，茶一般也不可由男人敬给女人，只能由女人敬给男人，而在男女之间，酒可以互敬。

茶的神圣还体现在其神性的获得。通常哈尼人饮用之茶，自采青、揉制后，就放在火塘上空悬挂着的"活达"（又称"炕笆"）上。虽然哈尼族知道茶叶最易沾染味道，"活达"上终日烟火缭绕，茶味会变得难喝，但他们仍然坚持放在那儿，并且用一个专门的小包，悉心包好放在"活达"上。因此，哈尼人家的茶叶多带有浓郁的火烟味。

之所以这样做，是有其道理的。"活达"是一块金竹篾编织的篾片，终年挂在火塘上空，供人们用以烘烤谷物。但它同时是一神圣之物，在祭祖时，供神的祭品要放在这里。"六月年"请天神与人共度佳节时，各家要在此放一升金谷作为天神的马料。人死亡后，要把"活达"上部的屋顶捅开一个洞。哈尼人认为，死者的灵魂将顺着"天梯"从这洞中飞到天庭，到"祖先大寨"去和前辈祖先同在。而这"天梯"正是悬挂"活达"的四组金竹篾编织的吊环，它们环环相套，将"活达"高悬在屋梁上，是极为神圣之物。由于"活达"赋有神性，放置其上的物品于是都具有了神性。哈尼人认为茶是神圣的，但这神性并非先天而来，必须经过一个神化的加工过程，这一"加工场所"就是"活达"，平凡的茶叶在此放置过一段时间后，就被赋予了神力，可以用作祭神敬祖的供品和驱赶邪魔的法宝了。通常所说"无茶不祭"，在本义上须用在"活达"上神化过的茶叶，而非普通采制之茶，现代人们宗教观念淡化，从商店买来的茶也用以祭祀，这是文化的差异了。

由上可见，哈尼族的茶祭，功用可以有以下几个方面：

第一，保佑村寨平安兴旺，如"昂玛突"祭寨神之仪；

第二，保佑五谷丰收、增产、保藏，如献五谷神、播种祭、祭谷堆之仪；

第三，保佑人丁兴盛、健康、平安，如祭寨神、祭祖先、宴请鬼主（以茶、米、酒等贿赂十二方鬼主，使其不要害人）、献水潭鬼（保证饮水清洁卫生）之仪；

第四，保佑牛马牲畜繁殖、财富增添，如祭水井"厄堵冷"、请财富之神"遮"之仪；

第五，保佑大自然无巨大灾变，如日、月、星之祭，六月年时，宴请天神"摩咪罗"之仪；

第六，保佑人、庄稼、牲畜等等的兴旺、增添、发财，如"宗咪乌"总祭祀之仪。

此外尚有多种仪式有助人疗疾治病、慰人心灵等等功效（如西双版纳僾尼人尚有"呢边我"之仪，意为以"拔鬼箭"之法治病）。

可见，哈尼族的神道与茶道已水乳交融，神道借茶道而施为，茶道以神道而通灵，二者相依兼得，互为因果。

二、融融人情尽在茶

茶之为饮，在哈尼族日常生活中不可一日或缺。

哈尼族的饮料主要有两种，一为酒一为茶。酒的饮用受到时间、地点、场合的限制较多，茶的饮用则无时无处不在，一年四季，田间地头，居家道左，无不是聊天品茗的好去处。

饮茶，在哈尼族不仅是口腹之乐，一啜一饮，无不浸透融融的亲情和友谊；饮茶，是哈尼族沟通族人、友人、亲人和邻人的重要方式，哈尼族的人道——为人之道、为友之道、为父母之道、为子女之道、为兄为弟之道，都融会在此茶饮之中。

哈尼族茶道中的人情随处可见，类别甚多，下面仅介绍最为普遍而又能体现其茶义本质的两种——待客之道与敬老之道。

（1）待客之道

当你走进哈尼人的蘑菇房，① 顺着楼梯登上二楼（这里才是哈尼人家的正房），这宽大温暖的屋室正是哈尼人接待客人的地方。

首先来迎接你的是女主人，只见她朴实的脸上荡漾着层层笑意，那是她对你的到来真心喜悦的表露。她躬身请你落座。如果你肩负挎包之类，

云南文库·学术名家文丛

---

① 蘑菇房：哀牢山哈尼族典型的传统民居，为四斜面三层构架之草顶房，底楼关猪、鸡、牛、羊和堆放杂物，二层为起居、卧室与厨房，三层为谷物、籽种存放所，其形状若蘑菇，故习以称之。

她会接过去挂在门旁的柱子上，使你离去时不会忘记带走；如果你更衣，她也会帮你挂在此处。然后，她会引领你来到火塘边，坐在一个舒服的矮凳上休息。如果你是一位不速之客，猝然来到，她再忙，也会放下手中的活儿，用清水很快洗净手，行以上待客之礼。

哈尼族所居高山，终年寒雾笼罩，冷气砭骨。当你带着一身潮湿的寒气和行走山路的疲惫坐在火塘边，女主人已在火塘里添上新柴，并用火筒吹着了火苗。或许性急的女主人还会顷刻间便将火塘熊熊燃烧起来。你坐在火舌跳动的火塘边，浑身寒气顿时被驱散，冻得僵硬的手脚渐渐暖和过来，心底缓缓泛起了暖意。

火塘三脚架上，一年四季终日放着一把茶壶，烟熏火燎，不知经历过几多秋冬，已变得通体乌黑。里面总是盛满开水，此时在跳动的火舌舔吻下，发出了悦耳的咕隆声。女主人就用它为你沏茶。原先的水哪怕再开，但没有听到茶壶里响亮的咕隆声，没有看到水汽大股地从茶壶嘴里喷吐出来，女主人是绝不会为你沏茶的。

茶叶是女主人亲手栽种、亲手采摘揉制成的，已在神圣的"活达"上烘烤得干脆，抓一把放进土碗里，冲进开水，立刻飘散出一股诱人的浓香。这香气渐渐四散，一如哀牢山的大雾，迅速在整间屋子里弥漫开来，将你笼罩在一派香甜的温馨中。

女主人微笑着，双手举碗，向你躬身敬茶。你为茶香所吸引，更为她的笑容所感动，于是也躬身称谢，捧碗饮啜。方饮一口便觉唇齿芬芳，再饮一口脑子也随之活跃起来。女主人此时已退坐于稍远的地方，用亲切的目光凝视着你，唯恐你有何不适，她好立刻前来照应。三口香茶饮过，你便与男主人高谈阔论起来。

你们情投意合，话题渐深，不知不觉中，你贪于茶水的芳香与暖和，已浅饮半碗。同样，在你的不经意间，女主人已为你续茶数过。

这是"冲茶"之饮。

若是"煨酽茶"相待，则不由女主人出面，而由家中老人执茶，这似是古来的规矩。

煨酽茶待你，是主人认为你重要，因为这是茶仪中的大礼。所谓"重要"，并不一定是当官的，而指他与你关系密切，或将与你有要事相商。

老人家有的是时间和闲适从容的心境，这是煨酽茶者两个必具的条件。

只见他端坐在火塘上方的三块楼板上从容煨茶，那里哈尼语称为"哦窝"，是又一神圣的所在。三块楼板分别是人、庄稼、牲畜的代表，也是男性长者的代表，故而是老人家的专席，寻常晚辈不得擅坐，而且所有的女性均不得跨越。

你不必因年轻，怕烦劳老人而越俎代庖，因为你不是煨酽茶的行家，而这恰是一项需要技术的工作。只见老人把一个颇有年代的土罐拿出来，冲上开水，洗过两道，然后支在三脚架上空罐烘烤。不多时，土罐里散发出细淡的焦香。老人于是抓一大把茶叶放进去，一面与你闲谈，一面徐徐转动火上的土罐，茶叶在里面沙沙滚动，每一片茶叶都被均匀地烤过。你惊异于老人手上功夫的高深，看他若无其事地赤手转动土罐，而你知道土罐已是烤得滚烫。从这双粗糙的手上，于是你认识了一位哈尼族老人一生所经历的艰辛漫长的劳动岁月。在那些年年岁岁里，哀牢大山的岩石、荆棘、沙砾，曾经怎样地磨砺过它，使这双手老茧累累叠叠，也使它变得无坚不摧，乃至滚烫的土罐不但无法侵害到它，而且还被它在火上圆转自如地上下翻腾着。

老人不时把火退弱，又端罐随意簸了簸，一股浓烈的焦香直冲你的鼻端而来，它立刻透进你的脑门，使你对那股奇异强烈的味道保留下从此难以磨灭的记忆。

这是煨酽茶的关键——烤茶。

煨酽茶需要的是技术加耐性，二者不可缺一。技术不精，无法使每片茶叶在罐内得到同样的加温，或会枯焦，或会不足。枯焦，则茶叶发苦变煳；不足，则香味尚未完全烤出，达不到香高味浓的效果。所以说煨酽茶与其说是一种技术，不如说是一种艺术，它需要的是心手的相应，眼鼻的相得，更需要老僧入定的神和佛道唯识玄想的悟，可以说，这也是一种参修与验炼吧。笔者眼见有的老人能在闭目闲谈中烤制出绝佳的酽茶，那从容、平静、娴和、雅逸的神情与制作，使你宛如面对一位大师在创制他的作品，你立即被那种强烈的氛围所包容，任由那年高的巨匠把你领入一片化境，这时，你便进入哈尼族茶道艺术的高层次了。

"好了！"老人终于停止了转动，满意地端罐审视片刻，即把滚沸的开水冲入罐中，并用一片早已备好的芭蕉叶往罐口一盖，立刻凑柴催火。三翻两滚之后，茶水顶着泡沫从罐口汩汩溢出，老人就势抬起土罐，泼去表层的水沫，然后把茶水倒入碗中，这时在你面前是一片水雾茫茫，在这大股大股的腾腾热气中，你闻到了难以想象的浓郁香气，其中伴和着令人醒脑的厚重甘甜之味。

你端碗细看，只见碗里是一泓落日般的金灿，闪着亮色的黄中带褐的色彩，正是老人古远、朴拙、厚重的漫漫人生的写照。

如你是熟客，懂得品饮，就会浅尝一口，闭目领会其中层层的况味。你会在香而苦、苦而涩，苦涩而甘甜、甘甜而芬芳的气韵中，领会到丰厚的意蕴，从而沉醉在其中。如果你是初来乍到不谙茶道，或你是位急性子一饮而尽的话，就犯了饮酽茶之大忌。高度浓烈的苦涩之味，这是酽茶的第一层次，直叫你吐舌叫苦不迭。当然，老人家自会前来相教，他会叮嘱："年轻人，悠着点。"一边在你碗中再倾注开水，让你调和之后再饮，以适合你的层次，这时你又复感受到醇香甘甜兼有的滋味了。

倒过茶的土罐加水后又放回火上，老人撤去猛火，以文火徐徐催温。汩汩的土罐在那里曼声吟哦，为你与老人的倾谈伴奏。

这样的饮茶是漫长的，多在农闲的冬季，常于午后饭余，一天劳作方毕，诸事不扰的时候进行。在如此的品饮中，倾茶后加水，再倾，再加，茶味渐淡，而谈兴愈浓。于是，品茶味与品人生交互杂错，相得益彰。于是，你真正品到了哈尼茶的滋味。

若你并非一人做客，而有大群客人相拥而来，这时的茶局会别开生面。

在这种场合下，出面执茶的又是我们已经熟悉的女主人。除寻常的每人一碗，投茶冲水，各自享用的饮法之外，更有一种"煮茶"相待。她用一把大铜壶或一个大土罐烧开水，投进大把的茶叶，捂盖缓缓闷煮。约5分钟后，再加猛火催味，俟水在壶里高翻猛滚数过，便将其倒入篾桌上的碗中，然后逐一奉客。大群客人饮茶，女主人便不再做其他家务，而专心奉茶续水，并不时加入客人的谈话，谈到开心处，宾主齐声欢笑，这热闹的气氛又不是三两宾主对坐而饮时所能体会的。当然，"煮茶"也有

"烤""煮"并举的，其法是先烤香茶叶，再放进大罐稍煮片刻，取其香甜相宜的和谐与调适。

客人茶足兴尽，起身返程，女主人又执送客之礼。在你出门之际，她双手奉上一个小包请你笑纳。这是从"活达"上拿来的小包茶叶。女主人将它送给你，是对你衷心的祝福，希望这哈尼神圣的茶叶带给你吉祥和幸福。

你带着这包茶叶登程，不论你去到何方，不论你处在何时，都有哈尼人的神在呵护着你，都有哈尼山寨香茶般醇浓的情谊长流你心底。

（2）敬老之道

"哈尼的老人比大田宝贵"，哈尼人这样比喻老人的重要性。

孝敬老人，哈尼族有一系列的礼仪规范，敬老的茶仪是其中常见的一种。

老人辛苦一生，生儿养女，而今韶华已逝，年迈齿衰，身单体薄，已走到人生的暮途，须儿孙们格外悉心照料。有此社会的共识，于是敬老在一切哈尼村寨和所有的哈尼人——不管他是男人女人，青年壮年，大人小娃——之中，严格而热烈地实行着。

一家的中心，是温暖的火塘，离火塘最近的地方，设老人起坐的专席和专供老人憩息的卧榻，这是他吸烟、讲古、喝茶、谈天的地方。

老人自外归来，儿子、姑娘、媳妇要上前去搀扶。请他坐下休息，嘘寒问暖之外，先奉香茶一碗解乏。老人家对此爱饮则饮，不饮，儿子、姑娘、媳妇要接过茶碗，放在小篾桌上，把它端到老人身旁，以便老人家随时取饮。老年人多爱饮浓茶，晚辈们对此早已留意，碗中的茶叶总要多放一些。

老人偶感风寒，晚辈们扶上床榻，拨旺火塘使他热和，又环绕其侧，端茶喂饭，尽心服侍，唯恐不周。

老人家多好饮两口老酒，寨中无论祭神送祖、娶妇迎亲或某人建屋盖房等等重大场合，当事之家必定派遣儿孙到各家，邀请年高德劭的长者聚饮。老人或而贪杯过量，醉伏席间，年轻人要斟浓茶一大碗，扶其喝下，待他酒醒，搀扶送回；若或不醒，就选派一年轻力壮者背负回家。

老人出外游玩，久而未归，儿子、姑娘、媳妇心焦牵挂，屡屡派孙子孙女到村头寨尾道左路边去守望，若还不见踪影，就登程去接。天黑时分，下雨时节，不管路长路短，晚辈们要顺路去找，接到方止。若老人行路脚酸，就将其背回。

对老人的敬爱集中体现在送葬祭词《密刹威》里。其中记述道，当一位老人去世，儿孙们围守其侧，通宵达旦地哭泣，用尽最美的语言表达心中的哀痛和对老人的思念。他们且泣且诉：

> 嗯哼——噢！嗯哼哼！
> 我们最尊敬的祖父，
> 你是生养我们的亲人，
> 生儿养女，
> 你一夜起十次，
> 养大我们，
> 你一日背十回，
> 每个儿孙的身上，
> 都留着你的手印。
> 我们亲你爱你，
> 一天喊七十次不嫌，
> 我们思你想你，
> 像一天三顿饭不厌，
> …………
>
> 别人的金银都轻如米糠，
> 别家的火堆再暖，
> 也没有贤惠的媳妇孝敬你，
> 别人的吃食再甜，
> 也没有你的儿孙叫得甜，
> …………
>
> 一户最尊敬的祖父啊，
> 荫庇儿孙的大伞！

像绿荫的万年青树一样的祖父啊，

你是哈尼儿孙的靠望！

价值千金的老人啊，

你是最宝贵的人了，

你离家出门去了（亡故——引者），

家中再有千金万银，

儿孙父又到何处把老人买来供养！

——嗯哼哼——嗷！嗯哼哼！

这是哈尼族对老人刻骨铭心的至爱倾诉，在儿孙们众星捧月般的爱戴中，一个哈尼族老人是生活得何等惬意啊！

老人操持一生，把毕生精力倾注在寨脚的梯田里，虽已不能再下田劳作，但当金秋稻熟，总爱扶杖来到寨边大树下"望秋"。每个哈尼村寨的寨脚，总有数棵高大葳蕤的古树，这是在选择寨地时特意留下来以供老人吃烟聊天的处所。老人眺望层层梯田如盛满黄金的宝盆，沉醉在一派满足和甜蜜的惬意里，对哈尼人辛苦了一年换来的丰收，发出会心的微笑。饱览一番梯田美景之后，老人渐感疲乏，这时孝顺的孙子孙女会跑回家，为他端来一碗热茶解乏。正如哈尼族谚语所说"针眼是做针时留下来的，梯田是安寨子时开出来的"，扶孙望秋之俗也是自古就流传下来的，所以古歌里吟唱望秋老人的心情时说：

看见田里密密的谷子，

像满坝闪亮的金子，

映出七层黄黄的光彩，

这一田一坝的金谷啊，

把老人的眼睛照亮了七层，

听，

哈尼的老人吩咐了：

"媳妇，

你快背起竹子的篱笆，

儿子，

你快扛起椿木的谷船，

男人女人一起下田去啊，

老人小娃一起收庄稼去啊……"

哈尼族茶道之义内涵丰富，举仪纷繁，除前所及者外，尚有敬友之仪、奉上之仪、议事之仪等等，一时难以尽述，然一以贯之的精髓是，以人道、神道浸濡其中。其流泻人生的每一程途，执仪在每日每时的饮啜之中。它不像日本茶道之趋奉进退举手投足皆有一套刻板的规定，也不固守在茶室之内高堂之下，茅草覆顶的蘑菇房里，铓锣喧响的祭仪歌场，耕作不辍的梯田中，一样有着深含文化内涵的茶礼茶仪，而且两者相较，哈尼族茶道或更富于率真的人情和自然的旨趣，更具神行相合与人生相依相随的韵味。①

[载《中国哈尼学》（第 1 辑），云南民族出版社 2000 年版]

① 本文曾以《哈尼山寨啜茗录——哈尼族茶义发微》为题发表于《古今艺文》1998 年第 24 卷第 4 期，今恢复最初题目，以飨读者。

哈尼族与百濮民族茶事丛谈

隋唐之际，哈尼族先民"和泥"已完成了从西北高原向滇南腹地的大迁徙，广泛分布在红河、思茅、西双版纳地区，即唐"银生节度威远赕"辖域内。在迁徙中，他们与百濮民族发生了重大的文化交流，成功地吸纳了百濮种茶技艺，并参与到对野生茶树的人工驯化、培育中来，并将中国的茶文化推进到一个崭新的阶段，创造了以普洱茶为代表的哈尼族茶文化。

百濮民族是世界上最早栽培茶树的人。① 本文将从哈尼族与百濮文化交流的视角，探寻其茶艺发生、成长的历程。

一、哈尼、百濮的文化交流

百濮系中国南方一大古族，史载从"楚西南"到"产里"均为其居域，即从江汉平原到西双版纳的广大幅员俱在域中，后渐受外部压力而萎缩到滇南、滇西一隅，形成其后裔佤、德昂、布朗三族在此两地的遗留。哈尼先民系诸羌之一支，其居域在思茅、西双版纳一带与布朗多有重合。两族文化交流见诸史籍者甚微，而在民族史诗、传说和民俗中，则大量保存着相关的记述。

人类群体的交流，在古代典型的方式是民族间争夺生存空间发生的争战。哈尼族民间广泛流传着大量迁徙史诗和传说，叙述着这一史迹，这在著名的迁徙史诗《哈尼阿培聪坡坡》《普嘎纳嘎》《雅尼雅嘎赞嘎》中都可见到。在《哈尼阿培聪坡坡》（下简称《聪坡坡》）中，辟有专章，以

---

① 参见黄桂枢主编《中国普洱茶文化研究》一书有关文章，云南科技出版社 1994 年版。

全诗6000行四分之一的篇幅铺叙了一场决定哈尼族历史命运的战争"谷哈之战"。其中写道，哈尼祖先来到滇中平原"谷哈"，为表示和平之意，将兵器埋藏于地，故称此为"谷哈密查"（即"埋藏兵器的地方"）。先居之民是"蒲尼"，哈尼在这里发展迅速，人口增到"七万"（史诗《聪坡坡》第六章），引起"蒲尼"的疑惧，双方围绕着争夺统治权展开了错综复杂的斗争，最后演为大规模的战争。哈尼族在"谷哈密查"生活了"七代"（同上引），在此期间与"蒲尼"有着频繁的文化交流，以致"蒲尼"头领把自己的独生女儿嫁给哈尼族大头人为妾。史诗说，在战争紧要关头，正是由于这个女人的背叛和出卖，使哈尼族惨遭失败，导致哈尼族迁离"谷哈密查"，向滇南移徙的结果。

"蒲尼"是什么民族呢？哈尼语中"尼"是"人"之意，"蒲尼"就是"蒲人"，亦即史载之"濮人"。

史诗描述"蒲尼"的情状是"不爱撵山打猎，只爱开荒种田"，有着严密的社会组织，形成了由"阿篇"（大头领）集权统治的政权形式，人口远较哈尼族为多，军事力量亦十分强大。史诗说他们的文化是以种稻植棉为主（哈尼族头领语）："蒲尼的好心哈尼不忘，/我们才当了帮手百年。/帮你砍出大块火地，/帮你开出大片良田，/帮你插秧种谷，/帮你栽树植棉……"（同上引）

"谷哈密查"据考是今昆明地区，百濮于隋唐之际在此的生产生活情状史无可稽，然而《聪坡坡》所述与百濮后裔布朗、德昂、佤三族的状况却十分吻合。《云南少数民族》一书介绍说："布朗人主要从事山地农业，粮食作物以旱稻为主，辅种玉米、黄豆……经济作物主要是茶和棉花。"① 德昂族"粮食作物以水稻为主……经济作物有茶叶、棉花、甘蔗和咖啡"。② 佤族"农作物有水稻、旱稻、玉米、小红米……棉花、甘蔗、烤烟等"，③ 未言茶叶，而《中华民族风俗辞典》则谈到"苦茶"系"佤族

---

① 参见云南省历史研究所编著《云南少数民族》，云南人民出版社1983年版，第399页。

② 同上书，第504页。

③ 同上书，第277页。

人民的日常饮料，用茶叶煮熬而成"。① 下文中，我们还可以看到，种茶饮茶不但在佤族由来已久，而且形成了特殊的文化。总之，百濮族系布朗、德昂、佤三族，且同是栽种稻谷，经济作物皆以茶棉为主。史诗未言"蒲尼"艺茶一事，但却说到哈尼助其"栽树植棉"，若以百濮三族经济作物以茶棉为主的历史看，此处之"栽树"当指茶树栽培，因为若是一般的树，史诗是不会作为重大事件加以记录的。史诗还说，因"蒲尼"头领之女出卖，哈尼累遭失败，大头人纳索就到"木朵策果高山"去"造木人"。纳索是政教合一的领袖人物，拥有点木成兵的异能，② 他造出 700 个彪形木人，将其点化为 700 个骁勇无敌的勇士，大败"蒲尼"军队，后又因蒲尼头领之女再次出卖，这 700 勇士被活活烧死，同时保护木人的 70 个哈尼族战士也被"蒲尼"杀死。这 70 个不屈的战士流出的鲜血染红了满山盛开的山茶花，使"谷哈密查"的山茶花成为最红最艳的花朵，成为哈尼族英雄的象征。

山茶花虽非茶树，但二者同属山茶科植物，植株造型酷似，哈尼族不以其他植物为民族英雄的象征（如与哈尼族同居一域的彝族，就以杜鹃花代表民族英雄③），而独以与茶同类的山茶为英雄象征，似是与哈尼族长期植茶艺茶的文化相关，故由此细节中，也透露出哈尼族在隋唐之际，曾在"谷哈密查"向"蒲尼"学习植茶的信息。

而哈尼族向百濮习茶一事，最直接的证据，便是为中外茶学界津津乐道的南糯山栽培型茶树王的发现。

先后担任云南省农科院茶叶科学研究所所长的茶学家蒋铨、张顺高怀

---

① 参见唐祈、彭维金主编《中华民族风俗辞典》，江西教育出版社 1988 年版，第 422 页。

② 唐丞相张九龄代玄宗起草之《敕安南首领爨仁哲书》中记有"和蛮大鬼主孟谷悮"，盖唐时哈尼族先民"和蛮"中仍有政教合一之部落首领"大鬼主"主事，可与迁徙史诗中之大头人纳索之事相佐证，而纳索点木成兵自是史诗的神话夸张罢了。

③ 彝族普遍以杜鹃花为英雄象征，称为马缨花。《中华民族风俗辞典》第 85 页载：云南大姚县昙华山地区彝族在农历二月初八举行传统节日"插花节"，届时方圆数百里人群毕聚此山，采摘满山盛开之杜鹃花遍插门前、床头、畜圈、田间、地头，以祈人畜兴旺五谷丰登，男女青年则借花示爱，矢志忠贞。传说此节日是专为纪念解救民间苦难而献身的女英雄咪依鲁而设的，她死后也是碧血化红花，与哈尼族"70 个战的故事"相似。

着激动之情叙述过此一震惊世界茶坛的茶树王的调查情况。其说 1953 年首次调查此树时，树植之地南糯山的哈尼族老人说，他们从墨江搬到这里已经五十五六代，在此之前，这里已有布朗族栽种的茶园。[①] 故从时间的先后看，植茶艺茶一事，是哈尼族于 1000 多年前向布朗族习得。然而，不可否认的是，哈尼族习得百濮的茶艺之后，不但精熟了它，而且将其发展到一个相当高的层次，南糯山栽培型茶树王本身，正好说明这一点。

南糯山茶树王树龄有 800 年，哈尼族老人说他们到此已有五十五六代人，按通行的历史年代计算法，每代 20 至 25 年，则哈尼族至迟在 1100—1457 年前就在此植茶，此一茶树王确系哈尼族种植。据笔者调查，南糯山哈尼族称此树为"萨归拨玛"，"萨归"为哈尼前辈人名，"拨玛"为"大茶树蓬"，全意为"萨归的大茶树"。即在 800 年前，哈尼族前辈就在此植下这茶树了。

由以上茶树王的资料，至少可以证明以下两点：

① 远在 800 年以前，哈尼族即在南糯山植茶，而且彼时社会已开始转入私有制，植茶者谁植谁有，所植茶树不但归属个人，而且可以代代相传，"萨归"种植之茶树王，是其遗留后世子孙的财产。

② 那时或更早时，哈尼族种植之茶树定然不止"萨归拨玛"一棵，因为此株虽存活 800 年至今，但要遗留这样一株古树，须经历 800 年大自然风霜和灾变（如地震、山洪、飓风、鸟兽践踏、山林失火等等）的考验，没有成千上万株古茶树的种植提供淘汰，是难以成功的。值得注意的是，西双版纳哈尼族自古以刀耕火种、轮歇抛荒为生产方式，此地"水田数量不多，有许多山区甚至没有水田……还不会使用耕畜，旱地全靠人工以'砍倒烧光、刀耕火种'的原始方式进行耕作，十分粗放。山地一般使用三年后放荒轮歇"。[②] 刀耕火种生产方式在历史上有其合理性，因在森林地带人们要获取必需的生活资料，只能采用这种掠夺式的生产方法，以破

---

① 参见蒋铨《古"六大茶山"访问记》《在云南种茶是"濮人"先行》、张顺高《西双版纳茶叶生产的过去、现在和未来》，均载赵春洲、张顺高主编《版纳文史资料选辑》（4），第 28、51、80 页。

② 参见云南省历史研究所编著《云南少数民族》，云南人民出版社 1983 年版，第 90—91 页。

坏自然资源毁林烧荒为代价获得较多的粮食。而茶叶因仅能作为药用与饮用,属于第二、第三位的人类所需,故只能让位于刀耕火种的粮食生产。原始先民们"一岁一易其居""居无常,山荒则徙"(《滇南志略》)的游耕(大范围内的流动式刀耕火种)生产方式,致使茶园荒芜、退化,乃至毁灭等等,时有发生。南糯山哈尼族能够在自己的家乡,历经800年(最少)的岁月磨难,保留下栽培型茶树王,证明他们不但已从先于他们在此植茶的布朗族(百濮之一)学会植茶,且将这一园艺大大发展了。

二、迁徙所造就的哈尼族茶文化

一种文化与另一种文化的融合同化,必有其共同的基础,越在远古的时代,文化的选择越需要这样的共同点,哈尼族对百濮茶艺的吸收和发展也是如此。

哈尼族先民在春秋战国以前聚居于青藏高原,所事为游牧。游牧生涯的特点是"无常处""随畜迁徙"(司马迁《史记·西南夷列传》)。茶树栽培则须固定于一山、一坡、一地,日出而作,日落而息,与游牧之民所事相去甚远。哈尼族入滇之后,很快就接受了百濮的茶树种植技艺,这与其在入滇之前,已改造、更新了文化内核,成为南方稻作民族密不可分。稻作农耕与茶树种植均为作物栽培,本质上并无差别,只不过是栽培对象和技术的不同罢了。茶树种植相较于水稻栽培,是更简单易行的,既无须挖筑梯田,又无须建造引水工程。于是先在茶树原产地思茅、西双版纳,后在整个滇南包括红河、玉溪的广大哈尼族聚居地区内,在布朗族、佤族先民——百濮的基础上,兴作了自己独具一格的茶文化,建立了自己民族的茶树栽培业和茶叶加工业。

经过上千年的刻意经营,哈尼族茶树的种植和栽培、茶叶的加工和制作等茶艺水准已达相当的高度,而且大大超过了他们的老师布朗族、佤族等百濮民族。

① 就茶树栽培的水平而言,哈尼族已形成自己的技术体系,并获得公认的园艺成果。

在茶学界公布的权威资料"云南省茶组植物种表"(见下页附表)中,开列有云南省四大茶系33个品种,其中有以地名列者(如大理茶、滇缅茶、马关茶），有以色泽列者（如白毛茶、紫果茶），有以滋味列者（如苦茶），有以树形、叶形列者（如皱叶茶、高树茶），有以叶脉列者（如突肋茶、多脉茶）等等，而唯独"哈尼茶"〔五柱茶系，编号15，国际名（C. haaniensis）〕以哈尼族族名而列，另有两个品种虽未以哈尼族命名，亦与哈尼族的栽培密切相关，这就是"普洱茶"（茶系，编号27，国际名C. assamica）和"元江茶"（茶系，编号30，国际名C. yunkiangiea），这是茶学界对哈尼族茶树栽培园艺成就的确认和美誉。①

云南省茶组植物种表

系名	编号	种名	系名	编号	种名
五室茶系	1	广西茶（英文名，不录）	秃房茶系	18	德宏茶（英文名，不录）
	2	大苞茶（同上）		19	秃房茶（同上）
	3	广南茶（同上）		20	突肋茶（同上）
	4	五室茶（同上）		21	拟细尊茶（同上）
	5	大厂茶（同上）		22	假秃房茶（同上）
	6	疏齿茶（同上）		23	榕江茶（同上）
五柱茶系	7	厚轴茶（同上）	茶系	24	紫果茶（同上）
	8	五柱茶（同上）		25	多脉茶（同上）
	9	老黑茶（同上）		26	茶（同上）
	10	大理茶（同上）	变种		白毛茶（同上）
	11	滇缅茶（同上）			苦 茶（同上）
	12	圆基茶（同上）		27	普洱茶（C. assamica）
	13	皱叶茶（同上）		28	多尊茶（英文名，不录）
	14	马关茶（同上）		29	细尊茶（同上）
	15	哈尼茶（C. haaniensis）		30	元江茶（C. yunkiangiea）
	16	多瓣茶（英文名，不录）		31	高树茶（英文名，不录）
	17	孟腊茶（同上）			

---

① 参见云南省茶叶进出口公司主编《云南省茶叶进出口公司创建五十周年1938—1988纪念册》，第56页。

② 就茶树的栽培和茶叶产量而言，哈尼族在思茅、西双版纳这有史以来的著名产地占最大比重。

前已有叙，自隋唐以来，哈尼族在思茅、西双版纳地区渐为主要植茶民族。此一地区虽然有若干原住民和后住民，前者如傣族，后者如汉、回等族，其农耕技艺或超过哈尼族，居民数量且亦不少，但因其习惯居于气候炎热的坝子中，而坝区并不适宜植茶是众所周知的，宜植茶的山区，多为哈尼、彝、佤、布朗、基诺等山居之民，这些民族才是植茶艺茶的主体。

据统计，1985 年思茅地区的主要产茶民族中，哈尼族人口占第一位，为 364 310 人；彝族占第二位，为 327 705 人；拉祜族占第三位，为 239 005 人；佤族占第四位，为 122 027 人；布朗族居末位，为 10 283 人，其茶叶产量当与此相似。① 西双版纳地区的情况更为明显，其人口最多的傣族世居平坝，历来较少产茶，主要产茶的山区，大多是哈尼族，少部分是布朗族和基诺族。

从近现代茶叶发展史来看亦如此。1936 年车佛南地区的大叶茶年产量达 25 000 担。1937 年云南省政府投资在勐海建立了车佛南地区第一座用蒸汽驱动生产的制茶厂。1939 年，又在南糯山建立了山区第一座用蒸汽驱动生产的"思普茶厂"。1939 年生产茶叶 10 000 担。时至今日，20 世纪80 年代，12 万多哈尼人民在大叶茶的发展中继续做出自己的贡献。今天，仅勐海一县的大叶茶产量已达 50 000 担，每年给勐海县提供 300 万元的财政收入，几乎占勐海县全年财政收入的三分之一。哈尼族祖先们的大叶茶生产是对历史的重大贡献，是对全人类的贡献。当然，他们也因此而享受到了经济上的实惠、政治上的地位等殊荣。如南糯山的哈尼族一直以富有著称，其原因就是有茶叶。自公元 1160 年帕雅真建立"景龙金殿国"，实行封建领主制以来，南糯山一直被作为宣慰议事庭的直属单位纳贡，不属于勐海，也不属于景洪，其根源也是因为南糯山有优于其他地方大叶茶贡品的上等大叶茶进贡召片领，也是因为南糯山有 800 多年的茶叶种植史和

---

① 参见云南省历史研究所编著《云南少数民族》，云南人民出版社 1983 年版，第399 页。

优良的加工技艺，使进贡的茶叶分外清香可口。①

③ 从品饮及茶艺的水准来看，哈尼族也有别于百濮族系的佤族和布朗族。

哈尼族通常的茶饮方式有两种：一是煨土锅茶，一是煨酽茶。

煨土锅茶——

僾尼人（哈尼族支系）"土锅茶"，僾尼语称"绘兰老拨"，这是一种古老而方便的饮茶方法。晓机（南糯山僾尼姑娘名）先用大土锅将山泉水烧开，放进南糯山制的"南糯白毫"，约煮5至6分钟后，将茶水装入竹制的茶盅内，逐一送到大家手中……这种茶水清香可口，回味无穷。②

煨酽茶——

居住在墨江县和红河县边远偏僻的底玛乡的哈尼族白宏人，几乎家家都有煨酽茶、喝酽茶的习惯。特别是老年人，饭后便坐在火塘边，边抽着旱烟锅边耐心地煨着酽茶。每当客人来临时，他们先招呼客人坐下，然后就请客人喝酽茶。他们一般用土茶罐煨茶。小的茶罐仅有拳头大小。煨茶时，茶叶大都用粗茶，茶罐装满后，放在火塘边，先将茶叶烤黄，散发出一股香气后，加入清水，把茶罐放在火塘边继续煨，直到茶水煨浓，才倒出来饮用……酽茶色泽鲜艳，茶味浓烈，清凉解渴，有助于消化。初次饮用这种茶，觉得又苦又涩，很难下咽，但饮后回味却是清凉爽口，其味无穷。③

佤族、布朗族的用茶方式较哈尼族更古朴原始，其用有二：一是食用，二是饮用。食用之法为"制酸茶"，布朗族"将鲜叶煮熟，放阴暗处十数日让其发霉，然后装进竹筒埋入土中，经月余即可食用"。④ 饮用之法一为制青竹茶（布朗族），一为制烧茶（佤族）。

布朗族的青竹茶——

餐后人人都想喝点茶水，这时有一位布朗族小伙子不知从哪里找来一

① 杨忠明：《西双版纳哈尼族史略》，云南民族出版社1992年版，第67页。
② 王树文：《民族饮茶习俗考察记》，载中国土产畜产进出口公司云南省茶叶分公司编《茶的故乡——云南》，第61页。
③ 毛佑全等编：《哈尼山乡风情录》，四川民族出版社1993年版，第98页。
④ 同上。

捆新鲜香竹，有长的、短的，长的有一尺多，做煮茶工具，短的只有几寸长，而底部很尖很细，插在地上，做饮茶的杯子。只见他敏捷地将装满泉水的长竹筒放在火塘上烧烤，不一会竹筒内水开始翻腾，一位秀俊而含羞的布朗族姑娘将随身带来的毛茶，一撮一撮地放入竹筒，5 至 6 分钟后又将竹筒里煮的茶水抬起来往竹茶杯里倒，并亲手轻轻从地上抽起来送给大家饮用。这别具一格的"青竹茶"将山泉水和鲜竹的清香与茶叶融为一体，滋味十分浓烈……①

佤族烧茶——

佤族语叫"枉腊"，是一种与烧茶相似而又别致的饮茶方法。首先用壶将水煮沸，另用一块薄铁板盛上茶叶放在火塘上烧烤，至茶焦黄后，将茶倒入开水壶内烹煮，等煮好后，将茶水倒入茶盅。这种茶水苦中有甜，焦中有香……鲍主任（佤族干部）告诉笔者："这种饮茶方法流传已久，现佤族中仍保留这种饮茶习惯。"②

比较三种民族的茶艺，布朗族的最为原始古老，其"制酸茶"实则以茶为蔬，故腌而食之，这反映出他们的先民百濮在古代对茶的使用，首先是食用（或同时有药用，如神农氏③），其次才是作为饮料品饮。食用，是借食茶以补山区蔬菜之不足，故此时的百濮种茶，或与稻作之民种植稻谷相似，目的在求得温饱，即便药用，也是强身，尚未升华为品饮，故其法称为原始古老。及至制青竹茶，用尖底短竹筒插地为杯，以青竹筒煮山泉，且布朗族姑娘还随身携带茶叶入山，可知此地之布朗族仍然实行简易的山地耕作方式，故烹茶饮茶的方式和器具，均就地取材（取青竹、山泉水、烧火之山柴等），虽言品茗，实为山地劳作间的解渴，仍属古老方式。佤族的"烧茶"有所进步，工序也可称复杂，以壶烧水，以板烧茶，然后二者相合，故茶味丰富。主人称此茶艺流传已久，在不用铁板时代，可能以石板烧之，故仍属原始。

哈尼族土锅茶甚方便简捷，土锅先煮水后煮茶，既可得茶味的清香，

---

① 王树文：《民族饮茶习俗考察记》，载中国土产畜产进出口公司云南省茶叶分公司编《茶的故乡——云南》，第 62 页。

② 同上书，第 63 页。

③ 《神农本草·本草衍义》载："神农尝百草，日遇七十二毒，得茶而解之。"

又易普遍使用，这是寻常之法。煨酽茶费时甚久，需要闲适的心情和充裕的时间，用以待客或消闲，更合于饮茶品茗的本义。且其兼有操作简易，一罐在手，即可拥火执茶，茶味丰厚，兼烤茶之香、煮茶之甜的优点，有更精的品饮趣味。这样的茶品茶韵，正是哈尼族在漫漫迁徙历程中，演变为稻作农耕民族而赋有的循时、耐心、休闲、和谐、守度文化气质的表征。

[载《云南民族学院学报》（哲学社会科学版）1999 年第 2 期]

云南文库·学术名家文丛

哈尼族迁徙史诗断想

《哈尼阿培聪坡坡》是一部在红河流域哈尼族中广为人知的传统史诗，它的产生、发展和演变迈越了广阔的历史空间，至今还活在广大哈尼族人民群众心中。然而，以文字形式固定并出版，这却是历史上第一次。我相信，这部史诗将会以它对历史陈述的庄严感和亲切感，引起广大哈尼族群众的重视，更会以它所包含的科学的和文学的价值，引起中外读者和研究者的兴趣。

笔者想借这首诗的出版，连类一些有关问题。

一、迁徙史诗的归类

关于史诗的分类，国内学界讨论极少，自钟敬文先生主编的《民间文学概论》（以下称《概论》）提出自己的看法以来，似也未见异议。该书认为："史诗可分两大类：创世史诗和英雄史诗。"[1] 迁徙史诗被归入英雄史诗类中，因为"英雄史诗的主要内容，是反映民族之间频繁的战争，还有与之相联系的民族大迁徙"。[2] 笔者看来，这一分法似过粗疏，未能从本质上把握住迁徙史诗和英雄史诗的特点。

下面试从几个方面略陈己见：

（1）主题的差异

《概论》认为，就主题而言，英雄史诗"是一种以民族英雄的斗争故事为主要题材的史诗"，[3]《哈尼阿培聪坡坡》（以下简称《聪坡坡》）的

---

① 钟敬文主编：《民间文学概论》，上海文艺出版社 1980 年版，第 285 页。
② 同上书，第 290 页。
③ 同上书，第 289 页。

云南文库·学术名家文丛

主题却非如此。为便于说明问题，在此需对该诗作一简略概述：此诗分七章，计5000余行。第一、二章演唱哈尼族祖先是如何在"虎尼虎那高山"诞生的，又如何经历了采集、狩猎的原始社会经济时期，后因缺乏食物迁徙了若干地方，向"下方"（南方）移动。第三章演唱哈尼族祖先第一次安寨定居于"惹罗普楚"的情况，此时哈尼族祖先已进入农耕社会，但因瘟疫横行，人们又不得不继续南迁。第四章演唱他们来到"诺马阿美"——今四川省境内大渡河、雅砻江、安宁河流域的生活情景，此时他们与一个叫作"腊伯"的民族发生了矛盾，经过比赛射箭、放烟火、划地界等等斗争，战败南移。第五章演唱他们来到"色厄作娘"——今大理地区的生活情景。第六章演唱他们来到"谷哈密查"，即今昆明地区的情况，在这里他们与"蒲尼"民族发生了激烈的战争，哈尼族使用了"火牛火羊阵""木人阵"等等，仍未能获胜，只得向红河流域撤退。第七章演唱他们经过通海、石屏等地，渡过红河，在红河南岸开发家园的情况。诗中虽然出现了几位功勋卓著的民族英雄，如扎纳乌木、戚姒然密、纳索大头人等等，但并不以他们的斗争故事为主要题材，全诗所注重的是叙述哈尼族祖先发生、发展、迁徙、生活的情景，也就是哈尼族的整个历史进程，尤其是迁徙的原因和历程。通过这些，着重表现哈尼族祖先在与自然和敌人的斗争中，不断开辟草莱，重建家园的伟大力量和雄伟的气魄。它与英雄史诗如《格萨尔》《伊利亚特》《奥德赛》《沙逊的大卫》等不同之点，恰在于它并不将民族的大迁徙作为描绘民族英雄的历史背景，而是作为史诗的主要画面加以描绘的。诗中出现的民族英雄，虽然也有浓墨重彩的描写，但他们仅仅作为民族大迁徙中的要人要事加以涉笔，始终未将他们高置于民族迁徙的主脉之上。因此，《聪坡坡》这样的迁徙史诗恐怕就很难纳入英雄史诗的藩篱，由于它独具的特点，就有与创世史诗、英雄史诗并列为三的必要了。

（2）风格的差异

《概论》谈到英雄史诗的风格时是这样认为的："英雄史诗大都结构宏伟，气势磅礴，忽而天上，忽而人间，忽而地狱，忽而天堂"，"体现在人物形象上，则是人神相混、半人半神，英雄行为和神话传说常常扭结在一起"，而且"基本上都是说唱形式，语言韵散相间，有说有唱"。①

就笔者接触到的民族迁徙史诗来看，虽然都有着"结构宏伟，气势磅礴"的特征，但是结构的宏伟和气势的磅礴是史诗的一般性特征，并非某一类史诗独具，因此不能据此来判断迁徙史诗应归属英雄史诗。至于"忽而天上，忽而人间，忽而地狱，忽而天堂"，"人神相混、半人半神，英雄行为和神话传说常常扭结在一起"，在迁徙史诗就未必如此。以《聪坡坡》为例，其基本格调是写实的，少有人间天上瞬息万变的特点，此诗中，即便有对个别人物如大头人纳索会做木人，善于变化的描述，也只是作为一种陪衬，并不掩盖这一人物现实形象的本色；主要人物如戚奴然密、扎纳乌木、马奴然密等等则完完全全是现实生活中的人物，并没有通神的本领，他们是真实的英雄和智者，也正因为如此，这首诗读来有着十分亲切的感觉。这种突出的历史感和现实感，是迁徙史诗不同于英雄史诗和其他史诗的特征。

至于演唱形式，从《聪坡坡》和笔者所见的一些迁徙史诗来看，并没有如《格萨尔》那样"韵散相间，有说有唱"的特征，全诗纯由歌手一人演唱，不加散文说白，只是到熬尾处，由于史诗的内容已由整个民族到支系，再到家支，最后唱到歌手自己的祖父辈、父辈甚至自己一辈，历史与现实连为一气了，方出现有歌手做简单介绍说明的情况，此时虽有几句散文说白，但与"韵散相间，有说有唱"是两码事。这一情况正表明，迁徙史诗是随着历史的推移、民族生活的演化而发展的，它与现实生活的联系十分紧密，既不像英雄史诗专门演唱历史某一阶段、某一事件所形成的历史横切面，也不像创世史诗那样专事铺叙人类童年生活的幻影，它是诗歌体裁的民族历史大事记。由于远古的历史和今天的现实、族体的演化和自己家支的变更形成紧密相关的链扣，所以史诗至今还活在广大群众心中；换言之，即广大群众和歌手今天还在创作史诗。如上所说，诗末关于歌手家支的说明由于太过接近现实，一时还无法入律成韵，但经过一定时间，前代人的说白渐次被韵律化，成为分行入律的诗句，后代又接着将自己的身世加以说明，如此周而复始，绵绵无尽，史诗就越唱越长，这是无

---

① 钟敬文主编：《民间文学概论》，上海文艺出版社 1980 年版，第 292 页。

论创世史诗或英雄史诗都不能发生的情况。

（3）产生时代的差异

英雄史诗产生的时代，一般说来是在父系英雄时代，即氏族社会末期到阶级社会初期，这即是马克思所说的"同时存在议事会和人民大会"的"军事民主制"时代，亦即恩格斯所说的"英雄时代"。① 这一时代因氏族制已趋崩溃，国家政权体制已具胚胎。而迁徙史诗的产生却要比英雄史诗早得多，《聪坡坡》就囊括了哈尼族先民从远古洪荒到当今之世的整个历史程序，其中包括氏族社会早、中、晚期和阶级社会在内。当然，不能认为描述到原始社会的作品就必定是原始人的作品，但从迁徙史诗的发展脉络看，它产生在英雄史诗之前则是可以肯定的。

以上简陋的说明还不足以论证迁徙史诗与英雄史诗的异同，但却可明显地看出，将二者合为一类是不恰当的，迁徙史诗或称历史性史诗，应当与创世史诗、英雄史诗同时成为史诗的三大门类。

二、哈尼族的发轫和迁徙

哈尼族是一个迁徙民族，大体迁徙路线是从西北的青藏高原向四川盆地、云贵高原及东南亚半岛北部地区流布，这在史学界是较为统一的看法。然而哪一阶段，为了什么原因，由何处向何处迁移，移居之地与途中生活情况、社会组织形式、经济基础及上层建筑状况如何，这一系列问题像雾一样模糊，又像谜一样吸引着人们去做探索。《聪坡坡》之所以可贵，一个十分重要的原因，就在于它第一次系统地为人们勾勒出哈尼族先民在各个历史发展阶段，在各居留地的生活图景，并以他们的迁徙为中心事件，描画出大的迁徙走向、迁徙原因和迁徙过程，因此它是一部哈尼族的形象历史。实际上，哈尼族群众在漫长的岁月里，也是依据这部史诗来记忆自己的历史，并以此来教化后人。

哈尼族是我国古老的少数民族之一，在我国第一部历史典籍《尚书》的《禹贡》篇中，曾记载到夏代中华土地上的民族分布，其中有东北的"岛夷"、东部的"莱夷"、东南的"淮夷"、西北的"戎"和西南的"和

---

① 参见《马克思恩格斯选集》第 4 卷，人民出版社 1972 年版，第 103—104 页。

夷"。这是最早的关于诸少数民族在汉文典籍中的载录，这些民族的称谓尤其值得注意。

关于哈尼族的称谓，在汉文文献中历代有变，合其总有和蛮、和泥、禾泥、窝尼、倭尼、俄尼、阿尼、哈尼、斡泥、阿木、罗缅、糯比、路弼、卡惰、毕约、惰塔等等。民间自称主要有哈尼、豪泥、黑尼、和尼、傻尼、碧约、白宏、哦怒、阿木、多泥、阿卡、卡别、海尼等等。这些称谓中的"和""禾""窝""俄""倭""斡""阿""哈""豪""黑""卡""海"等等，基本从"和"音，内涵均为"和人"，与《尚书》所载"和夷"相谐近。这里，《尚书》专列出"和夷"一族叙述，证明这一民族在历史上有过突出的成就。当然，哈尼族先民在夏代是否为中国西南地区广袤土地上的主体民族，尚不可考，但"和夷"中含有哈尼族先民，哈尼族先民在当时诸少数民族中影响颇巨，却是可信的。

《尚书》记载了"和夷"居处之地"其土青黎，其田惟上下，其赋下中三错"（《禹贡》），《山海经·海内经》也记述道"西南黑水之间，有都广之野，后稷葬焉，爰有膏菽、膏稻、膏黍、膏稷，百谷自生，冬夏播琴（殖）"。据考，"黑水"即今天大渡河西南之雅砻江、安宁河流域，其间的"都广之野"包括今四川省西昌、凉山两州广大地区。在这一地区，由北向南纵贯着北源冕宁、南注金沙江的安宁河，此河古称"阿泥河"，系以哈尼族先民"阿泥"命名。由此可知，远在春秋战国时期，哈尼族先民就开发了安宁河流域的"都广之野"，开垦了等级"上下"的梯田，种植了"膏菽""膏稻""膏黍"和"膏稷"，并能按节令"冬夏播琴"，而且岁有"百谷"丰收。既有如此雄厚的物质生活基础，哈尼族先民当不再沉湎于原始混沌之中，而必然与"岛夷""莱夷""淮夷""戎"等民族一样，创造出灿烂的古代文明，只是这一光辉的史迹或许烟灭过早，人们一时难以发现而已。我们相信，《聪坡坡》和其他哈尼族传统古籍的发掘，一定能为揭开历史的幕帐，寻找到这些文化宝藏提供可贵的线索。

近有学者考证，从哈尼族先民由北而南的迁徙路线来看，"公元前3世纪时，和夷所居的今大渡河之南、雅砻江之东及安宁河所源出的连三海周围，或大渡河与金沙江交汇的地区，可能即为哈尼族传说中的发源地——一条江边的'努美阿玛'地带；这一条江河可能是大渡河，或雅砻江，或安宁河，或金沙江。"① 这里实际提出了哈尼族的发源地问题。

哈尼族群众中流传着他们的祖先发源于"努美阿玛"（据笔者调查，是"诺马阿美"，"诺马"系河名，"阿美"为"水源""河水环绕之地"等）一条江边的地带的说法，但这一说法只是若干说法的一种，而且并不带普遍性，更多的说法是哈尼族祖先来到"诺马阿美"之前，就曾迁居过若干地方。

那么哈尼族祖先究竟发源在何地呢？由于《聪坡坡》在广大哈尼族群众中所享有的权威性，我们不妨略做一二考察。

《聪坡坡》的第四章《诺马阿美》描绘了哈尼族祖先在诺马河平原的生活图景，其土宜地望与金沙江、雅砻江、大渡河环流中的安宁河流域十分相像。诗中写道，"诺马阿美"像一只大雁展开了翅膀，这形状像一个"V"形，粗略地看，雅砻、安宁二河正有这样的组合特征。另外，史诗以极大篇幅描写了哈尼祖先在"诺马阿美"的生活，他们在两边是大河环流的平原上安下寨子，"拿凿有八个孔的犁去犁地"，"拿开有十个孔的耙去耙田"，辛勤耕耘的结果，"一棵苞谷收得三包"，"一蓬芋头挖得九背"，"一穗红米收得九碗"，"开出大田，公鸡也抬头打鸣了，母猪也拖着肚子哼哼，黄牛水牛也老实爱挑架，哈尼夜里也不爱翻身"。这种浓烈的农耕民族的生活气息与《尚书》《山海经》中所述的"和夷"生活情景十分相似。由这种种相似，我们可以大体得出结论：《聪坡坡》第四章中所描述的"诺马阿美"就是夏代哈尼族祖先所居的"西南黑水之间"的"都广之野"，史记与汉文典籍是契合的。

然而问题是哈尼族祖先并非"发源"于诺马阿美。史诗《聪坡坡》中唱道，哈尼族祖先是从"惹罗普楚"搬到诺马阿美来的。关于"惹罗普楚"，史诗有篇幅极长的一章（第三章）专作描述，称"惹罗普楚"（"惹罗大寨"之意）是哈尼族"第一次安寨定居的地方"。

"惹罗"哈尼语意为"下大雨的地方"，史诗中说这一名称是哈尼祖先迁徙到这个地方时，天降大雨，好似给迁徙的队伍洗尘，所以取下这个名字。姑且不论这一地名的来历是否凿然有据，我们从"惹罗普楚"在哈

① 《哈尼族简史》编写组：《哈尼族简史》，云南人民出版社1985年版。

尼族心目中的地位，也可以看出这一地点有着重要的历史价值。史诗中唱道，哈尼族先民来到惹罗之后，才结束了依赖采集狩猎为生的生活方式，正式进入农耕社会，生产力有了革命性的发展，物质生活有了丰富的来源和可靠的保证，因此"惹罗普楚"在后代哈尼族心目中留下了不可磨灭的印象。"惹罗"这个地名和哈尼族的民族发展有着息息相关的血肉联系，所以我们可以相信这一地方是真实存在过的，其地望，则在诺马河流域之北。

据《聪坡坡》的描写，哈尼族祖先在惹罗逗留了一个相当长的时期，安寨定居的宗教礼仪、盖屋建房的规格式样、挖田种谷撒秧栽种的农业生产方式等等，都是在这里初具规模，并由此下沿到各个历史时期。直到近代，红河南岸哀牢山区的许多哈尼族村寨还依循着这些古老的规矩从事生产和生活。据许多歌手介绍，不但在国内，甚至在越南、老挝和缅甸的哈尼族中，都认为"惹罗普楚"是哈尼族的"第一个大寨"，从而印证了《聪坡坡》的演唱：

> 先祖的直系后裔，
> 真正的哈尼子孙，
> 牢牢记住吧，
> 惹罗是哈尼第一个大寨，
> 惹罗像太阳永远闪光，
> 不管哈尼族搬迁千次万次，
> 惹罗是世上哈尼的亲娘！
>
> 《聪坡坡》第三章第一节

由此可见"惹罗普楚"比"诺马阿美"更早，但是哈尼族祖先的发源地也不在惹罗，《聪坡坡》中唱道，在诺马之前，他们曾在"嘎鲁嘎则""什虽湖""虎尼虎那"等地居留过，并与"阿撮"等民族打过交道（见《聪坡坡》第一、二章）。但由于历史年代太过古远，史诗也只能做粗略地描述，因此，这"嘎鲁嘎则""什虽湖""虎尼虎那"究竟在何地，还须进一步研究。《聪坡坡》的可贵之处在于，直到目前为止，它仍然是关于哈尼族迁徙历史的一份详尽的历史资料，它第一次为我们画出了哈尼

云南文库·学术名家文丛

祖先生动、具体的迁徙路线，尽管远古的地名和生活图景还不够清晰，甚至还十分混沌，但它依然为我们追踪哈尼族先民的历史足迹提供了一个向导。恩格斯说过，在历史上，若"把每条河、每座山都画出一个确定的方向，对每一个民族，都给它指定一个准确的居处，像这样是根本不可能达到的企图"。他又说，但是，"在一些名称中，也许有一些是正确的"，甚至"也有正确得十分惊人而具有头等历史价值的报导"。①

三、荒诞与科学

《聪坡坡》既是哈尼族先民对自己迁徙历程的记述，又是他们对人类自身来历的探讨，在荒诞的外壳中包容着令人吃惊的科学内核。

> 先祖的人种种在大水里，
> 天晴的日子，
> 他们骑着水波到处漂荡；
> 先祖的人种发芽在老林，
> 阴冷的季节，
> 他们歪歪倒倒走在地上。

> 最早的人种是父子俩，
> 布觉是腊勒的阿爸；
> 布觉像水田里的螺蛳，
> 背上背着硬壳，
> 腊勒像干地上的蜗牛，
> 嘴里吐出稠稠的浆。

接着讲到第二对人种是母女俩，她们"走路像分窝的蜂群挤挤攘攘"，第三对人种是两兄弟，"走路像蚂蚁排成行"。

这就是哈尼族先民心目中"人种"的形象。在这些奇特的形象里，我们看到他们对人类起源这一重大命题已经做出具有朴素的科学性的认识。

---

① 恩格斯：《德国古代的历史与语言》，人民出版社 1957 年版，第 54 页。

哈尼族先民认为最初的"人种"是"种"在大水里的——前面提及关于哈尼族祖先的发源地中，有一种说法认为他们的发源地在"那突德取厄玛"（盐水海边）或"蓝哈""月玛"两河流中，证明了"人诞生于水中"这一认识的普遍性——然后由水生到陆生（"先祖的人种种在大水里……阴冷的季节，他们歪歪倒倒走在地上"），在陆地上又经过由低级软体动物（类似螺蛳和蜗牛）向卵生和爬行动物进化（如蚂蚁、蜜蜂等），再向较高一级动物进化。经过这一系列演变，完成了由低等动物向高等动物的质变，"人种"变成了"人芽"，"人芽"又长成了"大树"——哺乳动物灵长类的动物，在此基础上，真人才可能出现。

如果将哈尼族先民这一朴素的认识与达尔文进化论相类比，可以看出两者之间存在着许多相似点。达尔文进化论认为：一切生物的发展无不由简单到复杂，由低级到高级，人类的演化也是如此。先是水生浮游的单细胞生物，进而发展为多细胞生物，再变为鱼类生物，然后变为两栖类爬行动物，渐次脱离于水，在陆地上生存；然后由爬行动物中的无脊椎动物变为有脊椎动物，又变为脊椎动物中的哺乳动物，再变为哺乳动物中的灵长类——猿，又由猿再变为人。在人类发展由低向高、由简到繁的认识序列上，哈尼族先民与达尔文不谋而合了。当然，达尔文进化论是在近代科学发展的基础上形成的科学体系，而哈尼族先民的认识仅仅凭借自己的感官观察、体验，是在漫长历史的推移过程中逐步积累的结果，二者难以同日而语，但哈尼族先民在遥远的古代就具备这样可贵的认识，却是不能不令人惊叹的。

关于人的发展，《聪坡坡》中还记述了哈尼族先民的另一重大探索——直立行走对人的形成具有决定性的意义。第一章中是这样描述的：

> 三对人种发芽了，
> 人芽和草芽不一样，
> 一代人用手走路，
> 他们里面有嫁给豹子的姑娘；
> 一代人蹲在地上趌动，
> 屁股常常磕在地上；
> 一代人和我们现在一样，

云南文库·学术名家文丛

腰杆像标直的棕树站在坡上。

人和猿的区别在于人能制造工具而猿不能制造哪怕最简单的工具，这关键就在于人采取直立行走的姿势，手得到了解放，猿则不能直立行走，手足未加分工，所以直至今日仍未能进化为人。

关于行走的姿势，从"人种"到"人芽"阶段，哈尼族先民就十分关注了，他们甚至用行走的姿势来判断"人种"的代数——发展阶段：第二对人种是母女俩，她们"走路像分窝的蜂群挤挤攘攘"，第三对"人种"是两兄弟，他们"走路像蚂蚁排成行"。尽管这种分类法很滑稽可笑，但"行走姿势对区分人类具有十分重要的意义"这一意识，在他们心目中是十分强烈的，因此，这一观念应用到后一阶段就非常得体了："一代人用手走路"，这自然是人猿一类；"一代人蹲在地上趔动"，这自然是由类人猿向人类过渡；"一代人和我们现在一样，腰杆像标直的棕树站在坡上"，自然已经到了真人阶段。

哈尼族先民关于人类起源问题的探讨由于没有建筑在科学研究的基础上，往往显得荒诞、玄秘，若"用现代严密的科学方法去检验，大都是像梦一样平凡地消逝了"，但"这像梦一样的传说"，却往往"预示着真实"。[1] 读毕《聪坡坡》，我们不是看到那梦一样的传说中预示着科学的真实性吗？

（载《思想战线》1985 年第 6 期）

---

[1]　赫胥黎：《人类在自然界的位置》，科学出版社 1973 年版，第 1 页。

迥异有别的"诗史"

——哈尼族迁徙史诗《哈尼阿培聪坡坡》与荷马史诗

自从亚里士多德的《诗学》提出史诗概念以来，历代学者所言"史诗"一词，专指以荷马史诗为代表的、通过英雄的业绩反映重大历史事件的远古史诗，及至近年，随着各国创世史诗的大批发掘问世，史诗学界的看法有了新的变化，史诗被分为创世、英雄两类，这无疑是一项新的开拓。然而笔者犹嫌不足的是，许多论者将迁徙史诗归为英雄史诗一类，故依据自己对哈尼迁徙史诗《哈尼阿培聪坡坡》（下简称《聪坡坡》）① 的调查，撰文提出以迁徙史诗为代表的叙诗性史诗与英雄史诗、创世史诗三体分列的看法，② 但因篇幅所限，论述甚简。为将笔者的意见陈述清楚，现将这一迁徙史诗与英雄史诗的代表名篇荷马史诗做一比较，以观察二者在重大特征上的差异。

荷马史诗与《聪坡坡》同是以诗载史的"诗史"，而且同样发挥着教化后人、以清澄民风的作用。在古代的希腊，所有城邦都将荷马史诗列为学校教育的基础课，学生们诵习诗章，映照自己的思想和行为，不少人能信口背诵史诗的重要章节以至全篇。从公元前 5 世纪起，在古城雅典，每间隔 4 年必举行一次全民性的泛雅典娜节，重大的节目就是荷马史诗的朗诵表演。史诗作者荷马声望极高，普遍为国人崇拜，柏拉图甚至在《理想国》中称"荷马教育了希腊"。《聪坡坡》的演唱对于哈尼族来说也是极其隆重的事情，届时必在庄严肃穆的场合，如祭祀、节庆、丧葬、婚娶等

---

① 《哈尼阿培聪坡坡》即《哈尼族祖先的迁徙史》，云南民族出版社 1986 年版。

② 见拙作《哈尼族迁徙史诗断想》，《思想战线》1985 年第 6 期。

盛典，或安寨定居、建屋盖房的佳日，平常的日子是不唱的，尤其在民族遭遇重大变故，如战争爆发、灾祸降临的时刻，专司演唱的贝玛必要吟哦诗中的有关章节，以启迪民族首领们的智慧，坚定他们决策的意志。在日常生活中，诗中的名句常被人们援引来规范自己的言行，譬如"你要一日欢乐，早上不能喝酒，你想一家欢乐，不能讨两个老婆"；"水牛和老虎咬架，老虎肚子也会被抵穿，公鸡和鹰搏斗，老鹰也会被啄瞎双眼，哈尼和仇人较量，手脚从来不软"（《聪坡坡》第六章）等等。最重要的是，荷马史诗和《聪坡坡》作为希腊民族和哈尼族的历史诗章，都忠实地记载了本民族的历史。荷马史诗的历史真实性已被德国考古学家亨利希、施利曼及其以后的一系列考古发掘所证实，《聪坡坡》的历史真实性，也可从与史籍、古迹的印证考辨中见出（笔者另有专文）。既然如此，那么这社会功能和历史功能如此相似的两种史诗差别又在哪里呢？

下面，我们从主题、结构、形象塑造、细节刻画、产生和发展等几个方面对这两种史诗逐一比较。

一

荷马史诗的主题，从两大史诗《伊利亚特》和《奥德修记》的开篇就可以看出。《伊利亚特》的开头是：

> 女神啊，歌唱佩琉斯之子阿其琉斯致命的愤怒吧！它给阿凯亚人带来无穷痛苦，把许多英雄的灵魂抛向哈得斯，① 躯体留作狗如飞禽的猎物。

《奥德修记》的开头是：

> 缪斯，给我谈说那饱经风霜的英雄！他毁掉神圣的特洛伊之后，漂泊四方，看到很多城池，了解了人们的思想，在海上，他的心灵忍受了无数的痛苦，却竭力保住性命，使同伴返回家乡。

《伊利亚特》做过那样的呼吁以后，立即展开了以希腊最伟大的英雄阿喀琉斯因联军统帅阿伽门农不公引起的愤怒，这一愤怒带给希腊人的灾

云南文库·学术名家文丛

---

① 哈得斯：希腊神话中的冥王，又是冥府的代称。

难，以及他平息愤怒与特洛伊最著名的英雄赫托尔决战、战胜等等为主线的宏大篇幅，因此《伊利亚特》可称关于阿喀琉斯愤怒的诗篇。当然，诗中精心描绘的不止一个阿喀琉斯，被歌手歌唱的还有一大批战功赫赫的英雄，但是整个故事的展开如所有英雄形象的呈现，都是在阿喀琉斯愤怒的支配、规定下得到表现的，因此，阿喀琉斯的愤怒代表着《伊利亚特》的主题所在。《奥德修记》做过上面的呼吁后，展开了奥德修斯返回家乡的10年经历，因此这部史诗又可称奥德修斯返乡的故事。很明显，荷马史诗是以一个或一批英雄的行事为中心来展开的史诗，讴歌英雄们的业绩即是史诗的主题，而这也是荷马史诗被称为"英雄史诗"的原因。

《聪坡坡》的主题也在"歌头"中鲜明地点画出来：

> 瞧呵，
> 今晚的月光这样明亮，
> 蘑菇房里的人们像过六月年一样欢腾；
> 我们正合唱一唱，
> 先祖怎样出世，
> 我们正合讲一讲，
> 先祖走过什么路程，
> …………

接着史诗描述了哈尼族祖先的诞生、发展、迁徙过程，以春秋之笔写下了一部哈尼族的诗体史记。与荷马史诗不同的是，荷马史诗以讴歌英雄作为主题，而《聪坡坡》以载录历史为主题。

当然，荷马史诗也记载了历史，古希腊的文明前史主要是依据荷马史诗得以流传的，荷马史诗在西方是被广泛引以为史据的，马克思、恩格斯也据此得出社会发展史中的若干重要结论，但是，尽管如此，荷马史诗的历史记载仅仅还是作为英雄活动的背景出现，被作者倾注大量笔墨描写的仍然是英雄。《聪坡坡》在记述历史的时候，始终将它作为主线，置放在前景上详加描述：哈尼族祖先由前人阶段的螺蛳、蜗牛、蚂蚁等动物到直立行走、会制造工具、会用火的真人阶段，以及他们经采集、狩猎、农耕阶段渐次南迁到今天聚居的哀牢山区这一系列复杂过程无不一一叙出。对

云南文库·学术名家文丛

各历史阶段出现的英雄人物，如头人西斗、扎纳乌木、大头人纳索、女英雄戚叙然密等虽然也做了不少刻画，但只是为了阐释历史演变的原因、经过及结果而涉笔。

让我们以第四章来说明：此章写哈尼族祖先迁移到"诺马阿美"平原，奋力开辟荒原，兴建家园。正当经济繁荣生活美满之际，他们又突然离开这里，含辛茹苦跋涉艰险，到南方去另辟家园。这次迁徙的原因是异族"腊伯"入侵，结果造成哈尼族历史发展中的一次重大磋跌，无论经济、文化、人口诸方面都急剧削弱了。这一章详细描述了这次迁徙的过程：开始腊伯势单力微，于是采用蚕食政策，利用哈尼族善良忠厚的民族性格，骗走了哈尼族的大批牛马，娶走了哈尼乌木（皇帝、王）的独生女儿，"还带去最平最肥的良田"，甚至巧取豪夺了象征哈尼乌木最高权威的"绶带"，从政治到经济都给哈尼族以重大打击。后又利用小乌木年轻气盛，略施小计（比赛放烟火、射箭）挫败哈尼，待到羽毛丰满，彼竭我盈，则悍然发动大规模战争驱逐了哈尼族。这里描写了三个乌木的形象：老乌木"真是直啦没有心眼"，小乌木血气方刚不谙韬略，两人都缺乏政治斗争经验，失于机先；扎纳乌木虽深沉坚毅，但他当政时哈尼族实力已弱，无以抗衡。三个人物的描写都很简略，着笔最多的扎纳乌木，也只是"十颗虎胆没有他胆大，十双鹰眼比不上他眼亮，哈尼走过长长的路，他是领群带路的头羊"，寥寥几句，他的勇武、胆略、智慧，都是在描写重大历史事件过程中自然地透露出来的，所出现的英雄人物主要是作为历史的线索人物，未能精心雕琢，史诗将他们镶嵌在历史发展的过程中，主要是为了牵动整条历史演变的链条。黑格尔称史诗是"一个民族的'传奇故事'"，说它是"一种民族精神标本的展览馆"，[①] 他之所指自然是英雄史诗，即他所谓"正式的史诗"。黑格尔的时代还没有足够的创世史诗问世，更毋庸说迁徙史诗，对于迁徙史诗来说，这一结论有必要加以补充，即它不仅仅是民族的"传奇故事"或展示"民族精神标本的展览馆"，它更是民族历史的展览馆，更是民族的编年史。

荷马史诗与《聪坡坡》为什么会出现如此巨大的差异呢？

---

① 参见黑格尔《美学》第 3 卷下册，朱光潜译，商务印书馆 1981 年版，第 108 页。

荷马史诗产生在军事民主制时代，这是研究界的公论，"其所以称为军事民主制，是因为战争以及进行战争的组织现在已成为民族生活的正常职能，邻人的财富刺激了各民族的贪欲，在这些民族那里，获取财富已成为最重要的生活目的之一。他们是野蛮人：进行掠夺在他们看来是比进行创造的劳动更容易甚至更荣誉的事情"。① 此时的希腊民族，文化层次由野蛮转入文明，社会结构由和平、稳定、均衡的氏族公社制步入争战、掠夺、动荡的奴隶制社会初期，奴隶主阶级作为新兴社会的主人，高扬着自己的战旗，挥舞着坚矛利斧，践踏着无数战败者的尸体，一切社会财富，包括别人的妻子儿女，都成为掠夺的对象，社会膜拜的是武功和暴力，新兴阶级在创造自己世界之初所特有的阳刚之气和豪迈风采如江海般洋溢，而这一切最完美的象征就是那些带有超人性质的英雄，讴歌他们，正是荷马史诗的使命，因此在荷马那里，历史的陈述是被排挤到第二位去的，英雄的形象则占据了读者的全部视野。

《聪坡坡》的产生不是简单指出某个时代就能说明的，史诗开篇就申言，所要歌唱的是祖先们的"诞生"和所走过的"路程"，亦即他们上下几千年，纵横几万里，跨越过几个文化阶段的历史全程，这样的诗篇绝不是一个歌手、一个时代所能完成的。史诗当然有自己的叙述中心，这就是形成哈尼族的具有决定作用的历史时期，即氏族公社制的晚期，此时哈尼族社会还远未踩进荷马时代——奴隶制社会初期的最低一级阶梯。氏族公社时代的风尚是对平衡、稳定、安宁的追求，集体共享所有的社会财富，从不侵犯别人，也绝不容许他人的觊觎，集体主义的旗帜高扬，个人——哪怕是非凡的英雄——的作用只能排列在民族群体之后。因此，史诗所要彰扬的不是英雄建树功业的奇迹，而是民族历史演变的轨迹，民族"传奇故事"也好，"民族精神标本"也好，只能由民族发展的程序中带出，这就是荷马史诗与《聪坡坡》的主题分野。

---

① 参见《马克思恩格斯选集》第 4 卷，人民出版社 1972 年版，第 106 页。

二

不同的主题带来了不同的结构方式。

要说明《伊利亚特》的结构特征，有必要联系到它所取材的特洛伊战争传说。据说神王宙斯和海神同时钟情于爱琴海海神的女儿忒提斯，但是命运女神却决定忒提斯的儿子要胜过父亲，宙斯只好把忒提斯下嫁希腊某部落首领。新婚之际，众神共贺，但唯独未受邀请的争吵女神决心报复希腊人，她把一个刻着"送给最美的女神"字样的金苹果放到筵席上，引起天后赫拉、战神雅典娜和爱与美神阿佛洛狄忒的争吵。这一争端的仲裁人是特洛伊王子帕里斯，他把金苹果判给阿佛洛狄忒，后者帮他偷走了斯巴达王后最美丽的海伦。为雪此大辱，希腊各部落集合大军 10 万远征特洛伊，战争经历了整整 10 年。决战关头，联军统帅阿伽门农抢走了最伟大的英雄阿喀琉斯的女俘，阿愤而退出战斗，希腊人于是惨遭失败，后阿的挚友被特洛伊人杀死，阿重新参战，杀死特洛伊名将赫克托尔。特洛伊老王深夜哀求阿喀琉斯，赎回儿子尸体安葬。此时阿马宗女王、埃塞俄比亚英雄来增援特洛伊，均被阿喀琉斯杀死，但阿自己也被帕里斯射杀。希腊最聪明的英雄奥德修斯设下木马计，特洛伊人不听祭司拉奥孔的劝告，将藏有希腊英雄的木马拖回城里，导致特洛伊失陷，终于结束了这场大战。战后各路英雄纷自回乡，但多遭厄难。奥德修斯经过 10 年漂泊，回到家乡，杀死对他妻子纠缠不休的贵族，夫妻团聚。

在古希腊，有一系列史诗取自这一传说：《塞浦路斯之歌》，写希腊首领佩琉斯与忒提斯的婚礼，帕里斯的公断，特洛伊战争的开始，直到阿喀琉斯的发怒；《埃塞俄比亚英雄》，写埃塞俄比亚英雄门农增援特洛伊所建的战功及战死经过，阿喀琉斯之死；《小伊利亚特》，写阿喀琉斯的葬礼，奥德修斯与埃阿斯争夺他的盔甲；《伊利翁之毁灭》，写帕里斯的结局，木马计，拉奥孔的惨死和特洛伊的陷落；《返乡》，则是一系列英雄返回家乡的故事，其中之一写阿伽门农返乡后被妻子杀害的经过；《忒勒戈诺斯记》，写奥德修斯返乡后，无意中被日神之女基尔克为他所生的儿子杀死的事件。在这所有史诗中，最著名的是荷马的两部史诗《伊利亚特》和《奥德修记》。

如果说一系列希腊史诗写了一个特洛伊故事，那么一部《聪坡坡》则写了一系列类似特洛伊故事的故事：哈尼族祖先在神牛骨变成的虎尼虎那高山诞生，经历了采集、狩猎经济时代，因缺乏食物迁往南方的惹罗普楚等地，进入农耕社会；因瘟疫又南迁到诺马阿美平原，此时他们与"腊伯"民族发生了矛盾，经射箭、放烟火、划地界等斗争，演为战争冲突，战败后南移到色厄作娘湖滨平原（今大理）亦因民族矛盾离去；西迁到谷哈密查（今昆明），与"蒲尼"民族发生了激烈的战争，哈尼族使用"火牛火羊阵""木人阵"等等，因头人的异族妻子出卖，又复失败；哈尼族经那妥（今通海）、石七（今石屏），过红河进入哀牢山腹地，开发家园，繁衍至今。这里的每一个历史环节都可以衍化出一系列宏大的史诗。

两类史诗相映照可以看出，荷马史诗出于歌颂英雄的需要，仅仅撷取漫长历史中某一事件（《奥德修记》），抑或某一事件的某一重大环节（《伊利亚特》）加以描写，《聪坡坡》由于记叙历史的要求，则包容着尽可能多的历史内容，甚或是民族历史的全部重大事件。关于历史，恩格斯说："有了人，我们就开始有了历史。"[①] 从史诗对哈尼族祖先诞生到如今的描写看，《聪坡坡》正是从有了人就开始有了历史、人的发展就是历史过程这一严格意义上来把握的。

《伊利亚特》的框架，前面已说过，即是所有的事件、人物统统环绕在阿喀琉斯愤怒这一中心点上的，那么运笔措墨就有主从。史诗事件的时限在 10 年大战最后一年的 50 天，这 50 天又以其中 9 天为主：头一天——阿伽门农拒绝释放女俘，第 10 天——释放女俘和阿喀琉斯愤怒的爆发，第 20 天——忒提斯请求宙斯为儿子阿喀琉斯蒙受的屈辱报仇，第 22 天——混战，第 25、26、27 天——激战，第 28 天——焚化帕特罗克格斯的尸体，第 51 天——安葬赫克托尔。前苏联学者 А. Ф. 谢洛夫对这一结构做过悉心研究，将 24 卷《伊利亚特》按日程排表如下：[②]

云南文库·学术名家文丛

---

① 参见《马克思恩格斯选集》，人民出版社 1972 年版，第 457 页。
② 参见 А. Ф. 谢洛夫《荷马》，前苏联国家教育出版社 1960 年版。

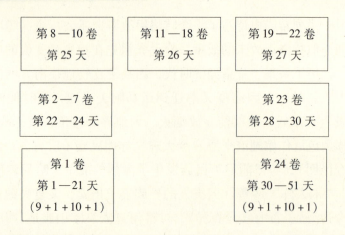

第8—10卷 第25天	第11—18卷 第26天	第19—22卷 第27天
第2—7卷 第22—24天		第23卷 第28—30天
第1卷 第1—21天 （9+1+10+1）		第24卷 第30—51天 （9+1+10+1）

从中可以看出，第1卷占21天，第24卷也占21天，而第26天独占8卷，即全诗的三分之一，因为这一天是全诗高潮所在——两军交兵白热化，巅峰即是阿喀琉斯与赫克托尔决战之时，也是英雄气概最为跳脱拔出的时刻。《奥德修斯》所写也时逾10年，但全诗情节集中在最后一年的40天，主人翁的10年历难通过回溯的方式倒叙而出，第5卷延续了26天，第32天却占5卷，第38天占3卷，第39天占4卷。这一结构特点，正是"密不透风，疏可走马"，疏处惜墨如金，密处用墨如泼，浓淡虚实的节奏对比十分强烈。

《聪坡坡》的结构，除上述陈述节奏的均衡以外，事件、人物、情节的描述都贯彻着有头有尾（恰与《伊利亚特》形成反比），按时间顺序（恰与《奥德修斯》形成反比）次第呈现原则，正如"歌头"中所唱："先祖的古今呵，像哀牢山的竹子有枝有节有根。"

如果我们以时间为纵轴，以空间为横轴设立坐标的话，可以看出这两种史诗分属两种不同的坐标系，荷马史诗以横向空间为主体，在尽可能开阔的空间系列中扩展，《聪坡坡》以纵向的时间为主体，在尽可能绵长的时间系列中伸展；前者是时间的高度浓缩和空间的高度拓展，后者是空间的高度挤压和时间的高度牵延。这两种不同的构架由各自居处的时代使然，在最小的时间限度内占据最大的空间范围，是荷马史诗中军事民主制时期掳掠、鲸吞、尚武、崇力时代风习的反射，在狭小的空间范围内最大限度地伸延时间，是《聪坡坡》中氏族公社制时期均衡、宁息、和平、无为时代氛围的映照。所以，荷马史诗以建树功业、英名盖世为最高的审美理想,《聪坡坡》以子孙无尽、财富日加为最大的人生追求。可以说,这两种史诗都以自己最为合适的结构框架容纳了各自的主题思想和精神气韵。

三

下面再谈谈这两种史诗中作为主题体现的形象特征。

别林斯基说:"长篇史诗的人物应该是民族精神的充分的代表;但主人公主要应该以自己的个性表现民族力量的充沛,民族的根本精神的全部诗意。荷马的阿喀琉斯就是这样。"(《诗的种类的划分》)阿喀琉斯代表着希腊古代民族在崛起发皇时期那种蹬然前行的英雄气概,这是这个人物最有魅力的地方。但他绝不是一个单纯的形象。据说,他的命运有两种前景,或寂寂无闻以终寿,或轰轰烈烈而战死,他选择了后者,这是他的英勇;受到阿伽门农的侮辱后,一任希腊军队连遭惨败,即便阿伽门农认错也拒不出战,这是他的任性;为朋友报仇而变成使敌人闻风丧胆的恶魔,对赫克托尔的尸体凌辱再三,这是他的残酷;当特洛伊老王哀哀求告时,他又失声痛哭,立即答应对方赎回儿子的尸体,这又是他的真朴。他是古希腊文学中最为复杂的形象。《奥德修记》中的奥德修斯也有同样的情况,他是勇敢的战士,更是聪明的谋士,10年攻不下的特洛伊城在他的木马计面前毁于一旦,他之所以安然度过10年漂泊中的种种磨难,与其说是凭了他的骁勇,毋宁说是凭了他的慧黠,欺骗和机变是他的利剑,也是他的爱好,回到家乡,面对雅典娜化身的牧羊人,他仍是满口谎言,使这位始终垂护他的女神不禁慨叹:"可恶的机灵鬼,好耍诡计的家伙!就是在自己家乡,你也不愿意放弃自幼喜爱的说谎和欺骗!"这位多疑的英雄除了自己甚至连妻子也是不信任的。从这两个形象可以看出,荷马史诗中的人物是多么复杂和矛盾。

《聪坡坡》中的形象则要单纯得多,即以最"复杂"的女英雄戚妠然密而论,她尽管集智勇和美德于一身,但始终透明如晶澄澈如水。她以智慧识破了蒲尼头人女儿马妠然密(与她同嫁哈尼族大头人纳索)的阴谋,又以勇略布下火牛火羊阵挫败敌人,尤为难能可贵的是,当纳索和众人要处死内奸马妠然密的时候,她却认为如此这般也无法挽回哈尼族失败的局面，杀了敌方头人之女，越发会加深两族的仇恨，而纳索也开了父亲杀儿子（马姒然密也怀上纳索的孩子）、丈夫杀妻子的先例，威望将扫地以尽；她仍然以姊妹称呼表示愿洗心革面的马姒然密："你我互相仇恨，会带来子孙的仇怨，我们相亲相爱，后人才会喜欢！"历史应验了她的预言，她和马姒然密的儿子繁衍成哈尼族的两个支系，这两个支系世代和睦，再无纷争；她的慧眼所及，荫庇了后辈儿孙，促成了民族的团结统一，这正是一个大政治家最可贵的品质——高瞻远瞩。这一人物的豁达、胆识、胸襟、抱负等等，都包含着一个单纯的素质——崇高。诗中的其他人物也例同于此。

两种史诗在描绘形象时的感情倾向也值得玩味。荷马作为希腊人的歌者，却不但歌颂了希腊英雄，也歌颂了敌人中的强者。赫克托尔是作为仅次于阿喀琉斯的英雄在《伊利亚特》中出现的，他善战，重名节，受命于危难之际，与强大的希腊人对垒，品行公正，孝悌尊长，是民族和家庭的有力支柱，又是温柔的丈夫和慈祥的父亲，别林斯基说他"比阿喀琉斯更有人情味"。歌颂敌人——这在《聪坡坡》是绝对没有也不可能的，敌人，哪怕比自己更强大、更英勇、更有智慧，提到他们，史诗总是给予诅咒。比如第四章中借小乌木之口宣泄了作者对他的仇恨："你是吃血的豺狗，只会欺负鸡羊，你是吃米的老鼠，偷米还屙屎在米上！你的屁股老实大，挤走别人的地位，你的手杆老实粗，专把别人的饭碗抢……"两种史诗两种不同的感情倾向，正是两种时代精神呼唤的结果。

四

荷马史诗与《聪坡坡》在细节描写上是前工而后简，前密而后疏，精雕细镂涓滴无遗与逸笔草草删拔大要，使史诗各具情采各成面貌。

荷马史诗的细节刻画表现出诗人巨大的耐心和惊人的细腻感，英雄人物的外貌体格、兵刃、甲杖、车马、营帐，以至各种繁而且杂的用具都被做了一番精心的雕刻——更不用说交兵对阵的战争场面了。历代研究者都喜欢引述的好例子，是工匠神为阿喀琉斯重新制作的盾牌，荷马是这样描写的：盾牌有5层，系着一根银带，正面刻着天空、大地、海洋和日月星辰，还刻有两座城市，一座城里婚筵方举，人群高擎火把，欢唱喜歌，簇拥着新人在街上接受人们的祝贺。广场上正在打一场人命官司，长者们手执权杖裁决两造，或赏或罚，秉公执法；另一座城市正遭受两支军队的攻击，居民们秘密设伏，游击敌兵。接着又刻上一组田园风光，休耕地上农人正在耕耘和麦收，一个主子模样的人斜倚拐杖，立于一侧，面带微笑……这面盾牌描写得这样细致，以致许多研究者竟凭借它来判断史诗时代的社会状况和性质。

《聪坡坡》笔力则只集中在历史的主脉上，史诗的创作者们似乎还没有足够的精力来顾及细枝末节，目光所注，只在影响民族盛衰存亡的重大事物、人物上。山形地貌、气候土壤、田禾牛羊、房舍屋宇、春耕夏种、秋收冬藏等等，是人们须臾不可离舍的，必须一一叙述；睦邻交邦、互通有无，是人们不可避免的，也须述及；行军布阵，攻伐征讨，更是人们不能不关心的、更须详细记叙，这些都比服饰、甲杖、器具等等重要得多。即便描写赫赫有名的扎纳乌木，也只是"他生着漆黑发亮的脸膛，像棵大树挺立山冈"这样了了数句，作者们似乎认为，一块盾牌、一副脸膛、一根手杖、一张床，与民族的存亡绝续相比算不了什么，他们更愿意叙述历史事件，而不去关注生活琐事，在这一点上，他们更是史家，而不是诗人。

五

最后，我们探讨两种史诗产生和发展的差异。

对荷马和荷马史诗产生时代的研究，即所谓"荷马问题"，恐怕是西欧文学史中最令人困扰的问题。在希腊，从公元前 5 世纪的历史学家希罗多德斯起，"荷马问题的研究者不绝，此间学派迭出，议论蜂起，然而时至今日，历史上究竟有无其人也成了大问题。本文引据通行的看法，即认为荷马是希腊公元前 9 世纪至公元前 8 世纪的行吟歌手，他的创作是集若干民间歌手之大成而形成的。"[①]

古希腊考古发掘证明，公元前 12 世纪末，希腊南部各国，如迈锡尼、梯林斯、皮罗斯等等，已由氏族公社制迈进奴隶制社会，一跃成为爱琴海

① C. H. 索波列夫斯基等主编：《希腊文学史》，前苏联科学出版社 1964 年版。

岸先进的经济文化中心，财富剧增，宫殿林立，文化艺术发达，在此基础上，希腊人才得以进行远征特洛伊的 10 年战争。这一战斗虽以希腊的胜利告终，但各参战国资财耗尽，元气大伤，由经济文化的中心地位衰落下去。这一情况从《奥德修记》所流露出来的悲剧感和幻灭情调中可以见出。12 世纪末叶，聚居在希腊北部的氏族部落多里斯人趁南部各国衰弱之机，大规模南迁，这股迁徙浪潮终于淹没了爱琴海岸的先进文明中心，宏伟的神殿、高大的建筑毁于一旦，辉煌的艺术、灿烂的文化星陨日落，往日的风采只保留在民间歌手的吟哦和琴韵之中。这就是荷马史诗所载而为考古发掘证实了的荷马时代，也即是荷马史诗由产生到形成的时代。

荷马史诗一经形成就固定下来，无论怎样流传不再更改。这里值得一提的是公元前 3 世纪至公元前 2 世纪，亚历山大图书馆的三任主持人泽诺多托斯（公元前 4 世纪末至公元前 3 世纪初）、阿里斯托芬涅斯（公元前 257—公元前 180 年）和阿里斯塔科斯（公元前 215—公元前 195 年）先后校订过荷马史诗。前者从文字到内容都曾做过较大删改，甚至在《奥德修记》之后补充了一卷；后二者态度较持重，认为删改必须有足够的依据，反对任意更改原作，于是重行校勘，剔除了泽诺多托斯的"水分"，他们的校本，即是今日荷马史诗抄本的基础。

《聪坡坡》的产生，如前所述，因作者并非一个时代的某人和某些人。所以具体情况不可稽考，演唱此诗的歌手朱小和说这是天神的女儿烟本和烟奴在天宫门口唱出来，又经哈尼族的四大歌王传承下来的，[①] 这自然是神话，难以为实。史诗的产生只能从其自身来考察。由于它所具备的神话性和叙史的完整性，它是哈尼族各个社会历史时代的文化沉淀物，历代的歌手，尤其是前面说到的四个歌王必然对它加以润饰加工，使它带上自己时代和个人的色彩，因此它的产生远远早于荷马史诗的时代，发展情况也更加复杂。从现在已经发现的这一史诗的异文[②]来看，它们反映了哈尼族不同支系、不同聚居地区、不同歌手的特点，而且即便是同一歌手的演

---

① 参见哈尼族创世史诗《哈尼族古歌·窝果策尼果》第一、第二十二章，云南民族出版社 1992 年版。

② 如《族源歌》，载《山茶》1985 年第 5 期；《普嘎纳嘎》，载《红河群众文艺》1984 年第 2 期。

唱，在师承过程中也有变异。

另外一个情况是《聪坡坡》本身也处在不断发展的过程中。《聪坡坡》结尾说："多余的话我还有一句，只是不能用哈八（酒歌，史诗演唱形式——引者）来唱。"搜集整理者的按语说，接着，歌手叙述了哈尼族分寨的情况，一直联系到自己的家支和歌手所居住的调铺寨的情况（见《聪坡坡》第七章）。这说明，由于《聪坡坡》一类史诗的内容与今日的生活太过切近，一时无法形成韵律（或提炼成诗句）入诗。但后代们将会使之诗化，如此连绵无尽，史诗在不断变长。这一情况在美国 F. V. 格朗菲尔德所著《泰国密林中的游迁者——阿卡人》一书中可以得到证实："保存他们（阿卡人，即移居泰国边境的哈尼族——引者注）文化知识的只有一万多行诗，这些诗句几百年来，由一代代的师徒连续不断地口头传诵下来……由于这些诗歌是在不同时期产生和不断增添着新内容，所以全部诗文没有篇章，也没有总的规划，但在阿卡的全部遗产中，这些诗文仍然是重要的作品，被称阿卡赞（Akhazang）——或'阿卡之路'。"①

荷马史诗的发展早在 2000 年前就终止了，《聪坡坡》即便今天还在发展着，而且只要民族存在，它的生命之树也必然常绿。

（载《山茶》1987 年第 4 期）

---

① 参见云南民族研究所编印《民族研究译丛》（5），第 12 页。

云南文库·学术名家文丛

哈尼族与"氐羌系统"

哈尼族的历史渊源问题，过去学术界将其归入"氐羌系统"，从而笼统地推导出该民族来自中国西北高原。如《中国少数民族》一书说："公元前3世纪活动于大渡河以南的'和夷'部落，可能就是今天哈尼族的先民。'和夷'大约是古代羌人（彝、哈尼族的先民）南迁的分支。"

又如《哈尼族简史》说："……哈尼族……应与彝族同源于古代羌人……"再如《云南少数民族》说："哈尼族有悠久的历史，与彝族、拉祜族等同源于古代的羌人。据汉文史籍记载，氐羌族群原游牧于青藏高原，后逐渐向南迁徙，散布到川西南和滇北等广大地区。"《中国西南的古代民族》更断言哈尼族属于"氐羌系统"："《史记·西南夷列传》说，先秦时期西南的部落，皆氐类也。即大多数属于氐羌系统的部落……昆明族亦出自氐羌……昆明族的绝大部分是近代彝族的祖先；另一部分则形成近代的拉祜、哈尼、阿昌等族。"

哈尼族源于氐羌南迁系统说者，主要引述汉文典籍中的有关记载作为支撑。另一类意见则与此相反，即认为哈尼族纯系由云南高原古陆上生存的原始人类，譬如元谋猿人，逐步发展演化而来，是与氐羌毫不相涉的土著，也根本谈不到南迁。此种见解主要持凭云南新旧石器时代的考古遗存为依据，然而因云南高原远古原始人类与今日（或古籍中所记载的）哈尼族断裂过大，无法作出系统的连类，且因此类看法多在学术界内部和部分民族工作者中流传，未见论著，因此未能产生影响。

笔者认为哈尼族先民系自青藏高原南部向云南高原渐次迁徙的民族，但与云南土著重新融合。具体说来，哈尼族乃是由青藏高原南下的北方游牧部落与由云南高原北上的南方稻作民族——夷越——融合而成的新型稻

云南文库·学术名家文丛

作农耕民族。就族源论，当是双向的（由北向南与由南向北的交汇）、复合的（南方土著民族与北方迁徙民族的融合）；就文化论，他们是南方夷越民族的滨海文化与北方游牧部落的高原文化的化合体。

推求"氐羌系统论"的因由，似乎主要来自《史记·西南夷列传》首段文字中的"皆氐类也"数字，由此引发成一大论，因此须对《史记·西南夷列传》原文一辨。

《史记·西南夷列传》首段文字（按：宋刻本）为："（西）南夷君长以十数夜郎最大其西靡莫之属以十数滇最大自滇以北君长以十数邛都最大此皆魋结耕田有邑聚其外西自同师以（东）北至楪榆名为嶲昆明皆编发随畜迁徙毋常处毋君长地方可数千里自嶲以东北君长以十数徙筰都最大自筰以东北君长以十数冉駹最大其俗或土著或移徙在蜀之西自冉駹以东北君长以十数白马最大皆氐类也此皆巴蜀西南外蛮夷也。"（引者注：括号内"西""东"两字为误衍文。）笔者以为，此 152 字应分为四个层次断意，即："（西）南夷君长以十数"至"此皆魋结耕田有邑聚"为第一层，"其外西自同师以（东）北至楪榆"至"毋常处毋君长地方可数千里"为第二层，"自嶲以东北君长以十数"至"皆氐类也"为第三层，最后一句"此皆巴蜀西南外蛮夷也"为第四层，是为第一、二、三层次的总结语。

以上一、二、三层次的划分并非偶然，而有其内在的逻辑性，即不单从地理方位上划分出三个大的"巴蜀西南外蛮夷"部落的分布区域，而且从生产方式和民俗特质上作出三种区分，这就是——以"夜郎"为最大的"（西）南夷君长"、以"滇"为最大的"靡莫之属"和以"邛都"为最大的"滇以北君长"，都是"耕田有邑聚"的农耕民族聚居区，该区域内居民的共同发式为"魋结"（椎结），这是第一类；"嶲昆明"等为"随畜迁徙毋常处毋君长"的游牧民族聚居区，该区内居民的发式为"编发"，是为第二类；以"徙筰都"为最大的"自嶲以东北君长"和以"白马"为最大的"自冉駹以东北君长"，为介于农耕与游牧这两种生产方式之间的半农半牧民族聚居区，是为第三类。第三类中又分为两小类："徙""筰都""冉駹"为一小类，其中有土著民族，也有迁徙民族；"白马"为最大的十数君长部落为第二小类，他们"皆氐类也"。

笔者认为，这样断意，才从本质上把握了司马迁的本意。如果这样理解不误，则"皆氐类也"仅指以"白马"为代表的"冉駹以东北君长"的十数个部落，即便"冉駹"本身也未必为"氐类"，何况其余不在此区内的巴蜀西南外蛮夷。现今诸多论者将"皆氐类也"扩大，以为泛指巴蜀西南外夷悉数，究其原因，是此语紧接"白马"句，"白马"句又接"冉駹"句，"冉駹"句又接"徙筰都"句。层层上转，如一石击水，波澜及于一池，"皆氐类也"遍及整个"巴蜀西南外蛮夷"。

笔者不敢苟同此见的原因有：

① 如此，则混淆了上述三种生产方式和民俗风范的不同民族。鲁迅称《史记》为"史家绝唱，无韵离骚"，以司马迁大手笔，料不至于如此无章。司马迁在《史记·太史公自序》中尝言其于汉武帝元鼎六年（公元前111年）"奉使西征巴蜀以南，南路邛、筰、昆明"，亲自调查过西南少数民族的状况，因而对西南少数民族的大体分布是了解的，不会作含混之笔。

② "皆氐类也"之后又道"此皆巴蜀西南外蛮夷也"，若前句该及所有，则此句语义重叠，与司马迁简约练达的文风不类。

③ 民俗是判断民族的重要标准之一，司马迁注意到这点，特别提出"魋结"与"编发"两种发式以作区别；何况"冉駹最大"之后，又注明"其俗或土著或迁徙"，盖此区内有土著民族和迁徙民族之分。此外，生产方式（生产习俗）也是（而且往往是决定性的）判别民族区划的标准，司马迁对此也有明确记载，指出此区中有"耕田有邑聚"和"随畜迁徙毋常处"的不同民族。至于"先秦时期西南的部落'皆氐类也'，即大多数属于氐羌系统的部落"，[①] 则由司马迁文内无法看出，盖因论者以为"氐羌本为一个群体"，[②] 自衍而成。

"氐"与"羌"并非"一个群体"，这是有史可证的。《淮南子·齐俗云》："羌、氐、僰、翟，婴儿生皆同声，及其长也，虽重象狄、鞮不能通其言，教俗殊也。"语言、风俗、教化都不同，岂能为"一个群体"？所以《后汉书·冉駹传》将其划开，并不相混："其山有六夷、七羌、九氐，

---

① 尤中编著：《中国西南的古代民族》，云南人民出版社 1980 年版。
② 同上书，第 5 页。

各有部落。"

另，即便西南夷中有氐族和羌族，其余也不尽是其类。以"夜郎"论，《华阳国志·南中志》就有："南中在昔盖夷越之地，滇濮、句町、夜郎、叶榆、桐师、嶲唐侯王十国以数。"

《后汉书·西南夷·夜郎传》亦有载云："武帝元鼎六年，平西南夷为牂牁郡，夜郎侯迎降，天子赐王印绶，后遂杀之。夷僚咸以竹王非血气所生，甚重之，求为立后。"可见，仅"夜郎"一地，就有"夷越""夷僚"并非氐亦非羌的民族在。既然"氐羌"不囊括所有的西南少数民族，又怎么能依据"氐羌系统"论模式推出哈尼族也属这一系统的结论来呢？

下面，我们再从古代聚居中心、族称、生产方式、发式、服饰、房式等几方面，对氐族、羌族、哈尼族三者做出比较，以求其明。

（1）古代聚居中心

氐、羌、哈尼三族先民古代都居住于西北高原，但聚居中心并不混一。《北史·氐传》载："氐者，西夷之别种，号曰白马……秦汉以来，世居岐、陇以南，汉川以西，自立豪帅。"《史记·大宛列传》载："羌中，从临洮西南芳州扶松府以西，并古诸羌地也。"盖氐族聚居中心在甘肃东南部之西汉水，白龙江流域，即汉武都郡一带，羌族聚居中心在清海东部河曲及其以西以北地区，哈尼族聚居中心在青藏高原南部巴颜喀拉山口至札陵湖与鄂陵湖之间（笔者另有专文论述），三族恰在一个三角形的三端，相距既远，难为一群。

（2）族　称

氐族——三国时鱼豢《魏略·西戎传》云："自汉开益州，置武都郡，排其种人，分窜山谷间，或在福禄，或在汧、陇右。其种非一，称槃瓠之后，或号青氐，或号白氐，或号蚺氐，此盖虫之类而处中国，人即服色而名之也。其自相号曰'盍稚'，各有王侯，多受中国封拜。"

羌族——史籍未载自称，"羌"为他称，见于历代典籍。本民族民间自称，据马长寿《氐与羌》[①] 云：

　　　　或是"日芊"（β－mi），或是"日绵"（β－mie），或是

―――――――――――――

①　马长寿：《氐与羌》，上海人民出版社 1984 年版，第 14 页。

"日玛"（β－ma），"日"（β－）是词头辅音，作冠词用，无特殊意义。简言之，羌的自称是"芊""绵""玛"。它是什么意思呢？大抵言之，颇似汉语中"民"之意义，即人民之义。

哈尼族——《哈尼族简史》①云：

> 哈尼族有多种自称，以哈尼、卡多、雅尼、豪尼、碧约、白宏（或和泥）等六个自称单位人数较多；另外还有锅锉、哦怒、阿木、多泥、卡别、海尼等自称单位……见于汉文史籍中的历史名称有和夷、和蛮、和泥、禾泥、窝泥、倭泥、俄泥、阿尼、哈尼、黑泥、阿木、罗缅、糯比、路弼、卡惰、毕约、惰塔……哈尼族的自称和历史名称虽多，但其音义基本一致。主要的自称哈尼、豪泥、黑泥、和泥，其哈、豪、黑、和都从"和"音，其义均为"和人"。历史名称和夷、和蛮、和泥、禾泥、窝泥、斡泥、俄泥、阿泥、哈尼、罗缅（自称和泥）、糯比（自称哈尼）等，其禾、窝、斡、俄、阿、哈亦从"和"音，含义仍为"和人"。

可见，氐族自称"盍稚"，羌族自称"日芊""日绵""日玛"，哈尼族自称"哈尼""豪泥""斡泥""和泥"等，三者各不相同。

另外，族称含义也不相同。许慎《说文解字》卷14下云："秦谓陵阪曰阺。"又卷12下云："巴蜀名山岸胁之堆旁著欲落堕者曰氐"。应劭合二义为："天水有大阪，名曰陇坻。其山堆傍著崩落作声闻数里，故曰坻隤。"（自段玉裁《说文解字注》引）即氐人分布于秦陇、巴蜀之间，其地山陵险阻，峻坂吻接，其下河流波涌，溪谷迥荡，每当山石崩落，声随谷远，因此，氐人因其居处的地形取名，按秦音谓之"阺"——氐。哈尼族先民称谓义为"和人""和"，哈尼语义为"山"，"和人"即为半山区聚居民族之意（见拙文《论和夷》）。氐、哈尼皆因地取名，"和""盍"虽音近，"稚""夷"（"尼""泥"）又太远，不类。"羌"，《说文解字》卷4释为："西戎牧羊人也，从人从羊，羊亦声。"音与氐、哈尼均异，取名因畜牧业生产方式而得，含义也大为有别。

---

① 《哈尼族简史》编写组：《哈尼族简史》，云南人民出版社1985年版，第3页。

（3）生产方式

氐族——公元前 1 世纪（汉代）已有比较发达的北方农业，《后汉书·西南夷列传》述云："（白马氐）土地险阻，有麻田，出名马、牛、羊、漆、蜜。"

羌族——公元前 1 世纪后虽有农业经济，但以猎、牧、养殖为主。《北史·吐谷浑传》云："（羌）好射猎，以肉酪为粮，亦知种田，有大麦、粟、豆，然其北界气候多寒，唯得芜青、大麦，故其俗贫多富少。"同书《党项传》云："（党项羌）养牦牛、羊、猪以供食，不知稼穑。"

哈尼族——公元前 2 世纪至公元前 1 世纪已有较发达的农业，而且已从事南方稻作民族的生产——水稻耕作，《尚书·禹贡》及《山海经·海内经》记有哈尼先民"和夷"在"西南黑水之间"的"都广之野"，种植"膏菽、膏稻、膏黍、膏稷"，而且"冬夏播琴（殖）"，有了一年两造的种植和收获。哈尼族迁徙史诗《哈尼阿培聪坡坡》① 记载他们在"诺马阿美"（今四川省凉山州之雅砻江，安宁河流域）已能开田种地，用水牛和犁耙耕作，已有撒种育秧的技术，他——"头年过去，一棵苞谷收三包；两年过去，一蓬芋头挖五背；三年过去，一穗红米收九碗。"

三者相较，氐、哈尼二族农业比羌族发达，哈尼族于公元前 2 世纪至公元前 1 世纪已是南方稻作民族，氐是北方农业兼畜牧业经济民族，羌还只是游牧民族。

（4）发 式

氐族——鱼豢《魏略》云："其（氐）妇人嫁时著衽露……皆编发。"

羌族——《后汉书·西羌传》云：羌之始祖无弋爰剑为秦所拘，"后得亡归，而秦追之急，藏于岩穴中得脱……既出，又与劓女遇于野，遂成夫妇。女耻其状，被发覆面，羌人因以为俗。"

哈尼族——上古无史料可征，明天启《滇志》卷 30 云："窝泥，或曰斡泥……妇花布衫，以红白棉绳辫发数绺，续海贝杂珠盘旋为螺髻。"

综上所述，氐族为"编发"，羌族为"被发覆面"即披发，哈尼族为"辫发"，介于"编发"与"魋结"之间，氐与羌不同，哈尼又与二者

---

① 参见《哈尼阿培聪坡坡》第四章，云南民族出版社 1986 年版。

殊异。

（5）服　式

氐族——《魏略》云："其衣尚青绛。"（《说文》释云："绛，大赤也。"）《后汉书·西南夷列传》记氐地"有麻田"，氐人用麻缕织为异色相间的"殊缕布"。即氐族着青、大赤（红）色麻衣。

羌族——《周书·异域传》云："宕昌羌皆衣裘褐。"《北史·党项传》云：党项羌"服裘褐，披毡以为上饰"。《西南少数民族风俗志》①"羌族服饰"条云："（羌族）男女皆穿自织的白麻布长衫，形似旗袍。男则长过膝盖，女则裹脚背。妇女衣服绣有鲜艳的花边，领上镶有一排梅花图案银饰。男女都在长衫外套一件羊皮背心，俗称'皮褂褂'，晴天毛向内，雨天毛向外以防雨。还有一种背心是羊毛毡子做的，较前者略长。"古今羌族服饰不尽相同，但今日羌族男女都在长衫外套羊皮背心，还有用羊毛毡做的，与古羌"皆衣裘褐""服裘褐，披毡以为上饰"相较，是古风的沿袭。

哈尼族——道光《普洱府志》卷18云："黑窝泥，宁洱（今普洱）、思茅、威远（今景谷）、他郎（今墨江）皆有之，性情和缓、服色尚黑。"又道光《他郎厅志》云："窝泥黑白二种，以衣色分别。"《西南少数民族风俗志》"哈尼族服饰"条云："哈尼族善于用蓝靛染衣服，各家房前屋后种有一种植物称蓝靛，取其叶放入缸内加水一泡，即成蓝色，衣服穿脏后就先在缸里泡洗，常洗常新，直至穿破时颜色不变。男子多穿对襟上衣长裤，黑布包头。"

三者相较，哈尼族服饰"尚黑"与氐之"尚青"相近似，而与氐"尚绛"又大不同。哈尼族中的"白窝泥"尚白，与羌之后期尚白相同。但"白窝泥"人数甚少，不足以代表该民族主体，而且不论尚白尚黑，与古羌之"裘褐""披毡以为上饰"又大不同，故三族仍不为一。

（6）房　式

氐族——《南齐书·氐传》云："氐于（仇池）上平地立宫室、果园、仓库，无贵贱皆为板屋土墙，所治处名洛谷。"

---

① 《思想战线》编辑部编：《西南少数民族风俗志》，中国民间文艺出版社 1981 年版。

羌族——古羌房式于史不载，但《后汉书·西羌传》说赐支河曲羌人初时"所居无常，依随水草，地少五谷，以产牧为业"，这种动荡不安的生活使羌族绝不会像氐人那样在平地上立宫室、果园、仓库，住房也绝不会筑成"板屋土墙"，大半是蒙古包或简易木屋之类的活动房屋。羌人后渐渐改营农业，从游徙趋于定居，于是建屋筑室。《北史·宕昌传》云："（羌）俗皆土著，居有室宇。其屋织牦牛尾及羚羊毛覆之。"又，《南齐书·汉南传》记述吐谷浑治下的羌民之地"多畜，逐水草，无城郭，后稍为宫室，而人民犹以毡庐百子帐为行屋。"这种半定居的"行屋"仍不同于氐族永久性的"板屋土墙"，也更谈不到宫室、果园、仓库之类了。

哈尼族——史诗《哈尼阿培聪坡坡》记述哈尼族祖先第一次在"惹罗普楚"盖房时，房式模拟蘑菇的式样，取名"蘑菇房"，以木柱梁、泥墙、草顶建构。

《云南少数民族》① 载："红河及墨江等内地哈尼族……住房一般是土木结构的楼房，土墙木柱，屋顶有平顶，双斜面和四斜面几种……西双版纳和澜沧等地哈尼族，住竹木结构的竹楼。"

无论古代或今天内地还是西双版纳、澜沧的哈尼族，住房都不同于氐族的"板屋土墙"，也不同于羌族"毡庐百子帐"式的"行房"。

从本文简单的比较可以见出，自先秦到汉魏，以至此后历朝，氐族、羌族、哈尼族无论在民族聚居中心、族称、生产方式、发式、服式和房式等诸多方面都不相同，即便有个别相似之处，也不占民族的主要成分。由此我们可知，三族先民虽同居于西北高原之上，但实为三个群落，下延各代，亦均如此，因此哈尼族绝不是"氐羌系统"的民族；因为氐与羌并非同为一个"系统"。

（载《民族文化》1987 年第 5 期）

云南文库·学术名家文丛

---

① 云南省历史研究所编著：《云南少数民族》（修订本），云南人民出版社 1983 年版，第 99 页。

历史的迹化

——哈尼族送葬头饰"吴芭"初考

一

1982 年，笔者在元阳县攀枝花区洞铺寨哈尼族著名歌手兼贝码（祭师）朱小和家搜集到一条送葬头饰，哈尼语称"吴芭"（见下图），系哈尼族葬仪中，由吟唱送葬长歌《密刹厄》的女歌手佩戴。朱小和虽不是"搓厄厄玛"（送葬歌女歌手），但因他是名满周围四五个县的大歌手大贝玛，因此也拥有此物。

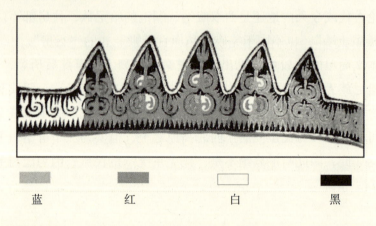

| 蓝 | 红 | 白 | 黑 |

吴芭形制为，宽 52 厘米，中间之三角形最高，达 14 厘米，其两旁三角形减为 13 厘米，余下两个三角形又减为 12 厘米，边高 6.5 厘米，厚布织底，丝线缠边，图皆拼嵌而成。朱小和的解释是：

① 这是给死者的魂魄引路用的，没有吴芭引路的魂是野魂，夭折、暴死者不用吴芭送葬，也不唱《密刹厄》，魂魄最后的回归地点，是"哈尼族第一个大寨惹罗普楚"，也就是吴芭右侧三角形所代表的地方。

②这个图形代表了哈尼族"阿培"（远古祖先）到现在的全部历史，即哈尼族祖先原来生活在遥远的北方高原，后来逐渐迁徙到南方。吴芭图形从左到右的含义分别是：白色的三组花纹，上半部是蕨纹，象征着哈尼族居住的地方是必有蕨类生长的温湿的半山区，下半部分是犬牙纹，因狗是哈尼族崇拜的动物，具有保护人类不受鬼神侵害的作用。哈尼习俗，安寨定居必杀狗，以狗血划定人和鬼的界限。这三组花纹是代表哈尼族来到红河南岸哀牢山区后，基本处于和平宁静但组织分散（所谓大分散小聚居）的生活时期。白纹左面的"S"形红线，表示哈尼族曾沿元江南下，直到今越南、老挝北部地区，与沿途的民族发生过纠纷，一部分又溯江而上，一部分则留居该地，成为开辟这一地区的最早居民。

③左起（下同）第一个红色三角形，代表哈尼族祖先在"石七"（即今云南省石屏县）分成若干支队伍南进哀牢山区，开辟草莱，征服其他一些小部落的过程。红色代表着征讨、开创，当时这一地区以哈尼族最为强大，所以全部用了红色。

④第二个三角形有红、白、蓝、绿色，这是代表哈尼族在"石七"与"蒲尼"民族大战的时代。

⑤第三个三角形，即最高的居中三角，是代表哈尼族在"谷哈密查"（今昆明地区）与"蒲尼"大战的时期。这是哈尼族历史上最强盛发达的时期，故三角形也最高，但因为这也是哈尼族失败得最惨的时期，所以第二、第一个三角形就跟着矮下来了。

⑥第四个三角形代表哈尼族在"诺马阿美"（今四川省雅砻江、安宁河流域）生活的时期，这是哈尼族历史大发展的时期，颜色用了蓝、白、红，蓝色为多，表示和平的时间很长，但是也发生了大战，所以红色占了小半。

⑦第五个蓝色三角形代表哈尼族在"惹罗普楚"（大渡河以北，四川盆地与川西高原交缘山区）生活的时期，哈尼族在这里第一次安寨定居，开发大田，度过了相当漫长、平静的生活，这是哈尼族的形成时期，是哈尼族最不能忘记的，所以人死后要回到这里和祖先们团聚。

⑧右边三组蓝色蕨纹犬牙纹，代表祖先在远古时代的生活，蕨纹和犬牙纹的意思和左边的一样。

⑨ 黑色的底子和红色的围边，代表哈尼族祖先诞生在北方的"虎尼虎那"高山（即红色和黑色石头交错堆积的高山）。上部和下面一部分白色里层围边，代表哈尼族原先尚白，远古祖先的穿戴是白色的。下部蓝色里层围边，代表哈尼族在迁徙过程中和别的民族发生战争，失败后逃到蓝淀林里，衣服裤子被染成蓝淀色，所以直到现在哈尼族大多数爱穿蓝淀染成的衣裤。哈尼族第一次和别人打仗是从"诺马阿美"开始，所以这条蓝线也是从第四个三角形开始的。

⑩ 五个三角形代表哈尼族是住在山上的民族，三角形上的图形代表哈尼族崇拜的万年青树，下面的两个半圆代表树根，中间的两个半圆代表树干，上面的三叉代表树尖，树根又代表头人，树干代表贝玛（又称摩琵，祭师），树尖代表工匠。哈尼族认为树最重要的是树根，然后是树干，然后是树尖，头人、贝玛、工匠是哈尼族社会里最重要的三种人，按重要性排列。在"惹罗普楚"，三种人都是哈尼族自己的，但是在"诺马阿美""谷哈密查"和"石七"，头人、贝玛就受到别的民族影响了，所以掺进了其他颜色，只有工匠始终保持着哈尼族自己的特色，到"石七"以后，三种能人才又纯净起来。

总之，吴芭图形上浓缩着哈尼族古代社会的历史和社会组织，这是一件珍贵的文物，是我们研究哈尼族历史文化的重要佐证。

近几年来，笔者又在一些哈尼族村寨里看到了一些吴芭，基本形制与朱小和家的一样，图案也大体一致，只是各部分的颜色配搭有了许多变化，如"惹罗普楚"三角变成纯白或一半是白的，战争激烈的"诺马阿美"三角也变成纯白或纯蓝的，等等，这样看来，与朱小和的解释就不相符了。我问朱小和为什么会有这些变化？他微微一笑，说，现在很多"哈尼克玛"（哈尼女人）都不穿老祖宗规定下来的衣服了。此外，笔者还走访了元阳县几个较权威的大贝玛，他们保存的图案与朱小和家的完全相同，因此本文以朱小和家的吴芭为探讨对象，是有着严格意义上的代表性的。

二

吴芭以其独特的形式记录了哈尼族的历史，这一记录的真实可靠性怎么样呢?

从 1981 年以来,笔者和几个同志在元阳县搜集到一首长达 5000 余行的哈尼族史诗,其中详细地记载了哈尼族历史上各阶段的迁徙地点、路线、过程,以及在各移居地的生活、生产、社会、意识形态、文化宗教等等状况,可说是一部最为完整的哈尼族"史记",历代哈尼族人民就是依靠这部史诗来记忆历史、教化风俗的。此诗 1986 年由云南民族出版社以《哈尼阿培聪坡坡》(哈尼族祖先的迁徙史,下简称《聪坡坡》)的题名正式出版。

现在让我们将吴芭与《聪坡坡》做一对照。

《聪坡坡》的大致内容是这样的:

全诗分七章,第一章叙述哈尼族祖先诞生在北方的"虎尼虎那"高山(释同前),山侧有两条河分流而下,一条叫"厄地西耶"(金色的大河),一条叫"艾地戈耶"(清澈的大河),哈尼族祖先从人类共祖"塔婆"的肚脐眼里出生,后来学会了采集、狩猎和用火。第二章叙述因食物缺乏,他们沿"艾地戈耶"而下,先在"什虽湖"边生活,学会栽种"草籽"(原始农业)和饲养牲畜(原始畜牧业),后又南下"嘎鲁嘎则"龙竹丛生之地,与南方民族"阿撮"(傣族祖先)共同生活。第三章叙述他们迁到"惹罗普楚",这是一个雨量充足的山区,第一次安寨定居,以稻作农耕为主要生产方式,由此获得丰富的食物,开始出现部落首领与宗教首领合而为一的"头人"和专事手工艺生产的工匠,后来"头人"又分化为职掌权力的"头人"和职司宗教祭仪的"贝玛",形成"直、琵、爵"(头人、贝玛、工匠)三位一体的社会组织形式。"惹罗"是哈尼第一个大寨,惹罗像太阳永远闪光,不管哈尼搬迁千次万次,惹罗是世上哈尼的亲娘!第四章叙述因瘟疫流行,哈尼族祖先迁出"惹罗"来到南方的"诺马阿美",这里是一片冲积平原,两边为"吾玛""矣玛"两河环绕,水肥粮足,使哈尼族得以将生产发展到更高水平,但因"腊伯"入侵,激战失败,哈尼撤出此地。第五章叙述他们来到南方的"色厄作娘"即湖滨平原,接着又东迁到另一大湖之岸的"谷哈密查"平原,为向先已入主此地的"蒲尼"表示和平诚意,哈尼族将刀枪埋之于地。"谷哈密查"就是"埋藏三尖叉的地方"。哈尼在此居留时间较长,生产、人口、社会财富都极大增长，人口发展到"七万"，并与"蒲尼"通婚，这是古代哈尼族的鼎盛时期。"蒲尼"惧于哈尼发展的迅猛，以武力相胁迫，双方大战之后，哈尼失利撤出。这次战争空前残酷，哈尼族元气大伤，从此再没有恢复。第七章叙述哈尼族为了生存，继续南下，经"那妥""石七"，过元江，入哀牢，从此凭高守险，开辟不毛，繁衍至今。"石七"是哈尼族由一个统一、集中的民族走向分散居住民族的转折点，他们在"石七"分寨后，再没有形成统一的政治权力中心，民族的聚合力涣散了，此后虽无大的兵祸争战，但整个民族却衰微了。

在搜集这部史诗的过程中，我们了解到哈尼族中流传着几句关于哈尼族历史的经典性的"老话"，对于哈尼族的历史文化研究极有价值，现录于下：

①"那突德取厄玛""虎尼虎那埃活"，即"哈尼祖先诞生在一个有盐的大湖里，后来水降石出，就走上虎尼虎那高山"。

②"哈尼书嘎惹罗普楚"，即"哈尼最富庶的地方是惹罗普楚"。"佐斗阿烟索帕阿扎"，即"头人阿烟和他的姑爷佐斗是最能干的工匠"。"厄底果都阿玛"，即"果都之母厄底是头一个把旱谷变成水稻的专家"。"罗陶阿卡牙侬"，即"向螃蟹学会开沟引水的人"。"咪独函海乌斯"，即"卷起裤脚开发大田的人"。此几句意谓哈尼族在惹罗已会种植水稻，解决了开沟引水、开田等一系列稻作生产的技术问题，财富积累十分迅速。

③"哈尼诺马阿美"，即"哈尼族的诺马河平原"。

④"色厄作娘"，即"色厄水边的平地"。"色鱼哈尼密比"，即"哈尼分得的色鱼大海边的好地"。

⑤"谷哈密查"，即"埋藏三尖叉的地方"。"哈尼谷妥约玛，行辖乔匹匹策"，即"哈尼在谷哈地方有了6000户人家，其中800户在城里住不下，在城边搭偏厦住"。

⑥"那妥"，即今通海县。"石七"，即今石屏县。

⑦"哈尼沙艾尼阿多、罗比、罗铺、搓罗，搓罗多各哈尼麻纠"，即"哈尼在江外（元江南岸）最好在的地方是尼阿多、罗比、罗铺、搓罗，搓罗以下就没有哈尼了"。

从上述材料可以看出，吴芭图形、迁徙史诗《聪坡坡》与概述哈尼族历史的"老话"，三者之间有着完整的对应关系，这一对应系列向我们勾画出哈尼族的历史链条是：

虎尼虎那—什虽湖、嘎鲁嘎则—惹罗普楚—诺马阿美—色厄作娘—谷哈密查—那妥、石七—哀牢山区。

三

我们应当如何看待这些纯粹来自民间的、变异性很大的材料？它们是否如有些人认为的那样"纯属虚构""全无意义"呢？自然不是，但它们又确非信史，是不能直接用来论证科学问题的，究竟如何运用为好，有一个取舍的尺度问题。

首先我们看三类材料虽各有不同的特点，但同一性却是几个主要的地名（如上所列），它们在这些活动的材料系列中有着固定的含义，通过它们可以追踪哈尼族祖先的历史行程，正如恩格斯所说，在历史上，若"把每条河、每座山都画出一个确定的方向，对每一个民族，都给它指定一个准确的居处，像这样是根本不可能达到的企图"，但是"在一些名称中，也许有一些是正确的"，甚至"也有正确得十分惊人而具有头等历史价值的报导"。[1] 现在让我们考察一下这些名称。

① "那妥""石七"——历代州、府、县志均有哈尼族居住石屏、通海县的记载，姑不举。

② "谷哈密查"——现在哀牢山区哈尼族们称昆明为"谷哈密查"，或简称"谷哈"。我们到寨子里，他们称我们为"谷哈扒""谷哈玛"（昆明男人、昆明女人）。此可为一证。另，天启《滇志》卷2 "山川"条下"云南府"载："阿尼（窝尼，哈尼族别称）井在城北二十里江头村，环村居民取汲焉。""阿尼井"是哈尼族在昆明居住过的遗迹，《聪坡坡》第六章曾唱叙哈尼族在昆明掘井的情况也说明"阿尼井"的存在：

> 去世的先祖留下古规，
>
> 新地要找新的水源，
>
> 找水要最好看的然密（姑娘——引者），

---

① 恩格斯：《德国古代的历史和语言》，人民出版社1957年版，第54页。

她才能跨进水娘的门槛。

然密打出第一眼水井，

这就是谷哈出名的清泉，

…………

哈尼族大队离开昆明地区后，仍有不少族人在此世代留居。清末袁嘉谷《滇绎》记载，明洪武时士人程立本曾在滇池东南岸晋宁州，"过峤甸，见禾泥（哈尼别称——引者）数家，有叟携酒过水，见土酋饮道旁，仆从皆饮酒，尽乃行。有作云：'山断村才见，溪回路欲迷。贩茶非土僚，劝酒是禾泥……'"盖明时晋宁州（今昆明属县晋宁境）有哈尼族居住。元《圣朝混一方舆胜览》卷中记述：今安宁县"蛮名阿宁"。"阿宁"即哈尼族别称。县境有"阿宁井"，是当时出名的盐井。盖元时（或前）哈尼族曾在今昆明属县安宁境掘井熬盐，安宁县名因哈尼（阿宁）得之。"安宁"一名可上溯至唐代，《旧唐书·地理志》"剑南道戎州都督府"条下云："昆州，汉益州郡也，武德初招慰置，领县四，与州同置：益宁、晋宁、安宁、秦臧。"即唐高宗武德年间（公元618—625年）安宁置县。又据前述，名自哈尼先民"阿宁"，可知至迟在公元7世纪初，哈尼族先民曾在今昆明属县安宁等地生活，且有相当影响，以至关联置县，亦可知哈尼族在此曾有社会生活和经济生产的巨大发展，可以见出吴芭"谷哈密查"三角形之为最高，史诗《聪坡坡》中说哈尼有6万人口，以及"老话"中的"哈尼在谷哈地方有了6000户人家，其中800户在城里住不下，在城边搭偏厦住"的说法不谬。

③"色厄作娘"——哈尼族对此地的记忆有四："色厄作娘""得威"（靠近色厄大湖边的一个地名，哈尼曾居于此）、"哈厄"（先哈尼入主此湖泊地区的民族，皮肤如同白鸡的翅膀一样白)[1]、"色鱼"（参见"老话"④）。《史记·西南夷列传》载："西自桐师以东，北至楪榆，名为嶲、昆明"。《水经注》卷37云："汉武帝元封二年（公元前109年）……以为益州郡，郡有叶榆县，县之东有叶榆泽，叶榆水所钟而为此川薮也。"明代陈文等著《景泰云南图经志书》卷5云：大理府"古名叶榆……汉武帝

---

① 均参见《哈尼阿培聪坡坡》第五章，云南民族出版社1986年版。

置叶榆县，隶属益州郡"。司马迁所谓"楪榆"即"叶榆"，亦即西汉所置"叶榆县"。又，《史记·司马相如列传》云："司马长卿便略定西夷，邛、筰、冉駹、斯榆之君臣皆请为内臣。"可知"叶榆"又称"斯榆"，为今大理县一带地名。叶榆东有"叶榆泽"，即洱海，后又称"洱河""西洱河""西贰河"。从语音对应来说，"色厄"当指"西洱"或"西贰"，即洱海，"色厄作娘"即指洱海海滨的坝子。"色鱼"当指"斯榆"，即大理县一带地方。从人类体质学角度看，白族肤色稍白，"哈厄"当指其先民嶲或昆明族。至于"得威"所指，语焉不详，若就音之近似，"得威"急读为"邓"，或云洱海西北岸之邓川一带亦未可知。仅就地名看，哈尼族在洱海地区居住过是很可能的，这在史诗和"老话"中都有叙及，但吴芭没有标出，原因很明显，哈尼族只在此地逗留了很短时期就离去了。

④ "诺马阿美"——哈尼族对此地的地名记载有三："诺马阿美""吾玛""矣玛"。《聪坡坡》注㊑、㊒云："矣玛、吾玛为诺马河的两条支流，二流中间就是诺马平原。"哈尼语"阿美"为"中央的平地"，"诺马阿美"即为"吾玛""矣玛"二河环绕的冲积平原。哈尼语"玛"（ma^{33}）——"诺马"的"马"与"玛"音义相通，仅译字相舛——语义有二，一为女性的泛指，如前所说"谷哈玛"（昆明女人）为女性尊称，如"阿威阿玛"（阿威的母亲）、"果都阿玛"（果都之母）等。"诺"（no^{44}）意为"黑色"。"诺马阿美"即"母亲之河黑水环绕的平原"。"马"——"玛"——在这里有尊昵称谓"母亲般"的意味，因此在这平原两侧环流的"诺马"河支流"矣玛"（$i^{44}Ma^{33}$）、"吾玛"（$u^{44}ma^{33}$）就可称"诺矣玛"和"诺吾玛"。"玛"即为附加修饰成分，可存可去，实质剩下"诺矣"（$no^{44}i^{44}$）和"诺吾"（$no^{44}u^{44}$）二义。"矣"，哈尼语意为"去""流动""滚翻""汹涌"，"吾"意为"活泼""欢快""有精神"，因此，"诺矣"即为"波浪翻滚的黑水"，"诺吾"即为"活泼欢快的黑水"。笔者曾亲赴实地考察，雅砻江真是大波迭起、浪涛汹涌的深黑色大江，安宁河则比它小得多，用"活泼欢快"来形容是颇恰当的，二流自北而南，在今四川省攀枝花市北部地区合流，然后向南注入金沙江，二河之中，就是西昌、凉山二专区。交缘的雅砻江、安宁河流域，这地形恰如一个由北向南的"V"形。《聪坡坡》

中曾讲到哈尼族是由一只大雁带领着来到这个地方的，然后这只大雁化生成"诺马阿美"这块肥美的土地：

> 突然"嗖"的一声，
> 大雁扎向地面，
> 眼前霎时金光万道，
> 好像太阳落在脚前。
> 睁大眼睛瞧瞧，
> 只见宽宽的平原，
> 一条大水汹涌澎湃，
> 湍急的水流分成两边。
> 大河像飞雁伸直的脖子，
> 平坝像天神睡在中间，
> ⋯⋯⋯⋯①

另查雅砻江又名"诺矣江"，意为"黑水"，② 看来雅砻江——"诺矣江"盖因哈尼族先民在此居住而得名，自然，安宁河——"诺吾"河系因哈尼族先民"阿宁"——"安宁"一音之转——而得名了，此二河的名称，是哈尼族曾在"诺马阿美"——今西昌、凉山交缘地区居住过的见证，也足以证明吴芭、《聪坡坡》、"老话"③ 之不谬。

这些材料的可贵，还在于为解决典籍中的"黑水"问题提出了新证。《尚书·禹贡》"华阳"条载古梁州云：

> 华阳黑水惟梁州，岷、嶓既艺，沱、潜既道，蔡、蒙旅平，和夷底（zhi）绩⋯⋯

另，《山海经·海内经》也载：

> 西南黑水之间，有都广之野，后稷葬焉。爰有膏菽、膏稻、膏黍、膏稷，百谷自生，冬夏播琴⋯⋯

---

① 《哈尼阿培聪坡坡》第四章史诗的描述与前所考察的地形是一致的。

② 参见马曜主编《云南各族古代史略》，云南人民出版社1977年版，第2页："雅砻江（诺矣江）、金沙江（泸水）⋯⋯都有黑水的意思⋯⋯"

然而关于"黑水"一解，古今论者自不相同，归纳起来大致有以下几说：一是张掖河即黑水说，孔颖达《书经正义》主之；二是大通河即黑水说，《括地志》主之；三是党河即黑水说，班固《汉书·地理志》主之；四是丽水即黑水说，樊绰《蛮书》主之；五是澜沧江即黑水说，李元阳《黑水辨》主之；六是西洱河即黑水说，程大昌主之；七是怒江上源哈拉乌苏河即黑水说，陈澧主之；八是黑水不存在，只是上古传说中假想的水名说，顾颉刚主之；九是泛黑水说，马曜《云南各族古代史略》主之。①根据我们上面的论证，则可知"黑水"非虚非泛，亦非他指，而专言雅砻江、安宁河二水，其由来，是因哈尼族先民②曾在此流域居住过很长时间所致。

⑤ "惹罗普楚""嘎鲁嘎则""什虽湖""虎尼虎那"——因无文献可考，难以猝辨，但据《聪坡坡》中描述的山形地貌、物产节候，大致可推论其分别为今四川盆地与川西高原交缘之峨眉、洪雅、雅安等县境和阿坝藏族羌族自治州西北部山区，以及青藏高原南缘之巴颜喀拉山口南麓地区。上述地名虽不可详考，但从吴芭图形的庄严性、完整性及对历史记述的真实的连续性来说，当是确实存在的，尤其作为哈尼族"第一个大寨"，而人们无论搬迁多少次都不能将其遗忘的"惹罗普楚"，更应当是真实的。

"吴芭"是哈尼族一件简单的送葬头饰，但它却蕴含着诸多方面的内容，本文限于篇幅，仅从它所标示的几个地名做一些简略的探考，实际上我们还可以从宗教学的、美学的、文学的、历史学的角度多侧面地深层次认识，自然这已不属本文划定的范围，但仅就本文粗浅的论述，也可见其内涵的丰富了。

（载《山茶》1988 年第 2 期）

---

① 前八说参见王世舜《尚书译注》第 60 页注①，四川人民出版社 1982 年版。第九说参见马曜主编《云南各族古代史略》，云南人民出版社 1977 年版，第 2 页："彝语称黑为'若'，'若水'就是'黑水'。雅砻江（诺矣江）、金沙江（泸水）、澜沧江（兰津）、怒江几条大江，都有黑水的意思，都是因古代氐羌族群曾居住过这几条江流域而得名。"

② 笔者所谓哈尼族先民，系指《禹贡》中之"和夷"，并有专文《论和夷》详论其与哈尼族的渊源关系。

云南文库·学术名家文丛

和夷的嬗衍

——从哈尼族史诗《哈尼阿培聪坡坡》出发

一

现今的国内外民族学界，对哈尼族这个久不为人所重的民族的兴趣，可谓弥炽弥新。在主观上，是因该族作为中国西南边疆的一大民族（人口在百万以上），民族学资料日见其丰，大量民族史诗、神话、民俗、有关考古文物相续发表，一度虚无的资料空白渐次得到填补；客观上，则是国外学术研究的新拓展——尤其是"日本民族寻根热"的崛起，屡屡将日本之"倭人"与哈尼族相联系，大有异流同源之论，而且著书立说，实地考察，进行得十分热闹，也对我们的研究推波助澜不小。

日本文化渊源的"寻根"，在其学界已成数说：北来说、南来说、海上之路说、稻作文化说、骑马民族说、照叶树林文化说、倭人起源于云南说等等。学者中，持日本民族与哈尼族先民相关联论者，有佐佐木高明①、渡部忠世②、鸟越宪三郎③、饭沼二郎④、中尾佐助⑤、森田勇造⑥等人，所论多从居室（干栏式住室屋、千木及千木组、顶梁柱等）、食品（豆类

---

① 参见佐佐木高明《照叶树林文化的道路——从不丹、云南到日本》，日本放送出版协会 1982 年版。

② 参见渡部忠世《稻米之路》，云南人民出版社 1982 年版。

③ 参见鸟越宪三部《倭族之源——云南》，云南人民出版社 1985 年版，及《探寻日本民族之源》《探寻古代倭族》，分别于 1979 年、1980 年收于日本《每日新闻》。

④ 参见饭沼二郎《日本的古代农业革命》，筑摩书房 1980 年版。

⑤ 参见中尾佐助《栽培植物和农耕的起源》，岩波书店 1966 年版。

⑥ 参见森田勇造《探寻倭人的源流——云南、阿萨姆山地民族调查之行》，讲谈社1982 年版。

发酵品、茶、糯食品等）、服装（贯头衣、披肩等）、农耕礼仪（人头祭、插播收割礼仪、插秧歌等）、宗教信仰（神树、神林、寨门、草绳等）诸种习俗、庆典和神话、传说、史诗种种，做多侧面的平行比较，而其中尤以倭人与哈尼族先民"和夷"（及其下沿族系）的稻作生产方式及文化生产为着重点。这些研究无疑是令人兴奋的，然而，既然论及文化渊源，就无须回避民族源流。在我们怀着欣欣然的心情拜读上述诸公大著的时候，不禁泛起这样的疑问：在哈尼族的族源尚未彻底探寻清楚的情况下，遽作如此众多的比附，是不是显得过于急躁了一些呢？

下面，本文将就哈尼族文化渊源中的敏感问题——"和夷"，做出一点浅薄的探寻，或许能够从纵向的嬗衍流变上（如果说日本学术界的研究是从横向类比的话），给对此问题有兴趣的朋友提供一点线索，自然，若能引动专家们对这一问题的关注，更在企望之中。

"和夷"一词，首见于《尚书·禹贡》，遗憾的是，此外它也再不复现于史。

《尚书·禹贡》的研究者，代不绝响，广及海外。然而遍披宗卷，少有人关心到其中所含民族学的内容，而多从地理学角度反复研讨，仅仅推崇其为"最早的地理著作"。① 现在我们换一个角度来看：

> 海岱惟青州，嵎夷既略，潍、淄既道，厥土白坟，海滨广斥。
>
> 厥贡惟土五色，羽畎夏翟，峄阳孤桐，泗滨浮磬，淮夷蠙珠暨鱼，厥篚玄纤缟。
>
> 厥贡惟金三品，瑶琨筱簜，齿革羽毛惟木，岛夷卉服。
>
> 华阳黑水惟梁州，岷、嶓既艺，沱、潜既道，蔡、蒙旅平，和夷底绩。
>
> 三危既宅，三苗丕叙……

文中诸"夷""苗"，都是夏代九州各地少数民族的称谓，《禹贡》记载了他们在彼时的居处方位、土宜地望、赋等贡道、风物出产等等，除地

---

① 王世舜：《尚书译注》，四川人民出版社 1982 年版，第 42 页。

理学外，更值得从民族学方面逐一做深入研究。

"和夷"是什么民族呢？

《中国少数民族》一书说："根据史籍记载，公元前 3 世纪活动于大渡河以南的'和夷'部落，可能就是今天哈尼族的先民。"[①]

《哈尼族简史》说："哈尼族是我国西南边疆历史最为悠久的少数民族之一。《尚书·禹贡》记西南民族有'和夷'，这虽不是某一民族的专称，但无疑包括有'哈尼'的先民。"[②]

《云南少数民族》一书说："从哈尼族历史及其由北往南迁徙的路线来分析，公元前 3 世纪，和夷所居的今大渡河之南、雅砻江之东所源出的连三海周围，或大渡河与金沙江交汇地区，可能是哈尼族传说中的'努美阿玛'发源地。"[③]

这三说的可贵处，在于提出了"和夷"与哈尼族先民有关联的可能性，但均因缺乏具体论证，使得这种联系始终未能确定。出现这种状况的原因很明显：史料匮乏。

仅仅依靠汉文典籍的查考，只能从断简残编中获得一些支离破碎的印象，却无法科学地严密地做出论述，这在我国少数民族历史、文化、文学、哲学、宗教等学科的研究中，已越来越成为严重的问题。"失之于朝，求之于野。"我们当放开眼界，另辟蹊径，从大量的田野调查中，从广泛流传于本民族群众的口碑和文学记载中获得新的材料，探索新的途径。

近年来，笔者因工作之故，对哀牢山区的哈尼族文化做过一些调查，1981—1982 年，在红河州元阳县攀枝花区洞铺寨发掘出一首长达 5000 余行的史诗，其中对哈尼族的发源及漫长迁徙历史做了详尽地描述，反思之后，顿悟到诗中所述哈尼族先民的史迹与《尚书·禹贡》所记"和夷"关系甚为密切，或者说，这部史诗与哈尼族传统文化调查中的若干材料，竟是解开"和夷"谜团的钥匙。

这部史诗经翻译后，以《哈尼阿培聪坡坡》（即《哈尼族祖先的迁徙

---

① 国家民委民族问题五种丛书编辑委员会编：《中国少数民族》，人民出版社 1981 年版，第 334 页。

② 《哈尼族简史》编写组：《哈尼族简史》，云南人民出版社 1985 年版，第 1 页。

③ 云南省历史研究所编著：《云南少数民族》，云南人民出版社 1983 年版，第 82 页。

云南文库·学术名家文丛

史》，以下简称史诗）的题名由云南民族出版社出版（1986 年），即是本文的主要研究对象。

鉴于多数读者对史诗还不甚了解，为避免无的放矢，特将史诗内容简介于下：

全诗分为七章，叙述哈尼族祖先诞生在遥远北方的"虎尼虎那"高山，山侧有两条大河分流而下：一叫"厄地西耶"，意为"金水奔流"；一叫"艾地戈耶"，意为"清水流淌"。祖先们由类似螺蛳、蜗牛、蜂子的小动物演化成直立行走的人，最早的人祖"塔婆"生出 77 种人，即是今日各族的先祖，塔婆实际上是高山的象征体，因为 77 种人分别由其头、顶、肩、胸、腹、腿直到手、脚指甲上生出，哈尼族祖先生在"肚脐眼"里，逐渐学会采集、狩猎、捕鱼和用火。后因当地食物减少，他们渐次南迁，在"什虽湖"边学会了饲养、牧放牲畜和始祖谷类"草籽"的栽种，但因森林起火，失去食物来源，又南移到"嘎鲁嘎则"，与南方稻作民族"阿撮"交往，接着又迁到雨量充沛、土地肥沃的"惹罗普楚"，第一次安寨定居、开发大田，成为以稻谷栽种为主要生产方式的农耕民族。许多代后，惹罗普楚瘟疫流行，啥尼族祖先又南渡湍急的诺马河，在两江环流的诺马平原安居。诺马平原水土丰沃，为稻作生产提供了优厚的自然条件，哈尼族的生产发展到一个相当高的水平。外族"腊伯"觊觎哈尼族肥美的家园，双方经过射箭、燃放烟火等竞赛，演为大规模战争，哈尼族因武器落后，战败南迁到海滨平原"色厄作娘"。三路迁徙队伍中，两路失去联络，主要队伍在"色厄作娘"逗留过一段时间，又东移至"谷哈密查"，在这里居住了相当长时间，人口、物质生活资料大大增长。当地的"蒲尼"惧于哈尼族发展的迅猛，用武力驱赶哈尼族，双方爆发了哈尼族古代史上规模最大、最残酷的战争，由于大头人妻子（蒲尼头人之女）的出卖，哈尼族又复失败，而经"那妥""石七"，渡红河，南入哀牢山区，从此凭高守险，开拓不毛，繁衍子孙。

结合这部史诗，歌手朱小和向笔者讲到哈尼族中几句经典性的话：①"那突德取厄玛"（有盐的大湖）和"虎尼虎那岩活"（红黑石头交错的大山洞）是哈尼族祖先最早发源地。②"哈尼书嘎惹罗普楚"（哈尼族最富庶的是惹罗大寨），这时又有"佐斗阿烟索帕阿扎"（头人和他的姑爷佐斗是最能干的工匠)、"厄底果都阿玛"(果都之母厄底是把旱谷变成水稻的专家),"咪独函海乌斯"(卷起裤脚开发大田的人)和"罗陶阿卡牙依"(向螃蟹学会开沟引水的人),即此时哈尼族已会种植水稻,并解决了开田、引水等一系列稻田作业技术问题,又有了工匠,财富骤增。③"哈尼诺马阿美"(哈尼族的诺马河平原)。④"色厄作娘"(色厄大海边的平地)、"色鱼哈尼密比"(哈尼分得的色鱼大海边的好地)。⑤"谷哈密查"(埋藏三尖叉的地方——哈尼族在谷哈埋下武器以示和平友好之地)。"哈尼谷妥约玛,行辖乔匹匹策"(哈尼在谷哈地方有了6000户人家,其中800户在城里住不下,在城外边搭起偏厦住)。⑥"那妥""石七"(南下途中两地名)。⑦"哈尼沙艾尼阿多、罗比、罗铺、搓罗"(哈尼族在红河南岸最好住的地方是尼阿多、罗比、罗铺、搓罗)、"搓罗多各哈尼麻纠"(搓罗以下就没有哈尼族了)。这是对哈尼族整个历史进程的高度概括。

现在,让我们参证这些材料和有关民俗调查,对"和夷"的出现、发展过程做一探索。

二

《禹贡》"华阳"条为:

> 华阳黑水惟梁州,岷、嶓既艺,沱、潜既道,蔡、蒙旅平,和夷底绩。厥土青黎,厥田惟下上,厥赋下中三错。厥贡璆、铁、银、镂、砮、磬、熊、罴、狐、狸、织皮。西倾因桓是来,浮于潜,逾于沔,入于渭,乱于河。

其中把"和夷"所居的地理位置、治理山川的功绩、田亩的土质、赋等、贡类,以及入贡京都所经由的路线,说得十分清楚。

然而对"和夷"一词,历代学者所指不同。

王世舜注"和夷"为:"和,可能指泷水,即今之大渡河。"译文:和夷即"和水一带的民众"。南宋毛晃《禹贡指向》"和夷底绩"下注为:"和夷——西南夷"。北宋苏东坡也注为:"和夷,西南夷名也。"[①] 清代胡

---

① 参见《东坡书传》。

渭《禹贡锥指》注则为："和夷，渽水南之夷也。"

若按王世舜所说，和夷为"渽水①—带的民众"，则大渡河自川南高原北部奔泻而下，两岸山高谷深，何来"厥土青黎"的田亩可供交纳"下中三错"的赋税？且这一带也无"璆铁银镂砮磬"之属可以为贡，地形地物均不符。若按胡渭所注，和夷为大渡河南岸的少数民族，则所指过泛，整个川南、滇北、滇东北诸多少数民族尽在指中。苏东坡、毛晃所注，和夷即西南夷，则又易于含混，因为"西南夷"历来有两指：一为司马迁《史记·西南夷列传》所说，"西南夷君长以十数，夜郎最大"，其中"西南夷"指以夜郎为最大的十数君长部落；二是中国西南地区少数民族的泛称，因而"和夷——西南夷""和夷，西南夷名也"，不知云何。

笔者认为，"和夷"当指哈尼族先民而言，现从以下几个方面分析：

①"和夷"非指"和水一带的民众"，而指居于半山区的哈尼族先民。樊绰《蛮书》卷5载："渠敛赵（今云南省大理白族自治州凤仪县境）西岸有石和城，乌蛮谓之土山坡陀者，谓此州城及大和城俱在陂陀山上故也。"同书卷8又云："（乌蛮语）谷谓之浪，山谓之和，山顶谓之葱路。"据笔者调查，今元阳、绿春县一带的哈尼族称山为"和"（xno^{44}），大山为"和天"（$xuo^{44}t^1i\varepsilon^{44}$），山顶为"和路"（$xuo^{44}Iu^{44}$）。二者相较，山谓之"和"相同，山顶谓之"葱路"，与哈尼语"和路"稍舛，亦可通，可知樊绰之言不谬。"夷"为中原民族对少数民族的称呼，前引"崌夷""淮夷""岛夷"即是，故"和夷"为半山区居住之少数民族。

哈尼族世居半山区，对此，史诗在描述哈尼祖先诞生时，有着十分形象的描写：

> 塔婆（指祖母）是高能的女人，
> 她把世人生养。
> 在她的头发里，
> 生出住在高山顶上的人；
> 在她的鼻根上，
> 生出在高山上骑马的人；

———————

① "渽水"，见王世舜《尚书译注》，四川人民出版社1982年版。

…………

 塔婆生出的孩子里，

 她最心疼的是哈尼；

 哈尼出生在肚脐眼里，

 祖祖辈辈不受风霜。①

哈尼族第一次定居于惹罗，那对定居的山形地势有特殊要求：

 从此哈尼不像雾露飘荡，

 安寨有了惹罗的式样！

 上头山包像斜插的手，

 寨头靠着交叉的山冈；

 下头山色像水牛抵架，

 这是寨子歇脚的地方。②

 聚居在哀牢山区的哈尼族，直到今天，在建立新寨的时候仍然依照史诗中描述的模式选择山形地势，严格遵守山居的古规。大量民俗调查材料也证明了这一点：

 哈尼族多住半山腰，依山势建立村寨。③

 哈尼族大都居于山区和半山区。村寨多建在朝阳的山腰地带，周围有翠竹和层层梯田环绕。④

 因为山顶气候凉，山脚气温高，我们哈尼族一般居住在温和的半山腰上，远远望去，星罗棋布的寨子，梯田环绕，棕榈挺拔，绿绿葱葱，犹如一幅美丽的图画。⑤

 ②"和夷"同于哈尼族历代的称谓。关于哈尼族的早期称谓，除"和夷"外，见于记载的，是初唐宰相张九龄所撰《敕安南首领爨仁哲书》提

---

 ① 参见《哈尼阿培聪坡坡》第一章，云南民族出版社 1986 年版。

 ② 参见《哈尼阿培聪坡坡》第三章，云南民族出版社 1986 年版。

 ③ 参见《中国少数民族》，人民出版社 1981 年版，第 332 页。

 ④ 《思想战线》编辑部编：《西南少数民族风俗志》，中国民间文艺出版社 1981 年版，第 143 页。

 ⑤ 王正芳（哈尼族）：《哀牢山区的哈尼族》，《红河》总本第 9 期。

到的"和蛮大鬼主孟谷悮"和《新唐书·南蛮传》所说"显庆元年，西洱河首领杨栋附显、和蛮大鬼主王罗祁……"中的"和蛮"，嗣后历朝虽因时异号，但大致不改意义。总其类有：和蛮、和泥、禾尼、窝尼、倭尼、俄尼、阿尼、哈尼、斡尼、阿木、罗缅、糯比、路弼、卡惰、毕约、惰塔等。民间自称主要有：哈尼、豪泥、黑泥、和尼、僾尼、碧约、白宏、哦怒、阿木、多泥、卡别、海尼等等。这些称谓中的"和""禾""窝""俄""倭""斡""阿""哈""豪""黑""卡""海"等，基本上从"和"（xuo⁴⁴）音，其义大致从"山"；而"泥""尼""比""弼""别"等，基本从"夷"（i³¹）音，义为"人"。合而言之，即是"山居的人"。从历史称谓和民族自称的连续性、稳定性来看，找不到任何一个民族比哈尼族更吻合于《禹贡》所载的"和夷"。

③"和夷"与哈尼族先民同为半山区稻作农耕民族。哈尼族是典型的半山区农耕民族，尤以水稻栽种作为其主要的生产方式，史诗从第三章"惹罗普楚"起，每一章均用极大篇幅叙述哈尼族祖先如何在各地"开发大田"，他们完善了垦殖梯田的一整套技术和经验，有了水稻专家"厄底果都阿玛"、开田能手"咪独函海乌斯"和水利专家"罗陶阿卡牙依"（见前引），因此，他们"一蓬谷子收得九碗"（史诗第三章），过上了丰衣足食的生活。据笔者调查，哈尼族的所有传统史诗和神话传说，都鲜明地记载了哈尼族作为半山稻作民族的特点。如创世史诗《窝果策尼果》中讲到天地开辟时，天神杀翻"查牛"（土牛）弥补天地万物，取牛眼做星星月亮，以牛皮绷作天空，牛毛为森林草莽，牛腿做支撑天地的大柱等等；历代哈尼族祭师在过大年（六月年）和送葬时，必杀牛祭祀天地神灵，此风延续至今。牛作为农耕生产最重要的生产工具，受到哈尼族特殊的器重，以至将其神化，举为通达天人神界的灵物，这是十分强烈的稻作农耕民族的意识理念。

"和夷"的生产方式在《禹贡》中没有记载，前引"华阳黑水"条不足百字的短叙，是概述夏代九州之一梁州的山川地理、土壤贡赋等情况的，所幸的是，出自春秋战国时期的《山海经》却提供了一些有价值的资料，其《海内经》中记载道：

> 西南黑水之间，有都广之野，后稷葬焉。爰有膏菽、膏稻、

膏黍、膏稷，百谷自生，冬夏播琴。鸾鸟自歌，凤鸟自舞，灵寿实华，草木所聚。爰有百兽，相群爰处。此草也，冬夏不死。

"西南黑水之间"的"都广之野"，即以雅砻江、安宁河环绕的冲积地带为中心的今四川省西昌地区和凉山彝族自治州境（详见后考），这片地区在春秋战国之际就有"膏菽、膏稻、膏黍、膏稷"了。"膏"者，郭璞注曰："言味好皆滑如膏。"可知是一个农耕民族（尤以水稻耕作为重）聚居的、生产相当发达的地区，与《禹贡》所载"厥土青黎，厥田惟下上，厥赋下中三错"的土质（黑壤）、田等（七等）、赋类（八等）情况相映照，可知"和夷"也是一个农耕层次相当高的，而且是能够开田种植水稻的民族，这与史诗和现实中的哈尼族是十分吻合的。

三

依《禹贡》记载，"和夷"聚居于古九州之一的梁州。梁州的四至是：华山之阳（山南为阳）为其东北界，"黑水"之经为其西南隅，境内有岷山、嶓象山、蔡山（胡渭以为峨眉山）和蒙山，纵贯其境有沱江、潜水，大体包括自今陕西省东南部到四川省西南部这一片地域。然而由于历来对"黑水"一地争论不休，因此古梁州的西南界始终确定不下来。因为"黑水"关系到"和夷"的居处位置，我们不能不详加考证。

"黑水"一词，持异见者甚众，归结起来有以下几说：一是张掖河即黑水说，孔颖达《书经正义》主此说；二是大通河即黑水说，《括地志》主此说；三是党河即黑水说，班固《汉书·地理志》主此说；四是丽水即黑水说，樊绰《蛮书》主此说；五是澜沧江即黑水说，李元阳《黑水辨》主此说；六是西洱河即黑水说，程大昌主此说；七是怒江上源哈拉乌苏河即黑水说，陈澧主此说；八是黑水、弱水皆不存在，只是上古传说中假想的水名说，顾颉刚主此说。马曜在《云南各族古代史略》（第2页）中认为："彝语称黑为'若'，'若水'就是黑水。雅砻江（诺矣江）、金沙江（泸水）、澜沧江（兰津）、怒江几条大江，都有黑水之意，都是因古代氐羌族群曾居住过这几条江流域而得名。"又可称为"泛黑水说"，是为第九说。

笔者对上述诸说皆持不同看法，而认为"黑水"非虚非泛，亦非其他，而专指雅砻江、安宁河二水而言。

先考地名。雅砻江又称"诺矣江"，史诗记述哈尼族迁进"诺马阿美"之后，即举行最重要的划界活动，向神明标出自己的势力范围，以求保佑：

> 乌木率领着哈尼涉过矣玛大河，
>
> 把嘎鲁嘎则的竹子栽下一蓬，
>
> 大家又来到吾玛河边，
>
> 把大竹的种子埋进地面，
>
> 乌木指着两蓬竹子的中间，
>
> 庄严地划下哈尼的界限。[①]

这里提到两条河的名字："矣玛""吾玛"，史诗注㊌㊍说："矣玛、吾玛为诺马河的两条支流，二流之中就是诺马平原。"据笔者调查，"玛"（ma^{33}）——"诺马"的"马"与"玛"音义相通——哈尼语意有二：一为女性的泛指，如"哈尼玛"（$xa^{31} \eta i^{31} ma^{33}$）即"哈尼女人"，"蒲尼玛"（$pu^{144} \eta i^{31} ma^{33}$）即"汉族女人"等；二为母亲的专称，如"艾扎阿玛"（$\varepsilon^{21} t\int a^{31} a^{44} ma^{33}$）即"艾扎的妈"，"阿威阿玛"（$a^{21} uei^{44} a^{44} ma^{33}$）即"阿威的妈"。"诺"（$no^{44}$）意为"黑色"，"阿美"（$a^{21} mei^{44}$）意为"中间的平地"。"诺马阿美"，意为"母亲之河黑水环绕的平原"，"马"通"玛"，在这里有昵称"母亲般"的意味。那么在这平原两侧的诺马河的两条支流"矣玛"（$i^{44} ma^{33}$）、"吾玛"（$u^{44} ma^{33}$）就可称为"诺矣玛"（$no^{44} i^{44} ma^{33}$）和"诺吾玛"（$no^{44} u^{44} ma^{33}$），"玛"既为附加成分的定语，可存可去，实质就剩下"诺矣"和"诺吾"。"矣"（i^{44}），哈尼语意为"去、流动、滚翻"，"吾"（u^{44}），意为"活泼的、欢快的、有精神的"，于是"诺矣"即为"波浪翻滚的黑水"，"诺吾"即为"活泼欢快的黑水"。从实地考察来看，雅砻江（诺矣江）真是大波汹涌的深色大江，安宁河比它小得多，用"活泼欢快"来形容是很恰当的，二流又归入金沙江，于是"诺"——"黑水"一词就言指二河，亦即"和夷"——哈尼族先民在战

[①] 参见《哈尼阿培聪坡坡》第四章，云南民族出版社 1986 年版。

国之际的聚居地即濒临的河流。

再观察地形。史诗这样描绘"诺马阿美"的地形:

> 睁开眼睛瞧瞧,
> 只见宽宽的平原。
> 一条大水汹涌澎湃,
> 湍急的水流分成两边。
> 大河像飞雁伸直的脖子,
> 平坝像天神睡在中间河
> …………①

诺马河像大雁前伸的脖子,分为两流环围着身子样的平原,这地貌恰似一个"V"形。查雅砻江、安宁河环绕的四川省冕宁、西昌、德昌、米易四县、市地形,与雅砻江、安宁河下游合流直注金沙江的整个地形,也恰是一个由北向南的"V"形,与史诗的描摹竟如此契合,更使我们相信"诺马阿美"就是雅砻江、安宁河环绕的冲积平原地带,而"黑水"也指此两河,别无他指。

再断时间。关于《尚书》的写作时间,学术界尚未定论,比较公允的看法是在"战国之前",② 即公元前5世纪(公元前475年)以前。《禹贡》中记载"和夷"不但此时已在此地,而且在治理山川方面已有"厎绩",说明他们在此时间之前已到这里,开发了这片土地,成为这里的最早居民——从史诗所述哈尼族在"诺马阿美"的生产能力和社会财富来看,这些活动完全是可能的;由此可知"和夷"在公元前5世纪以前就在黑水——雅砻江、安宁河流域活动了。

明确了哈尼族在"诺马阿美"的区域和时间,等于在时空坐标上找到一个定点,按照史诗所展示的迁徙路线,就可以推出"惹罗普楚""嘎鲁嘎则"的时间和位置。

史诗描述哈尼族进入"诺马阿美"是"在那河水最大的七月,先祖来

---

① 参见《哈尼阿培聪坡坡》第四章,云南民族出版社1986年版。。

② 朱东润主编:《中国历代文学作品选》上编,第1册,上海古籍出版社1979年版,第48页。

到诺马河边"，① 过了河才进入这片地区的，据查，这一描述与地理位置不吻合。哈尼族是向"下方"（南方）迁徙的，诺马河——雅砻江与安宁河——是由北向南流泻的，如果他们"过了河"，则不能进入南北纵向的诺马河平原，要进入这个地区，所过的只应是大渡河中游，西起石棉县，东达峨边县的河段，这段河正是东西向横流，其南正是"诺马阿美"。因此，在这个意义上说，《尚书译注》之"和，可能指浓水，即今大渡河"与"和夷"为"和水一带的民众"有一半的正确性，即"和夷"是南渡和水——大渡河而来的民族。但这"和夷"称谓并非由大渡河而来，它乃是哈尼族先民在大渡河北部地区生活时即已得到，而且它非因滨水而居得名，乃因山居得名，或者说恰恰相反，"和水"（浓水）之名正是因为和夷居住过而得亦未可知。

"和夷"在南渡大渡河之前的生活地区，应当在川西高原与四川盆地交缘的今雅安、峨眉、夹江、洪雅诸县境，以至到靠近四川盆地内缘的蒲江、彭山、新津等地区，因为正是这些既有高山又有平坝的区域，才符合既习居于半山又便于向坝区农耕民族交流的要求，这片地区可能就是史诗中哈尼祖先与"稻作民族""阿撮""摆夷"共居、交往的"嘎鲁嘎则"和"惹罗普楚"，也就是哈尼民族——"和夷"——形成的摇篮。

四

明确了"和夷"和哈尼族的关系，就可以进一步来探讨"和夷"——哈尼族在各个历史时期的情况了。

从史诗所述，可以看出哈尼族的形成和发展明显地分为两个时期，现分叙于下。

① 形成期："惹罗普楚"时期

在这一时期之前，史诗关于哈尼族先民经济状况的描述可归为三类：

a. 狩猎经济

（在什虽湖畔）

老林的绿荫下面，

---

① 参见《哈尼阿培聪坡坡》第四章，云南民族出版社 1986 年版。

　　　　到处望得见哈尼支下的扣子，

　　　　尖尖的山脊上，

　　　　哈尼的围猎声如雷响。

　　b. 初期畜牧业经济

　　　　先祖逮回十七种野物，

　　　　十七种野物闹闹嚷嚷。

　　　　遮姒做成木栏，

　　　　树桩在四方。

　　　　木栏里野猪野马一处吃草，

　　　　木栏里野牛野羊一处游逛。

　　　　…………

　　　　一年二年过去，

　　　　动物分成野生家养。①

　　c. 初级阶段的农业经济

　　　　（哈尼）摘来最饱的草籽，

　　　　种进最黑最松的土壤，

　　　　又去背来湖水，

　　　　像雨神把水泼在籽上。②

　　这三类经济形式交互并用，说明了此时哈尼族先民是一个徙居的、生产方式不定型的、生活不稳定的氏族部落或部落集团，改造自然的能力还远远落后于适应自然的能力。迁到一个适宜狩猎的山林则群集上山，迁到一个适宜游牧的草场则牧放牛羊，迁到一个水土丰沃的平野则栽种稼禾，时此时彼，或同时合三者为一用。这种品类虽多，但不精专的生产方式，无法迅速提高生产力使部落从物质上强盛起来，也无法从社会管理机构上完善起来，因而他们缺乏一个民族最不可缺少的基因——民族的内聚力。

　　但是到了"惹罗普楚"之后，这一状况发生了根本性的变化，由于与

---

① 参见《哈尼阿培聪坡坡》第二章，云南民族出版社 1986 年版。

② 同上。

南方民族融合交流，长时期的漫游式迁徙生活告一段落，哈尼族先民第一次建立了永久性的聚居地——寨子，定居下来，取得了农耕民族必具的第一个条件——稳定。因此，先民们欢愉的心情是可以理解的：

> 老牛忘不记它的脚迹，
> 白鹇不忘记找食物的草场。
> 麂子不忘记出生的岩洞，
> 哈尼不忘记惹罗——
> 那头一回安寨定居的地方！
> 那头一回开发大田的地方！①

在这里他们舍弃了杂合式的猎、牧、农三位一体的生产方式，学会了单一的农业生产方式：

> 大田是哈尼的独生子，
> 大田是哈尼的独姑娘；
> 西斗领着先祖挖田，
> 笑声和沟水一起流淌。②

物质生活的稳定，促使人口迅速增长：

> 一家在不下分两家，
> 一寨在不下分两寨，
> 老人时时为分家操心，
> 头人天天为分寨奔忙。③

在这样的经济基础之上，上层建筑管理部门的分工也开始精细起来，出现了绵延几千年的为哈尼族所独有的政权组织形式——头人、贝玛（巫师、歌手）和工匠（手艺人、技术人员）联合治理机构：

> 寨里出了头人、贝玛、工匠，

---

① 参见《哈尼阿培聪坡坡》第二章，云南民族出版社 1986 年版。
② 参见《哈尼阿培聪坡坡》第三章，云南民族出版社 1986 年版。
③ 同上。

能人们把大事小事分掌。
头人坐在寨堡里，
蜜蜂没有他忙碌；
贝玛天天诵读竹排经书，
哈尼的事书里载得周详；
工匠在溪边拉起风箱，
那里是他发财的地方。①

从婚丧嫁娶到安寨定居等一系列古规古礼也健全起来，形成哈尼族特殊的民族风俗和心理素质。

歌手补充材料第 2 条中说道，这个时期出现了一系列的生产变革，产生了群星般的改革家："佐斗阿烟索帕阿扎"（工匠）、"厄底果都阿玛"（水稻专家）、"咪独函海乌斯"（开田能手）、"罗陶阿卡牙侬"（水利专家）。农业生产方式不但全面实行，而且已经划分出若干精细的专业，有了成套的经营经验和专门人才。在农业生产——今日所谓"第一次浪潮"——巨浪的激涌之下，哈尼族以农耕民族的面貌登上了历史舞台。正因为这个时期对哈尼族来说是一个决定民族历史方向和道路的时期（今日的哈尼族仍然是农耕民族），在他们民族意识的最深层次上，才保留着这样鲜明、深刻的印象：

先祖的直系后裔，
真正的哈尼子孙，
牢牢记住吧，
惹罗是哈尼第一个大寨，
惹罗像太阳永远闪光，
不管哈尼搬迁千次万次，
惹罗是世上哈尼的亲娘!②

① 参见《哈尼阿培聪坡坡》第三章，云南民族出版社 1986 年版。
② 同上。

② 发展期——"诺马阿美"时期

哈尼祖先之离开惹罗普楚是由于瘟疫，此后他们来到诺马阿美。

从史诗的描写来看——"大河像大雁伸直的脖子，平坝像天神睡在中间"① ——"诺马阿美"是一片红河环绕着的冲积平原。由于这一特殊的地理条件，农业生产的两大基本要素——水和肥就得到了巨大的满足——两河环绕，带来了灌溉上的便利，冲积壤中的腐殖质，提供了农作物增产的丰富养料，所以哈尼族在这里以惊人的速度把农业生产发展起来：

> 头年过去，
> 一棵苞谷收得三包；
> 两年过去，
> 一蓬芋头挖得五背；
> 三年过去，
> 一穗红米收得九碗。②

社会财富的积累也日益增加：

> 诺马的哈尼比河沙多，
> 一人省一口，
> 要把腊伯的腰杆压断；
> 诺马的财富比河水旺，
> 一人出一把，
> 要把腊伯的背脊压弯。③

这时哈尼族的社会组织形式发展到了一个新的阶段，出现了"乌木"（u⁴⁴mu³³）——意为"皇帝""国王""天一样大的头人"——这一最高集权统治者，并分出乌木—大头人—小头人—百姓的统治层次。最高统治者"乌木"不但有绝对的统治权：

---

① 参见《哈尼阿培聪坡坡》第四章，云南民族出版社 1986 年版。
② 同上。
③ 同上。

> 哈尼的乌木说出一句话，
>
> 四个头人把头点，
>
> 哈尼的头人说出一句话，
>
> 没有人会来违反。①

而且这一权力由公选、轮换、逐步变为家族承袭制。

集团统治，这在当时的历史条件下是一个伟大的进步，它避免了民族的分裂，有利于人民安定的社会生活，所以这一最高权力家族承袭制和与之并行不悖的乌木——头人、贝玛、工匠联合政治，实际上已形成民族的核心，这标志着此时哈尼族已由形成期完成了向成熟期的过渡。

据史诗所唱，哈尼族"整整十三代"住在"诺马阿美"，若以每代25 年为计，则他们在此居住了325 年，加上"惹罗普楚"或许更为漫长的时间，数百年间，已形成了一整套为哈尼族所独有而为他族所不具的，从生产、生活、语言、习俗到文化、心理、意识、性格等等方面的特点，形成了屡经挫折和流离，但终不分裂、终不变更的民族内聚力量；正是凭持着这股力量，使直至今天仍然散居在红河、思茅、西双版纳、澜沧、玉溪、楚雄这一广大地区内的哈尼族（106 万人，据1982 年统计）和散居在境外越南、老挝、缅甸等国的近百万哈尼族，都承认自己是哈尼族，都承认他们有着一个共同的祖先。

据史诗记载，哈尼族在诺马阿美不但有了必需的物质生活资料，而且有了剩余物质，商品贸易也随之出现：

> 腊伯的乌木派出大队马帮，
>
> 过山过水来到诺玛河边，
>
> 腊伯用五彩的丝线换走哈尼的红米，
>
> 又用亮亮的金银换走哈尼的白棉。
>
> …………
>
> 摆夷的头人也派来牛帮，
>
> 叮咚的牛铃整天不断。②

---

① 参见《哈尼阿培聪坡坡》第四章，云南民族出版社1986 年版。

② 同上。

参照《禹贡》和《山海经·海内经》的记载，上述情况的产生是完全可能的，因为和夷就在这"西南黑水之间"的"都广之野"耕种出"膏菽、膏稻、膏黍、膏稷"，采矿、冶炼和手工业也发展起来，有了上贡的"璆（美玉）、铁、银、镂（高硬度金属）、砮（可做箭镞的石头）、磬（乐器）"，而且在治理山川方面有了可以向梁州统治者报捷的成绩（厎绩）。

史诗第四章多次讲到，哈尼族的贸易活动不单在民族内部进行，而且有了跨民族、跨区域的拓展，东方是"腊伯"赶着"大队马帮"来，南方是"摆夷"赶着"大队牛帮"来，商品交易十分活跃。恩格斯在分析雅典国家生产的条件时说："生产是在极狭隘的范围内进行的，但生产品完全由生产者支配。这是野蛮时代的生产的巨大优越性，这一优越性随着文明时代的到来便丧失了。"[①] 大规模的商品交换，使生产品由生产者直接支配变为由他人支配，产品变成了商品，这证明，"诺马阿美"时期——公元前5世纪的"西南黑水之间"——的哈尼族（"和夷"），已临近野蛮时代的边缘，无论精神和物质都正跃动着，准备跨进文明时代的门槛。

五

"和夷"在雅砻江、安宁河流域居住了一个相当长的时期后，因与异族纷争，战败南迁，这是"和夷"（哈尼族）形成之后第一次重大行动，它影响到整个民族的历史方向和道路，史诗第四章以近千行的篇幅对这一民族大迁徙的原因、经过和路线做了细腻的描述，其表述深细精到，形象刻画得鲜明突出，情感抒发得跌宕深沉，使我们相信历史上曾发生过这一事件或类似事件。

迫使哈尼族迁离的民族是"腊伯"。

这一时期与哈尼族毗邻并交往频繁的民族，史诗说是"摆夷"和"腊伯"。"摆夷"是夷越，即今壮傣语族先民，史诗称他们与哈尼族世代友好，是好心的"摆夷"，而对"腊伯"，则因其对哈尼族取敌对态度，史

① 参见《马克思恩格斯选集》第4卷，人民出版社1972年版，第108页。

诗称之为"吃血的豺狗""吃米的老鼠"，①但不论是敌是友，哈尼族都曾与之交往，并受其文化的显著影响。本书着重论述直接使哈尼族离开"诺马阿美"的"腊伯"与哈尼族的关系。史诗说："哈尼族在诺马阿美居住了十三代"，这时间大约为 325 年。我们由前已知《禹贡》成书约在公元前 5 世纪，所述"和夷"在"黑水""底绩"之事当在此前及同时，由此看来，则公元前 3 世纪至公元前 1 世纪，"和夷"（哈尼族）还在其地生活。

关于这个阶段西南少数民族的记载，历史学界通行的看法，最早的应是司马迁《史记·西南夷列传》，自然，这一观点不含上面我们对《禹贡》及《山海经·海内经》的论述在内。司马迁《史记》成书于汉武帝征和元年（公元前 92 年），但他"少而好学"，20 岁后即踏勘全国，履及西南。他生年为公元前 145 年，壮游之岁在公元前 1 世纪下半叶，闻见之事的发生或在当时，或在此前，因而《西南夷列传》内也应包含着对"和夷"的记述。

《史记·西南夷列传》说："西南夷君长以十数，夜郎最大；其西靡莫之属以十数，滇最大；自滇以北君长以十数，邛都最大；此皆魋结，耕田，有邑聚。"这便是当时"巴蜀西南外蛮夷"中农耕民族的集中之地。此中的"邛都"范围包括了今四川西昌专区和凉山彝族自治州，"和夷"所在的雅砻江、安宁河流域正当其腹心之地，因此"和夷"当在"邛都"之内。按西汉郡治，邛都在越嶲郡治内。越嶲郡北接蜀都，南毗益州郡，东连犍为郡，故"和夷"影响所及，当达此数郡中，反映在史诗中，就是南方的"摆夷"和东方的"腊伯"来到诺马阿美。《史记·司马相如列传》云："南夷之君，西僰之长，常效贡职，不敢怠堕。""且夫邛、筰、西僰人之与中国并也，历年兹多，不可记已。"《索隐》曰："西夷邛僰。"查《水经·江水注》"僰道县"条下云："本僰人居之。"按：僰道县即今四川宜宾县，西汉时为犍为郡治下，秦汉时系僰族主要聚居区。哈尼称"腊伯"为"像老虎一样厉害的人"，"伯"（pr³³）、"僰"（po³¹）同音，故史诗中的"腊伯"，当指犍为郡治内僰县的僰人，史诗又说他们来自东

---

① 参见《哈尼阿培聪坡坡》第四章，云南民族出版社 1986 年版。

方，宜宾县正值西昌、凉山之东，地望、族称皆宜。另从《史记·索隐》所说"西夷邛笮"来看，邛都一地亦有僰人，所以僰人是与哈尼族来往密切的"腊伯"。

据尤中分析，"当时汉族中的统治阶级把西南各族称为'蛮夷'。'蛮'字从'虫'，以其采食虫鱼之故；'夷'字从'弓'，因为他们是狩猎民族。都是歧视他们的经济、文化落后。唯独对'僰'则以其'有人道，故字从人'。他们是'蛮夷'中经济、文化发展水平较高的部分"。① 史诗对这一情况的反映是，"乌木的姑娘爱上了漂亮的男人（'腊伯'的小伙子），丈夫的话像点水雀一点一点，她走拢各位头人，为腊伯说话申辩"。② 这当然不仅仅是因"腊伯"小伙子"漂亮"，引动了乌木女儿的芳心，主要原因恐怕是"腊伯"文化上的先进，使她萌生了爱慕之情，于是一反"哈尼女人不该多话"的惯例，在头人面前为自己的"腊伯"丈夫辩白。对"腊伯"先进文化的描写史诗多处都有述及，如他们有"高高的大城"，有"五彩的丝线"和"亮亮的金银"，兵器精良锋利，铁剑像"剃头刀一样快"，铁箭"像尖刺一样硬"，为人狡黠多智，以至在放烟火、射箭比赛中巧取哈尼乌木，最后文武并用，将哈尼逐出诺马阿美家园等等。文化上的不敌，是哈尼族败北南移的重要原因。

另外，僰人是一个商业发达的民族，商品经济远较哈尼族为优，因此哈尼族在经济斗争中也吃了败仗。《水经·江水注》云：僰人"秦纪所谓僰僮之富者也"。盖于秦时，僰人广罗"僰僮"，经过一番调教，使其成为有文化又善解人意的"商品"，向中原地区大量出售，由此成为巨富。被当作商品卖出的"僰僮"，多是一些极为贫困的下层僰人的孩子，由此看出秦时僰人已进入奴隶社会阶段，自然比尚处于原始社会末期、正待步入奴隶社会之门的哈尼族先进。对僰人这一方面的属性，史诗做了极深地充满仇视地描写。先是他们巧取豪夺哈尼族的货物：

> 腊伯来时马背凸得像个虾子，
>
> 　走时就像母猪的肚子掉在下面；

---

① 尤中编著：《中国西南的古代民族》，云南人民出版社1980年版，第17页。
② 参见《哈尼阿培聪坡坡》第四章，云南民族出版社1986年版。

> 做起生意又恶又滑，
>
> 好像乌鱼朝泥巴里钻，
>
> 哈尼摇着手说："麻卡麻卡！"（不行不行）
>
> 腊伯说："卡呢卡呢！"（行呢行呢）
>
> 边把头点。①

商业竞争还不是奴隶社会的特产，铁与血才是奴隶社会的标志。商品贸易之后，"腊伯"骤兴干戈，强占哈尼家园：

> 水急的诺马河，
>
> 漂起数不清的死人死马，
>
> 宽大的诺玛坝，
>
> 哈尼睡平倒光！
>
> 七千个女人变成寡妇，
>
> 七千个小娃望不见爹娘，
>
> …………②

于是哈尼族只得迁离诺马阿美。

关于僰人的居处，《水经·江水注》云："其邑，高后六年城之。"僰人在西汉吕后六年（公元前 182 年）在宜宾筑城，即史诗中所谓东方"高高的大城"。宜宾濒临金沙江、岷江、长江交汇点，顺长江而下可达重庆，溯岷江而上可抵成都，沂金沙之流，又可济绥江、雷波、水善、金阳诸县境，利尽犍为、越巂、蜀三郡，故《史记·司马相如列传》说"邛筰西僰之中国也"，因"西僰"有着强大的经济实力，才有此言，而僰人也正是倚仗这一优势，倚强凌弱，驱逐了哈尼族。

六

哈尼族迁离诺马阿美的走向为雅砻江、安宁河流域之东南、西南、正南三方，也是史诗所述："哈尼分作三帮……三队人朝着三个方向。"③

---

① 参见《哈尼阿培聪坡坡》第四章，云南民族出版社 1986 年版。

② 参见《哈尼阿培聪坡坡》第五章，云南民族出版社 1986 年版。

③ 参见史诗第五章。

因为正北，是更为强大的蜀郡各族；正东，是业已战胜哈尼族的僰人聚居区；正西的金沙江、怒江、澜沧江纵贯的横断山区，虽然可进而迁占，但其地势一般在海拔3000～5000米左右，山高地寒，不适宜水稻耕作，供其选择的只有纬度渐低、地势较平的东南、西南、正南三方。这三方中，东南方是云贵交接的乌蒙山，其麓是滇东北最大的坝子昭通坝；正南是起伏徐缓的梁王山，山麓是云南最大的坝子昆明坝；西南是白草岭西麓的大理坝子，有鱼米之利。这三个坝子与其嵌接的半山区，一般海拔在1500～2000米左右，正是"四季如春"的温湿地带，更兼这些山区"山有多高水有多高"，气候、水源都适宜梯田耕作，所以哈尼族择地前往。同时，由于食盐对人畜的重要性，也促使哈尼族选择这三向路线迁徙，因其途中多有盐井分布。东南向，从金阳到大关、盐津；西南向，从盐边、华坪到盐井、大理；正南向，更有黑井、永元井、广通、一平浪、安宁等等盐井密布。这星罗棋布的盐井，除供给长途迁徙的哈尼族自用外，还大量倾销各地，换取哈尼族所需物资，因此可以说，哈尼族的南迁是沿着三向展布的盐米之路而行的。

由于这部史诗是原阳县洞铺寨歌手朱小和一人所唱，对其余两支队伍的迁徙情况自然没有叙及，而专在歌唱他的家支所属的一支队伍情况，但是诗中却提供了"哈尼分作三帮……三队人马朝着三个方向"这一重大线索，使得我们得以揣摸其余两支队伍的情况，这正是史诗具有巨大历史真实性的表现。

东南方向。据《明太祖洪武实录》卷140、《云舆纪要》卷73《镇雄军民府》所载，黔西北威宁（乌撒）、赫章、毕节和滇东北昭通（乌蒙）、镇雄（包括其北的芒布）等县，在明代合称"和泥芒布府"，即此一地区以和泥为主要居民。此明时。元时，据《元文类》卷41《招捕》"宋隆济"条下云："大德五年（公元1301年），雍真葛蛮土官宋隆济叛……大德六年正月，官军以隆济九次围攻贵州，粮尽退还。贼邀于花猫、牛场二箐，杀伤甚众，掠去行装、文卷。江头江尾和泥等二十四砦，龙冯蹄一十八村皆叛。"据《哈尼族简史》（1985年版）考证，此"江头江尾和泥等二十四砦"在今黔西北赫章、毕节、大方之间，这正是明代"和泥芒布府"的腹心之地。盖元明之际，滇东北与黔西北部有和泥频繁活动，他们

云南文库·学术名家文丛

当是从"诺马阿美"东渡金沙江的"和夷"了。

正南方向。这一向史料极富，兹举一二。明隆庆（公元1567—1572年）《云南通志》卷4"元江军民府沿革"条载："古西南极边之境，旧名惠笼甸，又名因远部。唐时，南诏蒙氏以属银生节度，徙百蛮苏、张、周、段等十姓以成之；又开威远等处置威远赕，后和泥数侵其地。宋时，依智高之党窜于此，和泥开罗槃甸居之；后梦么徙蛮、阿棘诸部所有。"清乾隆《续文献通考》卷235"元江路"条下云："蛮名威远赕（赕），至元二十五年（公元1288年）改设路……元江路有罗槃（今元江）、马龙、步曰、思么（今思茅）、罗丑、罗陀、步腾、步竭、台威、台阳、设栖、你陀十二部；又有亏容、溪外甸、和泥路（均在红河、元阳）、案版寨（镇源）等名……"明万历《滇史》卷7云："因远部，唐为威远赕，总名和泥，今之元江也。"卷8云："和泥即今之元江，古西南极边境与交、广接壤。"可见，唐、宋、元、明各朝，在今景谷、镇源、墨江、普洱、思茅、元江、红河、元阳、绿春、金平、江城以至越南、老挝、缅甸边境的主要居民是和泥，他们系由"诺马阿美"沿正南（部分为西南）方向迁来的和夷后裔。

西南方向。明隆庆《云南通志》卷3"楚雄府风俗"条说：本府"西南有和夷蛮"。按：楚雄府西南即所辖之南安州（双柏）、镇南州（南华）西南的礼社江上游与哀牢山上段山区。《哈尼族简史》（1985年版）说："俄泥所居邓川州即今滇西洱海东北岸邓川县……大理白族自治州弥渡县属哀牢山区上段，在六七代人以前尚有哈尼族……弥底村附近有'阿泥山'。"[①] 此即哈尼（阿泥）住过的遗名，即在南华、弥渡、邓川等县境，有"和泥""阿尼""俄泥"等和夷后代居住，他们自然也是来自于"诺马阿美"。

以上三条路线因有大量史料可考证，因此较易为历代史家注意，但是史诗本身却十分鲜明地画出第四条迁徙路线：从诺马阿美到色厄作娘，又到谷哈密查，再经那妥、石七，南渡红河进入哀牢山下段山区。亦即从雅砻江、安宁河流域进入洱海地区，再转入昆明坝子，而后南下通海、石

---

① 参见云南省历史博物馆《哀牢山区各族农民反对清政府斗争的文物调查》。

屏，过红河入哀牢山区。这条路线由于它的曲折迂回，为历代史家所难逆料；因为它不是依靠凝固的、散漫的汉文典籍中的只言片语来连缀，而是凭仗亲身参加了这次伟大历史远征的哈尼族人民的口碑史册而存在的。

下面我们按史诗吟唱的章节逐一考证其历史的真实性。

① 色厄作娘。诗中唱道：

> 色厄有个海子，
> 海里翻着波浪，
> 海水又清又甜，
> 大鱼肥猪样胖。
> 大水名叫得威，
> 木船漂在水上，
> …………
> 最大的坝子住着哈厄，
> 脸皮白白像白鸡的翅膀。①

哈尼族对这个地方的记忆有 4 个："色厄作娘""得威""哈厄"和"色鱼"（见歌手补充材料第 4 条）。"作娘"（tʃo³¹ ȵiaŋ³¹）哈尼语意为"大坝子"，"色厄"（sɪ³¹²ɤ⁴⁴）为海名。《史记·西南夷列传》载云："西自桐师以东，北至楪榆，名为嶲、昆明。"《水经注》卷 37 云："汉武帝元封二年（公元前 109 年）……以为益州郡，郡有叶榆县，县之东有叶榆泽，叶榆水所钟而为此川薮也。"明代陈文等著《景泰云南图经志书》卷 5 云：大理府"古名叶榆……汉武帝置叶榆县，隶益州郡。"司马迁所谓"楪榆"即"叶榆"，即西汉"叶榆县"。又《史记·司马相如列传》云："司马长卿便略定西夷、邛、筰、冉駹、斯榆之君臣皆请为内臣。"可知"叶榆"又称"斯榆"，为今大理县一带地名。叶榆县东有叶榆泽，即洱海，后又称"洱河""西洱河"或"西贰河"。从语音对应来说，"色厄"当指"西洱"或"西贰"，即洱海，"色厄作娘"自然是洱海海滨坝子。"色鱼"当指"斯榆"，即"叶榆"——大理县一带。"哈厄"（xa³¹²ɤ⁴⁴），哈尼

---

① 参见《哈尼阿培聪坡坡》第五章，云南民族出版社 1986 年版。

云南文库·学术名家文丛

语意为"住在水边像白鸡样白的人"（见诗注⑧），从肤色较白这点，可知其为今日白族的先民嶲族或昆明族。最后，"得威"（$dr^{31}uei^{44}$）一地，语焉不详，若就语音相近，"得威"急读为"邓"，或云"邓川"也未可知，参照前引"俄泥所居邓川州即今滇西洱海东北岸邓川县"，应言此境为是。从这几个地名，可知哈尼族从诺马阿美迁出后，确曾与白族先民在洱海一带居住过。

② 谷哈密查。"谷"（gu^{31}），哈尼语为"三尖叉"，"哈"（xa^{44}）为"埋葬"之意，"密查"（$mi^{44}t\int a^{31}$）为"地方"，合意为"埋藏兵器之地"。即哈尼族来到此地，为表示与当地民族"蒲尼"和平共处，将作战的兵器埋于地下，于是得此地名。习惯上"谷哈密查"也简称"谷哈"，实指今昆明地区，现今红河南岸哀牢山区哈尼族仍称昆明为"谷哈"，也有称"谷哈密查"的。我们在元阳县哈尼村寨调查时，哈尼族群众得知我们从昆明来，亲热地称我们为"谷哈帕"（昆明人），称我们中的女同志为"谷哈玛"（昆明女人）。

当然，这是哈尼族群众和史诗反映的情况，昆明称"谷哈"别有由来。

《史记·大宛列传》说："于是汗发三辅罪人，因巴蜀士数万人，遣两将军郭昌、卫广等往击昆明遮汉使者。"《集解》云："徐广曰，元封二年。"又《汉书·武帝本纪》云："元封六年，益州昆明反，遣拔胡将军郭昌将以攻击之。"《华阳国志·南中志》云："汉武帝将军郭昌讨夷平之，因名郭昌以威夷，孝章时改为谷昌也。"综合以上材料可知，汉武帝于元封二年（公元前109年）、元封六年（公元前105年）两度击昆明族，此后，为了"威夷"，将滇池岸之昆明族聚居区命名为"郭昌"，后改名为"谷昌"，即今昆明市区。史诗中之"谷哈"（$gu^{31}xa^{44}$）与"谷昌"音不远，且又有哈尼族埋藏兵器之事，于是将"谷昌"之名稍改而称"谷哈"，既有音近，又含和平之意。

哈尼族在"谷哈"生活了很长时间，史诗中说为"七代"，近200年。据天启《滇志》卷2"山川"条下"云南府"载云："阿泥井在城北二十里江头村，环村居民取汲焉。"今昆明市北郊有江头村，但"阿泥井"却因时间过久，已漫不可寻了，但这一遗迹仍为哈尼族在昆明居住过的重要证据。对这口井，史诗中也有描述，而且十分美好：

> 去世的先祖留下古规，
>
> 新地要找新的水源，
>
> 找水要最好看的然密（姑娘），
>
> 她才能跨进水娘的门槛。
>
> 然密打出第一眼水井，
>
> 这就是谷哈出名的清泉，
>
> …………①

后来哈尼族主要队伍离开了昆明，但仍留下不少族人，世代居于昆明地区。据清末状元袁嘉谷《滇绎》载，明洪武时士人程立本曾到滇池东南岸晋宁州，"过峤甸，见禾泥（哈尼族别称）数家，有叟携酒过水，见土酋饮道旁，仆从皆饮酒，尽乃行。有作云：'山断村才见，溪回路欲迷。贩茶非土僚，劝酒是禾泥……'"盖明时晋宁州还有禾泥，并有"土酋"统率其间，从其悠然饮酒、自得其乐的意趣看，其生活是富足的，居处是稳定的。

哈尼族在昆明时对该地区的经济发展有重大贡献，除开田种谷、放牛牧羊、挖掘水井外，还在安宁县打井制盐，远销三迤。元代《圣朝混一方舆胜览》卷中记述说，安宁县"蛮名阿宁"，阿宁即哈尼的别称，县境有"阿宁井"，是出名的盐井，可知哈尼族先民曾于此挖井熬盐。哈尼族在昆明地区兼得米盐之利，与先入主此地的"蒲尼"民族发生了冲突，史诗中说是由争夺神山引起的矛盾，实际是由经济冲突剧演而起，最后诉诸武力，这次哈尼族又失败了。与哈尼族发生冲突的"蒲尼"究为何人不得而知，但"蒲"（p^6u^{44}）、"濮"（p^6u^{31}）音近，"尼"（ni^{31}）意为"人"，"蒲尼"近似为"濮人"。但濮人——百濮族群自战国至汉晋以来多活动于永昌郡，未见其在昆明地区活动记载，不敢妄言他们就是"蒲尼"。若以活动范围论，滇池沿岸在两汉三国时是"靡莫之属"的"滇"族，或其后的"昆明族"，他们可能才是"蒲尼"。

---

① 参见《哈尼阿培聪坡坡》第六章，云南民族出版社 1986 年版。

昆明于武帝元封六年（公元前 105 年）名"谷昌"后，历代沿袭不变。《晋书·地理志》云："建宁郡，蜀置，统县十七：味、昆泽……谷昌，连然①……"可见蜀时仍用"谷昌"之名。《旧唐书·地理志》"剑南道戌州都督府"条下云："昆州，汉益州郡也，武德初招慰置，领县四，与州同置：益宁、晋宁、安宁、秦臧。""武德"时——唐高祖年号，时为公元 618 至 625 年——"谷昌"已改名为"益宁"，而毗邻的"连然"也改名为"安宁"，可知唐初前，哈尼族已离开谷昌他移了。联系到前述的唐时置威远赕，辖内多为和泥居住，又知初唐时哈尼族先民和泥已迁至滇中、滇南，并深入红河南岸哀牢山区，史诗第七章所述已是唐朝初年的情况了。到此，哈尼族（和夷）历史上的大规模迁徙即告结束，在他们面前的，是一个相当漫长而又稳定的和平时期，从此，他们居于深山密林之中，凭高守险，开拓家园，这就是史诗最后一章"尾声"所描述的情况。

和夷问题是十分复杂的，探索起来常令人有困难重重之感，这篇小文的论述仅是初探，尚有待于专家的大著指导。本文的所谓新意，仅在凭借了哈尼族民间广泛流传的史诗《哈尼阿培聪坡坡》和一些亲身调查的民俗资料，从而得以对这个棘手的问题有一点议论，而笔者的内心，却是企图通过对和夷的讨论，以确定这部叙史性极强的史诗的价值。事实证明，史诗（神话史诗除外）的首要价值恰在于它对史实所保留的记忆，世界上著名的例子，便是德国人施利曼的考古发掘证明了荷马史诗所言之不谬，因而弥补了希腊古史中久已被人遗忘的"荷马时代"，这一时代也正是因荷马史诗的描述而得名的。透过这篇浅陋的文字，笔者坚信，哈尼族先民和夷的历史虽已在远古的时空中逝去，但它的足迹仍然在先民们遗传下来的史诗中永驻长存。

[载《云南民族古籍研究》（创刊号），云南民族出版社 1988 年版]

---

① 现在昆明市安宁县仍有连然区，即依古制下沿。

哈尼族的历史分期及文学史分期

任何一个民族的文学发展无不受制于该民族的历史发展，而且在若干意义上，文学的发展史也是这个民族历史的一部分，这在古今中外，似尚无例外。自然也不能因此认为民族史就是民族文学史，这二者间常有因若干参决因素不同而导致相同或相悖的情况，即马克思所说历史发展与文学艺术发展的平衡与不平衡性，但前言所议，是指整体趋向，这大致是没有问题的。

哈尼族的文学发展史应该符合这一客观规律，然而，困难不在文学史规律（包括分期）的难以捉摸，而在于历史的流向，甚至在决定这一流向的族源问题上，至今众说纷纭，这不仅对哈尼族，而且对云南不少民族来说，也是一个争讼多年的问题。源之不明，流自难辩，民族既不知其源，其历史规律、分期又何从论断？历史既弄不清，文学史又复何论？这一串问题颇使治文学史的人深感棘手。于是，编写文学史的人也不得不深入到历史学中去了。

本文拟以文学史的分期为出发点和归宿，而在历史分期——兼及族源、族史进程等——与文学史分期的结合上，对哈尼族做一点探讨，以讨教于方家。

一

对于哈尼族的历史渊源，笔者曾做过探讨，① 现将这些观点做一归纳。

---

① 参见拙作《和夷的嬗衍》，载《云南民族古籍研究》（创刊号），云南民族出版社1988年版。

在民族学和历史学的一些著作中，哈尼族的族源被结论为源自西北高原的"氐羌系统"，如《中国少数民族》中说："公元前 3 世纪活动于大渡河以南的'和夷'部落，可能就是今天哈尼族的先民。'和夷'大约是古代羌人（彝、哈尼等族的先民）南迁的分支。"① 又如《哈尼族简史》说："关于哈尼族的来源……应与彝族同源于古代羌人。"② 再如《云南各族古代史略》说："战国秦献公时，北方的一部分羌族南下到今大渡河、安宁河流域，与原来分布在这一带的氐羌族群会合，它们是今藏缅语各族的主要来源。"③ （按：哈尼族语言归类为汉藏语系藏缅语族彝语支。）而另一部分同志又认为哈尼族纯系云南（尤其是红河地区）土著，与西北高原民族毫不相关，如孙官生《论红河流域是早期人类发展的重要区域之一》（《红河文物》1986 年第 2 辑）说："红河两岸是人类的发祥地之一，今天红河两岸哈尼族、彝族、傣族等少数民族的先民，自古以来就在这片美丽富饶的土地上生存繁衍，创造了独特的、灿烂的'红河文化'。"在哈尼族民间则流传着"青藏高原南迁说""大渡河畔南迁说""洪阿南迁说""南京迁移说"和"湖北湖南迁徙说"等等。以上诸说总体上可分迁徙说和土著说两类，前者多以汉文典籍的稽考为依据，后者多以云南（尤其是红河地区）的出土文物为论证，民间传说多以传统文学中的神话、传说、史诗为据。

民间传说因未经科学论证，难以遽信，只能作为我们探讨问题的印证，姑置不论，这里只就前两说做一些探讨。

此两种各执一端的论点，在笔者看来都有弊病，虽然迁徙说大量征引了文献古籍，土著说罗列了若干考古资料（从腊玛古猿到新旧石器、青铜器等等），但在整体设论上却有两大缺陷：其一，民族理论框架过于狭窄；其二，混淆了民族和种族的区别。

首先，二论都是以斯大林关于民族问题的理论框架为前提进行的。斯大林认为，民族就是"在历史上形成的一个有共同语言、共同地域、共同

---

① 国家民委民族问题五种丛书编辑委员会编：《中国少数民族》，人民出版社 1981 年版，第 334 页。

② 《哈尼族简史》编写组：《哈尼族简史》，云南人民出版社 1985 年版，第 19 页。

③ 参见《云南各族古代史略》，云南人民出版社 1977 年版，第 3 页。

的经济生活以及表示共同文化上的共同心理素质的稳定的共同体。"① 这一理论在几十年内制约着我国民族学及其相关学科的研究，而且被作为唯一正确的指导性理论接受下来。事实上，早在斯大林提出这一理论时，西方的民族学界就没有接受它，而近 10 年来，这一理论在苏联也已受到挑战。西方学者的论点暂不说，仅就苏联著名汉学家、民族学家刘克甫的看法就值得重视，这位学者提出，几乎苏联所有的民族学家现在都认为斯大林的定义有着严重的缺陷，甚至可以说它阻碍了民族理论的发展，因为首先，斯大林说到的民族"四要素"实际不是据以划分民族的文化特征，而民族恰恰是作为一个文化单位而按其文化特征来区划的，这些"要素"中的"共同地域""共同的经济生活"属于民族形成的条件而不是特征。同时"四要素"是作为并列的条件提出的，然而它们在分类学上则分属不同的层次档类，同时也绝不是"只要缺少一个，民族就不成其为民族"（斯大林语）。其次，即使作为民族特征，"四要素"也远未能囊括标志民族的所有特征。而在这若干民族特征中，最根本的一点，亦即规定或影响着其他因素的那一质点，是民族的自我意识，亦即该一民族对唯其独有而为其他民族所不具备（不愿具备或不可能具备）的那一文化特质的自我肯定，它作为文化内核，是该民族独特的价值准则和行为规范，而这一自我意识在心理上的存在是直入民族肺腑深层的，它的外在表现，即是它明确而又统一的自称，一个民族只有在历史上形成了这一自称，这个民族共同体才算是最终形成。②

用这样的观点来观察哈尼族，就可看到其形成有着复杂的参决因素，而不是用单一、单向的族源说可以解释的。"哈尼"是新中国建立后党和政府按照哈尼族人民的共同愿望确定的统一族称，民间自称则有哈尼、豪泥、黑尼、和尼、僾尼、碧约、卡多、多尼、海尼、雅尼、卡别、哦怒、阿木等；他称有哈尼、糯比、糯美、各和、哈乌、腊米、期弟、多塔、阿梭、布都、白宏、布孔、补角、多尼、海尼、罗缅、觉围、觉交、僾尼、阿里卡多、阿古卡多、多卡、卡别、碧约、阿西鲁马、西摩洛、阿木等，

① 参见《斯大林全集》第 2 卷，人民出版社 1953 年版。
② 参见 1987 年 8 月 17 日《理论信息报》和 1987 年 9 月 30 日《文摘报》（《光明日报》社主办）第 6 版有关文章。

见于历代典籍的称谓则有惰塔、翰泥、哈尼、阿尼、俄尼、倭尼、窝尼、禾泥、和泥、和蛮、和夷等。其中最古远的称谓是"和夷"（见《尚书·禹贡》"华阳"条之"和夷底绩"）。这些称谓中的"哈""豪""黑""和""海""雅""阿""翰""俄""倭""窝""禾"，基本从"和"（h）音，其义为"山"，而"尼""泥""夷"等，基本从"夷"（i）音，其义为"人"，合言之，"和夷"无论自称、他称或典籍载称，基本音义都是"山居的人"——山地民族，因此可以认为，最迟在《尚书》形成的春秋战国之际，哈尼族先民"和夷"已作为一个独立的民族见载于史了（这一点，从历代哈尼族居住山区、半山区的特征也可得到印证），[①] 而彼时他们是居住于古梁州的黑水流域，也就是今日四川雅砻江、安宁河流域的。

"和夷"居域的实有性可以从两方面得到证明：其一，流传在哀牢山哈尼族主要聚居区元阳、红河、绿春、金平等地哈尼族民间的迁徙史诗都叙述了这一情况，史诗中称之为"诺马阿美"。笔者曾参证史料和实地调查资料，考证"诺马阿美"即雅砻江、安宁河流域。其二，笔者曾请云南省元阳县哈尼族同志与四川省西昌地区的彝族同志做过语言比较，其一致性竟达70%，在此二绝之区的不同民族中出现如此相同的共语性，不能不说明哈尼族先民与西昌地区（雅砻江、安宁河流域）有过密切联系。另从历代史志所载得知，哈尼族先民曾在大理洱海地区、昆明地区、通海县境、石屏县境内居住过，这些地方在迁徙史诗中被称为"色厄作娘"（或"色鱼作娘"）、"谷哈密查""那妥""石七"，这一情况证明了哈尼族迁徙史诗的历史真实性。

由于汉文典籍所遗留给我们的只是一些断简残编，我们还不能据此清晰地、完整地描绘出哈尼族先民的历史全貌（"和夷"一词亦仅见于《尚书·禹贡》），但是哈尼族由北向南的迁徙趋势和大致路线却在史籍和民族史诗的参证下（更兼有若干民族风俗、语言等等资料的旁证）被证实了。[②] 因此我们确认哈尼族是一个迁徙民族，它的最终形成（史诗叙述说

---

① 从整个西南少数民族的历代称谓看，没有哪个民族比哈尼族更吻合于《尚书·禹贡》之中所载"和夷"，当然"和夷"并非仅哈尼一族之先民，但其中包括哈尼族先民是无疑的。

② 参见《哈尼族简史》（云南人民出版社1985年版）及拙作《和夷的嬗衍》。

"诺马阿美"之前尚有"惹罗普楚""嘎鲁嘎则""什虽湖""虎尼虎那"等地①）至迟是在古梁州之地的黑水流域——今四川雅砻江、安宁河流域，是迄今已知的第一个自称和他称都是"和夷"的民族。

其次，民族并非种族，一种之内可有若干民族，一族之内亦可有若干种存在，种族是以生理为序列的区划，民族则是以文化为序列的区划。迁徙论以"氐羌系统"为哈尼族源，则抹杀了中国所有来自西北高原的民族（藏缅语各族）间的文化区别，土著论以哈尼族系云南古陆原始人类（从腊玛古猿开始的）一脉相传的民族，也同样仅仅把哈尼族作为种族认识，同时这一认识本身也因无法确证从腊玛古猿开始的云南古人类与哈尼族的生理联系而显得难以置信。这一道理是很明显的，从现今生息其地的民族聚居地区发掘出古人类的化石，并不等于这一民族就必然是这些古人类的后裔。元谋地区出土的 170 万年前的元谋人遗骨，与现今居住该地区的民族不一定有着代代相承的关系，因为在这 100 多万年的历史空间中，元谋地区不知曾经几易其主，元谋猿人的足迹踏过几千几万里路程了。在人类历史上，原始人群的迁徙（更不用说民族的迁徙了）是一种常规现象，他们因改造环境的能力极低下，只能迈动两脚，在辽阔洪荒之野寻觅适宜生存的空间，否则，死守一地就难以使种群延续。在这方面的著名例子是 1933 年至 1934 年，由北京（当时为北平）地质调查所在周口店龙骨山山顶洞中出土的 3 个完整的头盖骨，据考古学家魏敦瑞（Weidenreich）分析："这三具头骨，代表三组不同的人种成分，可以分开称为：原始蒙古形（101 号）、美拉尼西亚形（102 号）、爱斯基摩形（103 号）。"即两具女性头骨分属美拉尼西亚形和爱斯基摩型，而一具是老年男性头则属蒙古型，所以当时美国哈佛大学虎藤（E. A. Hooton）教授曾以《讨了一位爱斯基摩太太、一位美拉尼西亚太太的中国老头子》为题发表专论，讨论中国民族文化渊源的多元性。后来凌纯声也认为中国民族虽是类蒙古人种里的一员，但因人类有着悠久的时间足以迁徙各地，"在中国的史前学和化石人类学上，从北京人到现代人之间，还几乎是四五十万年的空白。这一段时间，尽够最早的人类作全球范围的移动"。因此他认为："现在在我们

---

① 参见《哈尼阿培聪坡坡》，云南民族出版社 1986 年版。

体内流着北京人传下的血液，也许是不成问题的；但我们体内的血液中所含其他原人，如爪哇人，海垤尔堡人的血液，未必比北京人的为少；而一个欧洲人的体内，也许有比我们还多的北京人的血液流动。"① 然而欧洲人之不为亚洲民族，亚洲古原人之不为欧洲民族族源也是明白的。所以我们在判断一个民族的源头时，重要的不是人种为何，而是该一民族的文化渊源为何，因为民族总而言之是作为文化单位划分而不是以人种作为单位划分的。

哈尼族先民"和夷"是以半山而居的稻作农耕民族登临历史舞台的，这在哈尼族迁徙诗中做了大量描写，② 然而稻作农耕绝非西北高原民族的特有文化，其文化特征在游牧，即使有农耕也非稻作（尤其水稻耕作，是南方民族的文化特征），由此可知，"和夷"民族在形成之始就具有双向、多元的族源因素，这就是南下的北方民族和北上的南方民族相融合、南方稻作文化对北方游牧文化的改造和更替的因素，具体说，就是北方民族与南方百越民族的融合、百越稻作文化对北方游牧文化的更替。百越民族是云南古陆上的土著民族，这是得到历史学界公认的。因此，哈尼族先民"和夷"及其后裔当有双向、多元的族源，他们是迁徙民族与土著民族结合的产物，单一的（纯迁徙与纯土著的）、单向的（或南来或土著的）族源论是无法解释清哈尼族族源问题的。③

明确了这些问题，我们便可以从整体上把握住哈尼族的历史脉络，分期的问题也就迎刃而解了——其历史阶段基本可分为三段，第一段为从西北高原向滇南迁徙，时间在远古（新旧石器时代起）至隋唐；第二段为定居、开发、建设滇南地区（红河、澜沧江流域），时间在隋唐至 1949 年新中国诞生；第三段，社会主义建设时期，即新中国建立至今。

二

哈尼族的文学除新中国建立前后有一部分系由民间歌手创作的反映现

---

① 凌纯声：《中国边疆民族与环太平洋文化》，联经出版事业公司 1979 年版，第 346、6 页。

② 参见《哈尼阿培聪坡坡》，云南民族出版社 1986 年版。

③ 参见拙作《彝族和哈尼族文化中的南方因素》，《彝学研究》1988 年刊总第 2 期。

实生活的歌谣、故事以及由文人创作的诗歌、小说、散文外，其主体是传统的神话、史诗、歌谣、传说、故事、谚语、格言、童话、祭词等。这些作品与今日意义上的"文学"并非等同，它们不纯是由作家个人心灵发出的叹息和歌吟，而是整个民族文化精神的载体。它们形成如一艘巨船，盛载着哈尼族的整个意识形态，包括宗教、哲学、伦理、社会规范、语言、文学等等，从而对民族的实际生活直接发生着作用。因此，这些作品与哈尼族的历史是息息相关的，它伴随着历史的进程而变幻着形式和内容，它们是历史的直接产儿，而很少有与历史进程相悖逆或不谐调的情况。

比如我们看到哈尼族所有文学作品的一个中心环节（或称之为"文化内核"），就是它们强烈的半山农耕稻作文化品质，无论宗教祭词、神话传说、迁徙征战、情歌颂咏、童谣儿歌、格言谚语——更不用说关于生产劳动的诗歌故事了，都紧紧环绕着这一文化品质进行，这正是北方游牧文化在"和夷"民族形成之始即已被南方稻作文化取代的表征。这一文化更迭的完成、完善是在民族渐行渐南的迁徙过程中进行的，因此文学史的分期也相应地形成了三个阶段：远古时期——部落征战与民族迁徙时期，时为远古至公元8世纪（唐代）；中古及近代——大规模的民族迁徙业已结束，开拓滇南两江流域时期，时为公元8世纪至1949年；社会主义时期，即1949年至今。

下面对这三个时期的文学特点和发展规律做一简括的议论。

（1）远古时期

这是哈尼族历时最为漫长、演变最为剧烈，因而文学发展也最丰富多彩的时期。哈尼族先民自西北高原迁徙南来，历尽艰辛，迤逦川谷，在生存能力十分低劣的条件下，完成了令人惊诧的迁徙壮举。一个民族的迁徙，原因是多种多样的，如哈尼族迁徙史诗《哈尼阿培聪坡坡》《普嘎纳嘎》《阿波仰者》中所说，原因有战争、有疾病、有自然界的巨大变动等等。但是哈尼族先民（与此相类的还有若干藏缅语族先民）为什么不向东、向西、向北迁移，而在千万年之间，出现了向南的整体流向？这应当用恩格斯这句话来解释："一切社会变迁和政治变革的终极原因，不应当在人们的头脑中，在人们对永恒的真理和正义的日益增进的认识中去寻找，而应当在生产方式和交换方式的变更中去寻找；不应当在有关的时代

云南文库·学术名家文丛

的哲学中去寻找，而应当在有关的时代的经济学中去寻找。"① 哈尼族先民南迁的"生产方式和交换方式的变更"导向，主要是南方民族（百越）较之北方游牧民族文化远为先进的稻作文化的吸引，他们正是在全面吸收了这一先进文化并以其更新自己的面貌后，才形成了"和夷"这个民族并不断繁衍的。因此，远古时期的哈尼族文学，有着开创新世纪的非凡气概和朝气蓬勃奋发向上的时代精神，它是在开放型的、吸收力和消化力极强的、革新机制占据主导位置的文学。在这一大的格局笼罩下，此一时期出现了一系列惊人的巨制佳构，分其类有神话、传说、史诗、祭词、谣、谚等等。比如神话史诗总汇《窝果策尼果》（意为"古歌十二路"），在24 000 余行的巨幅中叙述了原始社会生活的林林总总，从天地开辟鸿蒙起始到洪水泛滥兄妹成婚，从安寨定居开田种谷到古规古礼年节祭仪，从婚丧娶嫁生老病死到飞鸟翔鱼万物之源，举凡人类社会的重大文化层面无不详加唱述，因此这部史诗可称哈尼族传统文化的百科全书，事实上，历代哈尼族人民也是依循这部史诗来教化风俗、规范人生的，此诗气势雄阔，风格遒劲，语言古朴，意境神奇。其说宇宙初启，只有巨鱼活动于茫茫海中，巨鱼生出天地日月之神、人神和海神，诸神又来创造天地万物，万物皆备，然而缺乏生气，诸神又杀倒神牛，肢解其四肢五官以化生万物：头为天，肉为地，皮为地表植被，双目为日月，牙为星辰……巨鱼、神牛是具有南方特征的文化质点，这些描写反映了南方文化特有的价值观和审美旨趣。

另外，哈尼族上千年的迁徙历史也凝聚成恢宏壮丽的迁徙史诗，这种史诗专以记载民族的历史进程为主旨，各个支系均有流传，只是带有各支系特点而已，其中最完整、最有史料价值和艺术价值的，是元阳歌手朱小和演唱的长达 5000 余行的《哈尼阿培聪坡坡》（意为"哈尼先祖的搬迁史"）。此诗以写实的手法录载了哈尼族在各历史时期的生活状况，对民族大迁徙的原因、路线、途程，以及在各迁居地的社会生活、生产、习俗、与毗邻民族的关系等等，均有细腻的描述，因此它是哈尼族人民的"史记"，同时又因其具有高度艺术感染力，在哈尼族乃至整个中华民族的文

---

① 恩格斯：《反杜林论》，人民出版社 1970 年版，第 264 页。

学史上应是享有盛誉的杰作之一。① 这部史诗于 1986 年由云南民族出版社出版，它的出现引起了史诗学界的新思考：过去的史诗仅分为英雄史诗与创世史诗两类，然而，这部史诗提出的问题是，史诗分类应以英雄、创世、迁徙（或叙史性）史诗三类并列。

稻作农耕使哈尼族社会物质生活资料日渐积多，相较于游牧时期更加安定的生活使社会组织机构趋于完善健全，在"诺马阿美"之前的"惹罗普楚"已有头人、工匠、贝玛（祭师）三位一体的权力管理组织，到了"诺马阿美"，更出现"乌木"（"天一样大的头人""王"之意，实为部落联盟酋长），这标志着哈尼族社会权力的高度统一集中，社会组织力量更加强大。此时有了专司宗教祭仪的主持人"咪谷"和专司宗教经典记诵传授职能的"贝玛"，在此背景下产生了宗教大全《赫遮其洼朵》（直译为"退鬼账万言"，意译为"祭词一万句"），其中囊括了宗教祭祀活动的大部分诵词卜咒，而在实质上体现着哈尼族的人生哲学。

在这一时期，哈尼族经历了形成、发展、转折三个阶段，也就是迁徙史中所唱的"嘎鲁嘎则和惹罗普楚"—"诺马阿美"—"谷哈密查"三阶段。在此期间，哈尼族接受并将南方稻作文化加以融汇，形成了为哈尼族独有的半山稻作文化，而与百越的坝区、河谷地区稻作文化相区别。同时，哈尼族从人口、经济、意识形态诸方面，都由弱小走向强盛，由单薄走向丰富，由幼稚走向成熟，只是在其发展的高峰期（谷哈密查）受到异族强大军事力量的挤压，民族元气遭受摧挫，不得不南渡红河，深入哀牢山腹地，从此凭高守险，开辟不毛，繁衍后代。

这一过程在文学形态上的反映，便是形成以一个主题、多部作品和众多短小之作渐向一部巨构聚积为特征的样式演变。如前述之神话史诗总汇《窝果策尼果》（意为"古歌十二路"——像十二条道路通向四面八方），其实并不以"十二"分章，通常的演唱以二十四章进行，实际"十二""二十四"亦仅是概数词，极言其多而已。在这一大作存在的同时，另有若干与之内容相关但又独立成篇的短小歌章存在，如《洪水荒年歌》《敲

---

① 笔者在《哈尼族迁徙史诗在中国文学史上的地位》（载《红河文学》1989 年第 6 期）一文中，将此诗与汉族先民系列迁徙史诗《诗经》中的《文王》《公刘》等六诗相比较，以鉴出其在中国文学史中具有其他史诗无法比拟的价值与地位。

铓打鼓》《请能人歌》《安寨》《苦扎扎调》《砍倒天不亮的大树》《杀牛补天地歌》等等，它们各具其特点，各赋其体制，各成其面貌，相辅相成而不相排斥取代。这一情况也反映了鸿篇巨制系由短章小韵构架而成的特点，自然，这当中代表性的是长篇，那正是哈尼族文学成熟的标志，是其民族成熟强盛条件下的产物。

（2）中古和近代

哈尼族进入红河和澜沧江流域之后，经历了一个长达千年的和平、宁静、封闭、保守、单一的稳慢而均衡的发展时期，这一时期在生产、生活、精神等方面都平稳地进展着，但是远古之世那种奋发有为、踔踔而前的开创新天地的气势和魄力也消弭了、隐退了，处处讲均衡、协调、匀称，时时以循古守旧为美之极致，时代氛围是一片无为的沉寂。

这个时期大体又分为两阶段，第一阶段是哈尼族进入两江流域的初期，他们面对的是莽荒古林、急流深谷和随时环伺于左右的强大异族部落，为生存为发展，他们仍然振奋生命的伟力，开辟荆棘，建设家园。远古时期的朝气尚有余存，因此出现了一系列开辟滇南的故事传说和史诗。较著名的是《哈尼先祖过江来》和《普亚佐亚德亚》，前者叙述先祖们南迁中的艰辛与奋作，后者叙述他们到达滇南后，踏遍青山急流，寻觅安寨定居的理想之地，一些部落迅速在今元阳、红河、绿春等县境内建寨安居，一些部落则顺红河南下，直达"小朝地"（今越南境），开发了那里的荒芜之地，成为彼地的创业主人之一，其中一部分因不惯溽热，又返回红河中游地区驻足，这样形成了哈尼族在哀牢山系广大地区分布的格局。这部作品可称为《哈尼阿培聪坡坡》的续篇，现在发现的唱本也以朱小和所唱为完整优美。

生产歌、年节习俗歌和葬礼歌是这一时期的突出创作，这些歌调数量众多，构成几大歌咏群落，它们在社会生活中起着规范性的作用。著名的有十二月生产歌《虎白拉白卜》，它细腻婉转而抒情地按照一年十二个月的次序唱叙农事生产，指点人们按时耕作。十二月习俗歌《奇虎窝玛策尼窝》则按月排列，告诉人们届时节庆。它们所表现的，是一幅融融泄泄、和谐美满的小农安乐图。与宗教紧密联系又带有习俗歌性质的葬礼歌《密刹厄》则以七八千行的大幅，勾勒出冥世人生的巨画，它虽为送葬曲，但哀而不伤，悲而不戚（死者为年高德劭者则诵此曲，横死夭折者不唱），在感忧怀悲的情调中，吟唱着具有巨大历史文化内涵的社会生活内容。

第二个阶段的特点是具有鲜明的阶级内容，哈尼族社会发展不平衡，直到新中国建立前，西双版纳、澜沧等地的哈尼族在外族封建领主统治下依然过着部落生活，红河地区的哈尼族则由封建领主经济向地主经济过渡，而墨江、元江、新平、镇沅等地的哈尼族则早已确立了地主经济。阶级的萌芽，从唐宰相张九龄《曲江集》卷 12 所载："敕安南首领归州刺史爨仁哲、潘州刺史潘明威、僚子首领阿迪、和蛮大鬼主孟谷悮……卿等虽在僻远，各有部落，俱属国家，并识王化。"可知唐时已具雏形。"大鬼主"为宗教、部落首领二位一体的职称，况且彼时哈尼族"虽在僻远，各有部落"，但已与中央王朝有所沟通，阶级意识必然波及。

在阶级压迫之下产生了大批的具有强烈反抗精神的优秀作品，它们的共同特点是走出陈旧文学宗法祖训师承古人的藩篱，以战斗的现实主义精神直诉人间疾苦，追求光明自由，这一新的时代精神的注入，使哈尼族文学上升到新的高度。首先，是脱胎于史诗和故事的叙事诗，这方面的代表作是《阿基洛奇洛耶与扎斯扎侬》（又名《英雄与花朵》），它描写一对青年男女自由相爱，遭受土司迫害而死，死后两人被分别丢进河头河尾，但他们不死的灵魂变成相依相随的鱼儿在水里自由生活，与此相似的还有《妥底玛依传歌》《逃婚姑娘》等等，这一类是悲剧性叙事诗；另一类叙事诗则以抒情见长，介乎叙事与抒情诗之间，其中又杂以风俗，因此又有着风俗歌的特点，这方面的代表作是《喉确摸确确》（直译为"长大后找伙伴"，以《妲耶与央才》题名发表），它叙述一对青年从出生、成长、到情窦初开，到结成伉俪的全过程，其诗虽云叙事，实际并未展开情节，而在时序的推移中，细细描摹着哈尼族青年男女的微妙心态，用一组连续的工笔重彩，绘制成朴野而又真淳的人生风情画。

这个时期的故事，随着社会的进步及生活层面的日趋丰富繁丽，而出现空前的发达，特点在：一是反映的生活面既广阔又细微了；二是品类也区分更细了，如有动物故事、植物故事、生活故事、风物故事、爱情故事、习俗故事、人物故事、寓言故事、幻想故事、马帮故事、矿工故事、机智人物故事等等。此中还有一类极富特色而具有重大社会内容的故

云南文库·学术名家文丛

事——农民起义故事。哈尼族人民不仅受到本族剥削阶级的压迫，还受到汉族剥削阶级的压迫，历史上揭竿起义的事件屡有发生，其中以田四乱、惹达、多沙阿波的起义最为波澜壮阔，如田四乱 1853 年率众 3000 起义造反，奋战三年，队伍壮大，便与李文学义军结盟，拥立李文学为"夷家兵马大元帅"，田为其副，协同作战，控制了哀牢山中段、北段盛产稻谷盐铁的地区，拥有 3 万平方公里的根据地和 50 余万群众，威震滇中滇南广大地区，使清廷受到沉重打击。田四乱起义的故事在民间广为流传，这些故事记载了起义历史，塑造了一系列人民英雄形象，成为历代哈尼族人民反抗阶级压迫的精神武器。

（3）当 代

新中国建立以来，哈尼族社会发生了根本性的变化，人民群众从土司、头人的封建压迫下解脱而出，大汉族主义被党的民族政策所否定，哈尼族人民与其他各族人民一律平等，从奴隶变成自己生活的主人。同时，随着时代的发展，越来越多的新型文化涌入了哈尼族地区，和传统文化发生了撞击，打破了封闭、陈旧、单一的文化状态，尤其是党的十一届三中全会以后，改革、开放、搞活的浪潮冲激着每一个哈尼族村寨，它要求这个古老的民族迅速作出新的文化选择。

历史巨变在文学上的反映的第一个标志，是新中国建立后产生了一大批对党和毛主席的颂歌，这些歌短小凝练，活泼婉转而又感情真挚，表达了人民翻身解放的心灵喜悦。接着出现的是"大跃进"民歌，这些歌远不如新中国建立初期的民歌真切感人，它们是那个浮夸时代的产物。

这个时期最重要的文学变革在三个方面：第一个方面，是传统的文学在新的文化思潮冲击下变换了内涵和功能，如风俗歌（祭祀歌、哭嫁歌、生产歌、送葬歌）的演唱已丧失了往昔的权威性和神圣性，其对现实生活的规范力已渐趋衰弱，当一支婚礼歌在演唱时，聆听它的年轻人已不相信婚嫁之源来自天神的提倡，在很大程度上，他们聆听它，仅仅是为了增加婚礼的热闹气氛，婚礼仪式的举行（尤其那些烦琐的关卡手续）也常常从简，不得不进行时，也只作为增添娱乐情趣的项目。与此同时，民间歌手和业余爱好者们却在创作出一些谐谑的、讽刺官僚主义和不合理现象的新歌，编讲着一些令人逗笑而又含有深义的故事。第二个方面，是涌现了一大批年轻的创笔者，他们在小说、诗歌、散文、理论诸方面都作出了艰苦的探索。近几年有一批作品进入了全国优秀作品的行列，如《十月》《当代》等全国性刊物曾登载哈尼族青年作者存文学的中短篇小说等等。自然，由于哈尼族的当代文学创作仅是开始，尚显稚嫩，但其开笔之初就有这般收获，前景是令人鼓舞的。第三个方面，是大量搜集、深入研究哈尼族传统文学成绩斐然，前面提到的绝大部分作品，尤其是大型的代表性作品，都是近几年搜集到的。在采风中还发现、扶助、培养了一大批歌手，其中有著名的歌手朱小和、张牛朗、杨批斗、麻蒲成、李开明、陈阳则等。在翻译、研究方面则有卢朝贵、李期博、毛佑全、朗确等，其成果或成书出版，或载于各类报刊，在民族文学的继承、发展方面发挥了重要作用。总之，社会主义时期的哈尼族文学正处于崛起大泽的酝酿中，其发展的趋势如何尚难预料，而其将有新的进展，则是可以预见的。

（载《山茶》1989 年第 1 期）

哈尼族文化精神论

一

一个民族的文化精神，往往在其古代文学的代表性种类中得到突出的表述：华夏民族文化精神更多地浓缩在远古神话和先秦诸子的文著中（包括《诗》《骚》）；荷马的史诗则集中体现了希腊民族的文化精髓。哈尼族的文化灵魂，是寄寓在其最为丰富也是最有色彩的神话和史诗中。如果抱着这样的观点，我们就不应对哈尼族（及所有民族）民间广泛流传的、分散杂乱的乃至荒诞不经的神话传说诗歌俚唱抱着轻视的态度，也不应该仅仅把他们看作山野之人的无稽之谈——如历代封建统治者所奉行的群氓思想所认为的那样。① 在我们看来，正是这些不登大雅之堂的民间俚曲和神怪故事，恰恰蕴含着一个民族博大浑雄的文化聚力，也正是这种文化聚力的高涨，才使得像哈尼族这样一个经济薄弱、文化落后的民族，终于走过漫漫数千年的历史之路，战胜了难以逆料的艰难险阻，生存下来，发展起来，一直走到现代文明的今天。

世界各个民族，无论是强国中的主体民族，抑或是弱国中的原始民族，都经历了各自的历史发展阶段。许多民族在历史的推移中由弱而强，或由强而弱，强者之所以强，弱者之所以弱，完全取决于该民族生存机能的大小，亦即他们对苦难、灾害、伤痛的态度和对恶劣环境的适应能力。当巨大的、突然的灾难降临时，这个民族就整个地被命运之神放到历史的铁砧上锻打，他的生死存亡，就取决于它是否具有强健的筋骨和巨大的精

----

① 班固就在《汉志》里顽固地说："闾里小知者之所及，亦使缀而不忘，如或一言可采，此亦刍荛狂夫之议也。"从而把民间的创作统统斥为割草打柴的村夫的胡说八道。

神力量，足以抗衡厄运的挤压。原始洪荒时代，大自然变幻莫测，文明初开之际，时代的旗帜上又大书着强力和铁血。以个体之渺小迎对如此巨大、残暴的异己力量（自然和人）而欲求不灭，先民们所经历的苦痛和磨难是可想而知的。以哈尼族来说，就在迁徙史诗《哈尼先祖过江来》（载《红河文学》第9期）中唱出了这样感伤的声音：

> 弱小的哈尼像水中的游鱼，
>
> 任那伙强人捕捉煎烹，
>
> 哈尼又像暴风雨中的蜻蜓，
>
> 摇曳翅膀在风雨中颤抖。

人们用生命和鲜血开辟着脚下的路，每走一步都需付出惊人的代价，因而他们对于现实的苦难有着深刻的体验。心有所感，发而为诗，衍而成章（口头创作），咏而为歌，蹈而成舞，一歌一咏，无不是发自生命底层的呼唤。从这一意义上来说，先民们遗存下来的文学和艺术才是血肉丰满的、至情至性的真文学，才是饱和着热度与力度的真艺术。

二

我们先看哈尼族神话所包容的文化精神。

哈尼族神话在中国50多个民族神话系列中是十分独特的，它不但具有强烈的个性特征，而且极为丰富，足足形成了一整套的材料系统。举凡开辟神话、洪水神话、始祖神话、日月神话、英雄神话、图腾神话、物种起源神话、火神话、感生神话、化身神话等等，无不应有尽有。这些神话描述了哈尼族先民在史前时期的主要文化特征（以想象的方式），向我们表明了他们在彼时彼地的理想、追求和奋斗。

这个神话系统是如何发生发展的呢？

它的生长，首先与其所处的生态环境密切相关。

哈尼族先民历史上在哪些地方生活过，其环境状况如何呢？

哈尼族先民系由青藏高原经大渡河、雅砻江、安宁河流域向云南高原迁徙之诸羌游牧部落，他们在万里迁徙长程中与南方夷越民族相融合，吸纳了这些民族的稻作文明，由北方的落后的游牧民族脱胎换骨而成为南方的以半山稻作为主导生产方式的新型民族。

只要稍加留意，就可以发现哈尼先民的迁徙途经之地尽皆险恶之境。其所历经的青藏高原、川西高原和云南高原的远古自然状态，可从大量发掘出土的史前文物来观测，即这些地区曾森林密布，荆莽绵亘，到处是洪荒不毛。各地出土的动物遗骸中，除今日常见的豺狼、虎豹、毒虫、蛇蝎外，还有大量的竹鼠、犀牛、斯氏水鹿、貘、纳玛牛、豪猪、剑齿虎、嵌齿象、三趾马等等。另外，洪水泛滥、山川崩毁，每有发生。这些险恶的自然环境给先民们的生存造成了难以逆料的威胁，这种威胁反映在神话里，就是各式恶神和精灵的涌现。如在神话《烟本霍本》中所叙述的：

> 远古的时候，没有天空和大地，只有浓雾弥漫，雾变成大海，海中有一条巨大的金鱼，它抖动鱼鳞，抖出了七个大神，这就是天神、地神、日神、月神、人神（两个）和力气最大的密嵯嵯玛神。密嵯嵯玛神后来和另外六神打仗，她骑上鱼背，不停地搬动鱼尾，每搬一下，天空和大地就摇晃起来，这就是天摇地动（地震等灾难）的原因。她还用身上所有的孔洞，如嘴、鼻孔、耳孔甚至屁股眼来吹气，给世界带来可怕的飓风。①

这是一个灾难之神的形象。哈尼族神话中，还有一组专讲遍布人间的"俄罗罗玛"的故事。"俄罗罗玛"是一种生着巨象般粗大的双脚，奶头拖垂地面，专以吃人为生的怪物。它们恣肆横行，以至把月亮和太阳的父母都吃了，连太阳（当时还是个孩子）都被它吃得只剩一只手臂，月亮（姐姐）只好带着这只手臂逃到遥远的天际，用不死草救活了太阳，他们不再回到地上，永远离开了俄罗罗玛的地方（《约罗和约白》）。另一个故事说，仅仅一个"俄罗罗玛"所吃出的人骨，就铺成了弯曲漫长的小路，从村寨边通向远方的魔鬼山洞（《作罗搓洛》）。同时人间还有数不尽的精灵和人作对，如鸽子精、熊精、虎精、狼精、蛇精和形形色色的山精，他们的形象可怕又可笑，常常一半是人，一半是兽，或者白天为兽、夜半为人，总之，都是自然威慑力量对人类的压迫所生出的奇奇怪怪的幻象。

---

① 本文所引神话除注明者外，均见《哈尼族神话传说集成》，中国民间文艺出版社1990年版。

这各种各样的神灵异类所代表的实际是压在人类头上的无法克服的自然灾害的形象化。人类在危机四伏的恶劣环境中，战栗着、隐忍着，对自然的恐惧使他们把一些日常生活中无足轻重的琐碎之事，和某些偶然出现的变异事端也视为自然神对人类的惩罚，这就是上述神话中频频出现的异形神怪产生的缘由。而这一缘由的另一结果，便是哈尼族原始宗族中那些数不胜数的禁忌。

环境如此恶劣，而人为了生存，自然必须竭尽个人与群体的力量与之拼搏。然而在这拼搏（即达尔文所谓生存竞争）中，各个民族所处的境遇不同，有易于克服者，有难以克服者，人们对这种种境况的不同态度，体现了不同的文化精神指向。

哈尼族先民所居处的自然环境是必须经过人们的艰苦奋斗方可改善的环境。《尚书·禹贡》记载了他们在2000多年前的生活情状（彼时其称谓为"和夷"）：

华阳黑水惟梁州。岷、嶓既艺，沱、潜既道，蔡、蒙旅平，和夷底绩。厥土青黎，厥田惟下上，厥赋下中三错。厥贡璆、铁、银、镂、砮、磬、熊、罴、狐、狸、织皮。西倾因桓是来，浮于潜，逾于沔，入于渭，乱于河。

这里所指的地理位置，大致在今四川省凉山彝族自治州和西昌地区，那里的土色是青黑的，田地的质量在古九州中属下等之上，所以派下来的赋税也是相应的"下中三错"，此外还有丰富的矿藏可供陶冶，有珍贵的兽类可供畋猎。人们在这样具有弹性的自然条件中生活，所需要的是自身的奋斗不息。奋斗，则生存，则发展；不奋斗，则危亡，则败落。这样，人的地位就显然地突出出来，反映在神话意识中，就是对人的力量的注重。

我们可以在哈尼族创世神话古歌《窝果策尼果》里看到这种"力"的人格形象特征：造天造地的神已是人的变体，他们创造天地，就像哈尼人建盖自己的蘑菇房——先要立柱（只不过天神们是立天柱、立地柱），然后上梁（天神上的是天梁、地梁），梁柱用扎绳绑扎，在人是用篾绳，而神则用"金银的扎绳"，还要留下人（神）进出的大门（天门、地门）

云南文库·学术名家文丛

和透气的窗（天眼、地眼）。神界的行事完全依循人界的模式，神与人的不同只在神是放大了的人而已。

除借神以肯定人外，还有一类神话直接以人胜神（或天地等自然）的方式直抒襟怀，这就是哈尼族神话中的一系列文化英雄神话。所谓"文化英雄"，是指为人类获取文化器物（如用火、栽培作物、制造工具、制定历法、创造文字及文学艺术等）或第一次创造文化器物的英雄，他们教导人类狩猎、手工技艺、制定社会组织、首创婚丧典章和种种礼仪。这些英雄或是人物或是动物，但都对人类的文化发展做出过贡献，在发展文化这一点上，他们是"人力"的最大肯定者。

试看《补天的两兄妹》（大意）：

> 在古代，六月间天降暴雨，山洪吞没了村寨和田地，哈尼族人面临灭绝的危险。有两兄妹为了解救人们，抓起泥土飞到天上去补天池的漏洞（那是暴雨下降的原因），泥土用尽，天池还没有补好，兄妹俩就跳进天池，用身体堵塞漏洞，天终于补好了，但他们也死去了。他们的鲜血变成满天彩霞，与哈尼人永远相伴。为了纪念他们，哈尼人便在苦扎扎节时荡秋千和打磨秋，磨秋和秋千吱吱嘎嘎的响声飞到天上，对兄妹俩诉说人们悠悠不尽的思念和感激之情。

这是女娲补天式的英雄，只是兄妹俩的事迹比女娲故事更具有感人心魄的力量。《淮南子》所记的女娲故事是这样的，我们不妨比较一下：

> 往古之时，四极废，九州裂，天下兼覆，地不周载，火爁炎而不灭，水浩洋而不息，猛兽食颛民，鸷鸟攫老弱；于是，女娲氏炼五色石以补苍天，断鳌足以立四极，杀黑龙以济冀州，积芦灰以止淫水；冀州平，狡虫死，颛民生。

女娲补天的目的与兄妹俩一样，都是为了制止洪水，方式也差不多，一个用"五色石"，一个用泥土，但兄妹俩在精神的梯度上比女娲更有升华，他们是用身体——生命止住了洪水。如果说这两则神话都肯定了人的力量（补天止洪水）的话，那么《补天的两兄妹》则更进一步肯定了人类力量来源的生命的价值，这是对人类改造自然力量所作肯定的极致。女娲补天神话的精神内涵曾经激励了中国的知识分子，历代文人墨客都有辞章书画歌颂她，但真正领会并升华了女娲精神的应该是清末画家任伯年。他所作的《女娲炼石补天图》，把女娲的胸、腹、四肢及全身衣饰统统画作嶙峋峥嵘的硬石，只留下头部保持人形。这幅画的寓意是，女娲炼石补天的实质是女娲炼自身为石以补苍天。这是任伯年别具慧眼、别出心裁所作的解释。而这种自我牺牲的精神，早在哈尼族《补天的两兄妹》中已表现得淋漓尽致。这里不但有作为伟大人格力量的兄妹俩的自我牺牲，而且哈尼人民给这种牺牲精神赋以壮丽的诗意和优美的情调——他们死后，鲜血化为彩霞，与哈尼人民永远相伴。

牺牲自我拯救人类，是哈尼族神话思想中的主脉。与上面神话故事相类而又呈现出新的意蕴的是神话《阿扎》和《英雄玛麦的传说》，其中讲述了为人类盗来火种和稻种的英雄故事。补天的两兄妹、盗火种和稻谷种的阿扎和玛麦都有一种震撼心灵的力量，这种力量是人类充分意识到自己作为万物之灵的存在而发自生命核心的爆发和宣泄。在神话里，英雄们都光荣地死去，但这个人肉体的死亡，却证明了民族精神的永存。这些神话是悲剧神话，这些英雄是悲剧英雄，但正是这种悲剧性，使读者感受到人的不可战胜，感受到如火如荼的不可压抑的人类生命的悸动。哈尼族历代祖先正是凭借了这种力量，才使弱小的部落族群的文化经由野蛮走向文明。

在哈尼族神话中，还有另一类不以悲剧形式出现，却以正剧形式上演的，这就是以人的胜利为结局的人神斗争的神话。在这一方面，《都玛沙裹》可以作为代表。这则神话结构完整，内容丰富，情节曲折，人物形象丰满。其说（大意）：

> 古代哈尼人在山上烧山开田，得罪了大大小小的野兽，他们就到天神烟沙那里告状，于是烟沙惩罚哈尼人每年六月杀两个男子祭奠野兽的亡灵。最高天神阿匹梅烟为了解救哈尼人，叫他们在六月打磨秋，欺骗野兽说哈尼人被吊在天上受苦，从此免去杀人祭祀之苦，这样哈尼人就开始过苦扎扎节。

在这里我们看到的哈尼还是乞求天神恩典的人，主宰世界的还是神。但故事发展下去，就出现了新的精神内容：

烟沙大神之女沙葳女神与哈尼小伙子威惹相恋并结成夫妻，但是烟沙大神不喜欢哈尼姑爷，把沙葳骗回天庭。威惹来到天宫和烟沙以比赛敲天鼓决定沙葳是否回到人间。威惹用金针在天鼓上戳了九个洞，天鼓无法震死他，轮到烟沙进天鼓，威惹用鸡蛋汁把针眼糊起来，这样烟沙反而被震昏在天鼓里，只好认输。

在这一段里，人的地位（主宰性的）取代了神灵。先是人世间的欢乐对女神具有吸引力，以致促成了她和哈尼族小伙子威惹的婚姻，然后是威惹与神王烟沙的直接对垒和战胜，这正是人的意识的觉醒和人的意志的高扬。

这一段是整个神话最精彩的部分，也是故事发展的高潮所在。威惹以区区凡夫俗子的身份，胆敢蔑视上天至尊的权势，并且打败了他，这一精神在故事里十分突出，所以讲述者是以绘形绘色、有力而又幽默的方式表现出来的：

> 烟沙神王敲一下（天鼓），问一声："姑爷，你还活着吗？"威惹在里面应一声："活着，活着。"烟沙神王敲一下，又问一声："姑爷，还活着吗？"威惹在里面又应一声："活着活着，阿波（哈尼语：老大爷），使力敲，你敲不动，就叫你的弟兄们来敲！"……（轮到威惹敲鼓）威惹拿起脚杆粗的一根老竹使力打了一下，问："阿波，格耐得住？"
>
> "耐得住，耐得住！"烟沙在里面回答。
>
> 敲了三下，里面都说耐得住，只是声气一下比一下小。敲到后来，威惹问："阿波，还耐得住嘎？"只听见里面"依耶——"长长地出了一口气，不回答了——烟沙神王被震昏在里面了。
>
> 威惹赶紧把烟沙神王拖出来，掐掐捏捏，拍拍打打，烟沙神王才睁开眼睛。

这真是一段神文，在平静的、毫不夸张的叙述中，一个重大的主题被表现出来了：神王被凡人打倒，他昏厥的狼狈相表明，平昔的威风、权势、炫人眼目的光环都不灵了，因为与他对立的是远远强大于他的人。威惹作为一个胜利了的凡人，全胜之后，还用幽默的语调探问："阿波，还耐得住嘎?"这是真正有力量的人的轻松口吻,也是神话正剧的格调。在这里悲剧的成分不见了,尽管正剧与悲剧同是人的歌唱,但由于阻抗力量的减弱,较量双方矛盾对峙的力的张度不够,因而不如前面所议及的悲剧神话来得坚实有力。这里呈现的乐观主义精神也是哈尼族文化精神的重要成分,但已是该文化精神的第二属性了。

在中国,作为主体民族的汉族,古代也曾创造了不少悲剧感极强的神话,在这个文化质点上,哈、汉两族人民是心灵相通的。这里拈出几则来稍加印证:

> 夸父与日逐走,日入,渴欲得饮,饮于河、渭,河、渭不足,北饮大泽。未至,道渴而死,弃其杖,化为邓林。
>
> 刑天与帝争神,帝断其首,葬之常羊之山。乃以乳为目,以脐为口,操干戚以舞。
>
> ——《山海经》

日之不可逐而逐之,海之不可填而填之,帝之不可争而虽死犹舞干戚以争之,这股硬斗到底的猛劲,正是悲剧精神,是有志而且有力战胜自然和敌人的强者的心灵呼唤。神话时代已然逝去,但千百年来,夸父的精神,精卫的精神,刑天的精神仍在鼓奋者思图开辟历史新路的志士们。中华民族之所以有自立于世界民族之林的能力,之所以形成了独具的、而为他种民族所罕有的不屈不挠的悲剧精神,正是有了夸父、精卫、刑天、补天兄妹、阿扎、玛麦这样的不怕死的人们,由他们做了民族的脊骨。

三

如果说神话以浪漫、幻想的形式体现了哈尼族文化中的悲剧精神,那么,以迁徙史诗《哈尼阿培聪坡坡》(简称《聪坡坡》,云南民族出版社 1986 年版)为代表的一系列史诗则是以写实主义的风格,展现民族文化精神的。

《聪坡坡》的梗概大体如下:

> 哈尼先祖诞生在遥远北方的虎尼虎那高山,最初的形态是螺蛳、蜗牛、蜂、蚁一类的小动物。学会采集、狩猎后,因当地食物减少,遂南迁至什虽湖边,于此又学会了原始饲养和种植。因

森林失火，无以为生，又南迁至南方稻作民族居住的嘎鲁嘎则。而后再南迁到惹罗普楚，第一次安寨定居。在生产迅猛发展之际，瘟疫突降，无可久居，乃迁至诺马阿美。又因与异族入侵者腊伯发生战争，失利后再迁至色厄作娘。数代后，又东移至谷哈密查，在此与蒲尼民族大战，哈尼损失惨重，被迫南入红河、哀牢山地域，从此凭借山林屏障，保境自安，繁衍于今。

这个梗概勾画出哈尼族如何由无到有，由弱小到强大，由北方至南方，由原始的狩猎采集到先进的稻作农耕这样一条清晰的历史线索。在这个漫长曲折的历史变迁中，最为醒目之点，就是伴随民族迁移全程的痛苦感、压抑感、悲伤感。因食物缺乏，不得不离开祖先的诞生圣地虎尼虎那高山。来到什虽湖边后，几经奋斗，学会了原始养殖和种植生产，但森林失火，使这两种先民赖以生存的生产遭到毁灭，他们"栽下的姜秆变黑，蒜苗像枯枝一样，谷秆比龙子雀的脚杆还细，出头的嫩芽又缩进土壤"（第二章），只好伤感地离去。在惹罗普楚——哈尼人称之为"哈尼书嘎惹罗普楚"，即"哈尼最富庶的惹罗大寨"——正当生产日益上升之际：

> 管病的天神心肠比黑蜂还毒，
> 他把病种撒遍惹罗的土壤。
> 力气最大的牛吐出白沫，
> 跑得最快的马虚汗流淌，
> 猪耳朵里流出黑血，
> 狗追着尾巴发狂，
> 人吃不进饭喝不下水，
> 大人小娃两眼无光。
>
> ——《聪坡坡》第三章

先民们只好忍痛他迁。

这种种煎迫、磨难来自残酷的大自然，而在此后的一系列迁徙中，来自人类的、比来自自然界凶残百倍的苦难正等待着他们：在诺马阿美，腊伯觊觎哈尼肥美的家园，使用卑鄙的伎俩，以比赛射箭、放烟火、划地界等方式巧取豪夺哈尼的田地和财产，继而以武力相胁迫：

水急的诺马河,

漂起数不清的死人死马,

宽大的诺马坝,

哈尼睡平倒光,

七千个女人变成寡妇,

七千个小娃看不见爹娘,

高高的秋房操倒了,

三层的蘑菇房被烧光。

——《聪坡坡》第四章

在如此严酷的现实面前,哈尼先祖只好又背井离乡,远走他方。

在哈尼族人民的记忆中,对民族生存、历史道路的变化影响最大的,是在"谷哈密查"(今昆明地区)发生的战争。哈尼族迁到此处后,一切从零开始,披荆斩棘,开辟草莱,经过十几代人的努力,把谷哈密查的不毛之地变成良田成片、棉地盈坡的家乡。史诗中描述到哈尼的寨子占据了谷哈密查一半的面积,人口也发展到"七万",但是如此迅猛的发展使比邻而居的蒲尼民族惴惴不安,他们立即扑向哈尼族。哈尼祖先为了民族的生存和尊严,奋起迎战,经过三次大战,付出了巨大的牺牲,民族元气大伤,无力支持之下,为保存种族不灭,只好战略退却,南渡红河,深入哀牢山区。

纵观哈尼族的历史,他们由北方游牧民族演变为南方农耕民族的过程,即民族文化内核发生根本性转移的过程,亦即民族更新而进入新的文明层次的过程。在此过程中,"惹罗普楚"时期可成为民族(南方农耕民族——我们今日所看到的绝大多数哈尼族文化,都是南方稻作农耕文化)更新或形成时期,"诺马阿美"时期可称之为民族发展或成长时期,"谷哈密查"时期,可称之为民族鼎盛时期。谷哈密查之后,哈尼族再没有形成集权制的(以乌木或大头人为最高统治者的分级分区辖治的社会组织)政权中心,各支系纷自离散,走保山谷,出现了"大分散,小聚集"的落后的、封闭式的群落分布,民族的生产力从此一蹶不振,历史出现了大幅度的倒退。这就是《聪坡坡》向我们展现的历史面貌。

从上分析可以看出,哈尼族是一个悲剧性的民族,哈尼族的历史是一部饱含着辛酸和痛楚的沉重的悲剧史。从民族发轫之始,就受到异己力量的压迫（自然的），在发展、壮大、鼎盛时期，异己力量（人类的）频繁冲击所带来的压迫渐次强化，哈尼族遭受的苦难一次甚似一次。可以说，哈尼族是一个在血与泪、铁与火的交织中诞生、发展、兴盛、衰落，又在衰落中（进入红河、澜沧江、哀牢山地域后的平稳发展）挣扎着、迟缓地前进着的民族，她每前进一步，都留下了悸动人心的沉重的脚印，都丢弃下无数具白骨。不论是来自自然还是人类的异向力，都构成了哈尼族悲剧历史命运的发生原因，尤为令人伤感的是，这股异向力量的过于强大，竟使哈尼族这个历史上曾一度强盛过、先进过的民族失去了昔日的光彩，从而在群山中沉寂，这种民族整体的历史悲剧感，带给人类精神世界的悲哀，远不是任何个人、任何小群落的兴衰所能比拟的。这是发自历史深处的叹息，是民族的大痛苦和大悲哀。

在世界所有的哲人和诗人中，给痛苦以肯定最多、最大、最高的，是尼采。在他看来，生命好比一条毯子，苦难之线和幸福之线永在上面紧密交织，抽出其中一根，就破坏了整条毯子，整个生命。没有痛苦，只能获得卑微的幸福，伟大的幸福正是战胜巨大痛苦所产生的生命的崇高感，因为痛苦磨炼了意志，激发了生机，解放了心灵。痛苦增强了生命，生命又战胜了痛苦，这二者是相存相依的。因此可以这样来评价痛苦的价值：它体现了生命。生命力的大小取决于其所承受痛苦的多少；这痛苦的由来和发展，是生命运动的轨迹，也是宇宙规律的呈现。仰观星河灿烂，俯视江河奔腾，宇宙生命本身永在生生不息，而个体、小群落的生命则稍纵即逝，因此，超越个体生命的局限，肯定整体（民族、国家……）的生命，包括肯定个体为整体忍受的痛苦本身，即是痛苦价值之所在。[①]

在痛苦中昂扬，在痛苦中发奋，在痛苦中创造，从而在痛苦中永生，这即是哈尼族迁徙史诗的精神之歌。

我们看他们（哈尼先民们）是如何迎对巨大的、远胜于己的异己力量的——

在"诺马阿美"，哈尼族年轻的乌木这样回答老奸巨猾的腊伯头人：

---

① 参见尼采《悲剧的诞生》《瞧！这个人》及周国平《尼采——在世纪的转折点上》。

你是吃血的豺狼，

只会欺负鸡羊，

你是吃米的老鼠，

偷米还屙屎在米上，

…………

哈尼不是给人骑的快马，

也不是给人宰的肥羊，

你敢抬手我也敢抬脚，

你有弓箭我也有刀枪！

—— 《聪坡坡》第四章

在"谷哈密查"，哈尼大头人纳索面对蒲尼的欺凌发出这样的誓言（他对妻子说）：

哎，女人！

水牛和老虎咬架，

老虎肚子也会被抵穿，

公鸡和老鹰搏斗，

老鹰也会被啄瞎双眼，

哈尼和仇人较量，

手脚从来不软，

多话不要再说，

快为男人祝愿！

—— 《聪坡坡》第五章

这是抱着必死之心走上战场的伟大战士的语言，也是一种在强敌面前知其不可为而为之的气概。这是把一切痛苦直至死亡踩在脚下铿铿而行的人的崇高之美、壮丽之美、阳刚之美。读了这些诗句，不由每一个心中燃烧着生命之火的人不拍案而起，和这股巨大的、悲壮的精神力量合而为一。

四

哈尼族古代文学中反映的传统文化悲剧精神，不但弥漫在远古的神话和嗣后的迁徙史诗时代，而且它一旦成为民族精神的支柱，立即将其光芒辐射到哈尼族民族文化的各个层面。

首先，它对哈尼族原始宗教发生了撞击，并引起后者的振荡和反馈。哈尼族的宗教观念认为天地万物无不具有灵性，精神世界是鬼神君临的王国，因此人世间的事务无论巨细，都须听凭鬼神的意志，为此禁忌丛生，大规模的祭祀岁时必举。泛灵、崇鬼，可以说是世界所有后进民族的共同观念，然而哈尼族的原始宗教意识却渗入了大量的人性因素，这在其最盛大的祭祀活动"二月祭寨神"中表现最突出。

二月祭寨神，哈尼语（红河地区）为"艾玛突"，意为祭祀村寨守护神艾玛。对这一活动的解释各地不同，但较普遍的一种则是：

> 远古的时候，哈尼人居住的地方来了一个策德阿窝（魔王），他威胁哈尼人说，每年必须杀两个男人祭祀它，否则就要灭绝哈尼人的后代，使哈尼的庄稼不能饱满，牛马也统统死亡，哈尼人只好照办，并且形成了延续很久的人头祭风俗。

> 有一年，轮到杀寡妇艾玛的两个儿子祭鬼，聪明的艾玛想出一个办法来挽救儿子的生命，她叫儿子们穿上长长的衣服，戴上尖顶的高帽，装成魔王的样子大叫不准再杀人祭鬼，人们于是将人头祭改为牛头祭。艾玛跟策德阿窝又订立了契约，如果他不再伤害哈尼人，送两个漂亮的姑娘给他为妻，策德阿窝答应了。

> 到了二月祭鬼的时候，艾玛叫两个儿子穿上姑娘的衣服，打扮成美女，送给策德阿窝。在大量劝酒之后，他们打听出魔王的性命系在胸口的白毛上，于是揪住白毛，把策德阿窝杀死了。

> 艾玛保护了哈尼人的性命、财产和庄稼，人们把她尊奉为寨神。

这个故事虽然有着一个喜剧性的尾巴，但其中不乏悲剧性的内容，这就是人们在遭到策德阿窝的迫害后，才不得不奋起反抗，而且从人们将这一祭祀作为哈尼族最隆重的宗教活动这一事实本身来看，人们把握不住现实生活，才转而乞助于远古之时已然战胜恶魔的祖先艾玛，以汲取战胜现实痛苦的力量，这本身也是一场悲剧。当然较之远古神话和史诗中的悲剧，祭寨神的悲剧已带有消极的色彩，这是由宗教本身的消极性决定的，然而值得注意的是，作为整个祭祀的对象——戏剧的主角，仍是艾玛这个英雄的女性，这个从痛苦中走出的英雄祖先。

其次，悲剧精神辐射到了哈尼族审美思想的总体趋向上，形成了排斥以轻灵、流动、纤巧、华丽、柔媚、细腻、淡泊等为特征的阴柔之美，而醉心于以古拙、朴厚、浓重、深沉、阔大、强烈、粗放、豪迈、辽远等为特征的阳刚之美。比方，在视觉审美上，哈尼族喜好宽大的衣襟和裤腿，好穿"披火披斗"（大襟衣），色彩的选择多以黑、青、红（部分有白）为主调。这些色彩的审美意象是力度感、重量感、深厚感、强烈感。

又如，哈尼族的代表性曲调是"哈八"（或作"哈巴"），这是一种低回、沉重、悲苦、节奏迟滞，但又辽阔、沉雄、顿挫铿锵的调式，适宜抒发哈尼族长歌短唱中含蓄、悠远的悲剧情调。

再次，哈尼族民族性格中的悲剧性质更见突出，从补天的两兄妹、窃火的阿扎、盗种的玛麦，到迁徙历程中的民族英雄们——惹罗普楚的头人、诺马阿美的乌木、谷哈密查的大头人纳索和挽救了哈尼族的女英雄戚姒然密，一直下延到近现代史上的农民起义英雄陈惹达、田政、多沙阿波（卢梅贝）等等，直如红河和澜沧江之浪，前仆后继，一脉相承。尤令笔者感慨的是，1917 年起义的年仅 18 岁的女青年多沙阿波，她领导的起义虽然时间不长，但她登高一呼，豪杰云集，数天中人马达于数万；显然她（和陈惹达、田政们）是受到传统文化中的悲剧精神教育成长的，因此敢以微弱的力量对抗强大的军阀势力。尽管起义失败了，但是她（他们）的生命敢于承受超过负荷的灾难和打击，这本身就是胜利；而这胜利也超越了个人生命的范围，它属于民族，也属于历史。

（载《首届哈尼族文化国际学术讨论会论文集》，云南民族出版社1996 年版）

哈尼族文化英雄论

　　哈尼族作为中华民族大家庭中历史悠久的一员，其文化的积淀十分丰厚而瑰丽，近年来随着发掘问世的原始文化材料越来越多，它引起了国内外学术界的广泛注意，如日本学者对哈尼族与日本倭族之源的认同、① 美国学者保尔·刘易斯夫妇在泰国对哈尼支系阿卡人长达 16 年的潜心研究②等等，都说明哈尼族文化具有的巨大吸引力，国内学术界也有更多的学者投身到这一研究中。

　　我们认为产生文化英雄的时代，正是神话学上所谓的"兽人时代"，这一时代的特征，是飞禽走兽、山水树石都像人一般能思维，会讲话，会走路，有情感，故而这一时代又称为"神话时代"或"梦幻时代"，这一时代与希腊人关于"黄金时代"的观念③和维柯所认为的"神话时代"，即与"英雄时代"相对的"寓言时代"④ 不同。不仅如此，在下面的介绍里，我们将要看到，动物、植物、山川、河流等自然物不但是作为人类活动的背景陪衬，在很多时候它们要在文化造作中充任主角，通常还由它们把文化器物、典章制度教给人类，俨然是一群人类发展的导师。（由此可以见出，文化英雄的产生远比神话英雄——神——的产生为早。）

　　提供了这样的认识之后，下面就可以对哈尼族的文化英雄做进一步的

---

　　① 持这一观点的学者有鸟越宪三郎、森田勇造、若林张弘等，见尹绍亭编译《云南与日本的寻根热》及《倭族之源——云南》二书。

　　② 美国学者保尔·刘易斯夫妇受世界基督教会委派，长驻泰国清迈研究并帮助哈尼族支系阿卡人，令人深为敬服。

　　③ 希腊神话中有关黄金、白银、青铜、黑铁时代的观念源自东方关于黄金时代的传说和荷马史诗中关于"福岛的传说"，详见赫希奥德的《工作和时日》。

　　④ 见维柯《新科学》，人民文学出版社 1986 年版，第 7 页。

介绍了。该一民族的文化英雄若按系统分，大致可分为下面四类：化育万物的文化英雄、教习生产的文化英雄、导引生活模式的文化英雄和规范典章制度的文化英雄。

一、化育万物的文化英雄

笔者在红河州元阳县调查到的两则神话故事，或许可称为这一类型的典型。第一则是树皮寨老贝玛杨批斗讲述的《那突德取厄玛》（意为"有盐巴的大海"），讲的是远古时哈尼族的祖先是一条大鱼，住在一个有盐巴的大海里。它的模样很奇特，身子是滑亮的，脚上长着鸭子掌，头像人类的一样聪明。后来它生下了"天""地""有""无""大""小""生""死""黄""红""绿""白""黑""半"，这些孩子长大后各走各的，天长大了，升上去了，地长大了，凸起来了，把祖先鱼也从大海里顶了出来。祖先鱼无法在海里居住，就走上了陆地，先是住进一个叫"苏密苏纳"的岩洞里，后嫌那里终年阴冷不见阳光，又走上了"虎尼虎那"高山。先是由女人领头，因为她们有奶水，后来就由男人领头，慢慢地就繁衍了今天的人类。在这里"天""地"是实指性的物体，"大""小""黄""绿""生""死""半"则是一些抽象的概念，由这一点看，这篇故事一定掺杂了"兽人时代"以后的东西，否则在文化英雄产生的时代，人类的思维十分简单，是无法想出有这样的相当概括性的抽象概念来的，但祖先鱼育出"天""地"这两种实物，则反映了它的文化英雄本色。

第二则《烟本霍本》（意为"神的古今"）与第一则相类而不相同（由元阳县洞铺寨著名歌手朱小和讲述，笔者与卢朝贵搜集整理）。故事讲远古时世上万物皆无，只有一片大海和海面上的茫茫白雾，大海里有一条名叫密乌艾西玛的大金鱼，是唯一的生命。若干万年后，大金鱼扇动鱼鳍，扇出了天和地。它又抖动鱼鳞，抖出七个大神：天神、地神、日神、月神、人神（一对），再由这些神造出万物。[①] 同样署名朱小和讲述，卢

---

① 《烟本霍本》，上海文艺出版社 1989 年版。

朝贵、杨笛和水滴三位整理的《天、地、人的传说》① 对这一故事也有类似的叙述，却简化到只有100多个字，而且把许多不同的故事杂糅在一起使它失去了原貌。其中连海神"密嵯嵯玛"的名字也变成了"米戳神"，笔者以为这样做有损故事的科学价值，于是请朱小和重新讲述，并与他讨论，他也不赞成将若干个故事集合在一起的做法。但在这里我们不讨论整理的问题，只欲说明这些故事的原型是动物（祖先鱼、密乌艾西艾玛大金鱼）化育万物（天、地以及此后所产生的一切事物），这正是文化英雄的作为，自然，这里的祖先鱼和密乌艾西艾玛大金鱼本身就是文化英雄。

笔者收集到的鱼尸体化生万物的哈尼族神话数量相当不少，概括起来大致可分为两类：其一说创世之初诸神发现在一条大鱼腹内藏有各种生命，神们便将其捕来杀死，从中找到人种、各种动物及五谷的种子；其二说洪水之后世无一物，洪水遗民从一条大鱼腹中找到五谷种子，原来洪水发生时被淹没的五谷都被这条大鱼吞没了。这两类神话在反映了鱼与人类再生（生殖）关系的同时，也反映了它们是由产生文化英雄的"兽人时代"的生产方式所决定的，亦即是说，由于原始的渔农经济，构成了人们关于巨鱼与稻种依存联想的基础，甚至由于捕鱼作为一种极重要的摄取食物的方式，是先民们不可稍离的，因此才产生了鱼为万物（甚至天地及后来的诸神、诸抽象理念物"红""黄""黑""白"等）化育者的观念。这一点只是笔者的猜测，因为哈尼族无文字记载的远古史，出土文物中也难以遽认其渊源，但从其先民之一部分是从西北高原迁徙南来这一点，我们不妨从仰韶文化早期的西安半坡遗存中做一窥测。半坡遗存中出土了大量石斧、石铲、砍伐器，同时伴有缸藏或窖藏的谷堆积物，如第115号窖穴中已腐朽的谷粒厚度就高达18厘米，由此可见当时的生产工具仅仅是打制和磨制的简陋石器，但收获已很丰厚，有了相对剩余，当时的人们从事原始农业是毫无疑问的。而同时在半坡遗址中出土了大量用石、骨、角等原料加工而成的鱼钩、鱼叉等渔猎工具，以及绘有各种鱼纹和网纹的彩陶。另在庙底沟型仰韶文化遗址、河姆渡文化遗址等处，也发掘出大量网

---

① 《天、地、人的传说》，云南人民出版社1984年版。"密嵯嵯玛"哈尼族语其义为"使大地跳动的女性"（密，地；嵯，跳动；嵯嵯，连续地；玛，对女性的尊称），转义为"地震恶神"（女神）。

纹、点网、水波网纹彩陶、鱼雕、鱼纹网坠和滑石雕刻的鱼纹。可见，与哈尼族先民有渊源关系的诸夏先民，在彼时确以渔猎作为极重要的生存手段和生产方式。而在时序上，渔猎发展先于原始农业；在神话创作上，它亦在先，而后与农业经济时代并存共融。陶思炎认为，"《礼记·祭法》曰：'山林川谷丘陵，能出云，为风雨，皆曰神。'这种对神的功利性命定，虽不是最初的神话观念，却伴随着原始农业在社会生活中地位的确定而逐步形成。这类农业神最初的具体形象就是鱼。"① 窃以为此言得之。

与鱼相类似的化育万物的文化英雄还有牛、葫芦、人。神造天地之后，一切都有了，但是"太阳有光，照不出七拃，月亮有亮，照不出三拃。"没有生命力，于是诸神来杀倒"查牛"（神牛），用它的眼光变成闪电，用它的皮变成响雷，用它的眼泪变成露珠，用它的鼻涕变成河水，用它的左右眼变成日月，用它的四条腿变成顶天柱⋯⋯这样万物就有了生命，一切归于稳衡。② 葫芦则是洪水泛滥时人类（洪水遗民）和万种生灵的藏身之所，洪水过后，便由其中走出人和生物的先祖，再由他（它）们繁衍后代。这一类型神话数不胜数，如《天、地、人的传说》《兄妹传人种》等皆是。

牛作为农耕民族最重要的生产工具（尤其水稻农耕如此），在人们的观念意识中占据着举足轻重的地位，由其重要演而成为神秘乃至神圣，从而赋予其无比的生命力而化育万物，这样的联想在原始农业社会的哈尼族先民是再自然不过的事情。葫芦的象征意义，笔者在《洪水与葫芦的象征系统》③ 一文中曾做过较系统的阐发。在这篇文章里笔者将中外有关洪水神话的著名论说综合起来考察——因为洪水神话及拯救洪水遗民的葫芦、瓜、舟、盆、箱之类漂浮器材都有着文化符号学上的一致性，即它们并非起初的葫芦、瓜、舟、盆、箱之类，而是作为能够生殖人类（在文化英雄葫芦这里，则是生殖这一功能被无限放大，从而成为化育万物者）的母胎

---

① 陶思炎：《华夏神话与渔农经济》，《民间文学论坛》1989 年 1 期。亦可参看陶思炎《鱼考》，《民间文学论坛》1985 年第 6 期。

② 参见《哈尼族古歌·窝果策尼果》第三章《查牛色》，云南民族出版社 1992 年版。

③ 拙文载于《民间文学论坛》1995 年第 1 期。

出现在神话中的。相应的，洪水神话也绝非真实的水患，而是一整套人类生殖繁衍的意识和礼仪的文化符号系统。葫芦与瓜、舟、盆、箱的区别，却在于葫芦与瓜进入神话系统的时代比舟、盆、箱之类（生产技术高度发达时代的产物）要早得多，它们的产生依然是原始农业时代或者此前的原始采集时代。前者的依据是在我国新石器时代，浙江地区已种植葫芦作为食用和器用，1973 年和 1977 年，两次发掘浙江余姚县河姆渡村距今 7000 年的氏族公社（母系）遗址，其中有种类繁多的植物遗存，葫芦即内中一种，① 人们对葫芦由实用之而崇拜之是完全可能的。后者的证据是，根据植物栽培学的原理，由野生到驯化需要一个漫长的时间（尤其在原始社会生产力极低的条件下）。既然 7000 年前人类已经种植葫芦，采集野生葫芦以作食用的时间尚在此若干年前，那正是早于新石器时代或新石器时代初期的采集经济时代。

二、教习生产的文化英雄

通常所说的"生产"在原始文化研究中一般指物质生活资料的生产再生产和人类本身的生产再生产，此处我们仅指前一种生产而言，这是首先要说明的。

一个民族在一定历史阶段的生产方式、生产能力的大小，往往决定了它的文化模式和思维定式，因此，人们对生产问题总是倾注了最大的关心。这种现象反映在文化英雄神话中，就是此一方面的神话和文化英雄形象特别丰富多彩，甚至可以排出一个依随着生产方式的演变而变换角色的文化英雄谱系来。

先看反映采集狩猎经济时代的。在哈尼族著名神话古歌《窝果策尼果》第六章《雪紫查勒》（意为"采摘果实攇山打猎"）里讲道，远古之际，哈尼族祖先住在老林里，什么生存本领也没有，于是认雀鸟、穿山甲、飞虎（一种类似松鼠的小动物，栖息于树枝、河边岩石上，以果实和鱼类为食）、天鹅为"师傅"。雀鸟教会哈尼缝制树叶衣，飞虎教会哈尼摘

---

① 《光明日报》1978 年 5 月 19 日第 3 版，转引自刘尧汉《彝族社会历史调查研究文集》，民族出版社 1980 年版，第 230 页。

食树果和捕鱼，天鹅教会哈尼选择无毒有益的野菜。蚂蚁则是教会哈尼狩猎的小动物——哈尼看见千万只蚂蚁抬着死鼠回蚁房，才省悟到人多力量大的道理，于是"大群先祖上高山，拿着尖尖的大刺，扛着长长的大棒，十个先祖做一路，百个先祖做一伙，撵过九匹大山，爬过九匹大梁，遍山的野物撵出来了，会跑的吃食撵着了"。类似的描述在哈尼族迁徙史诗《哈尼阿培聪坡坡》里也有记载。①

再看原始农业初级阶段的情形。在《窝果策尼果》第七章《湘窝本》（意为"开田种谷的来源"）中说，人类之所以会栽种作物，是看见老鼠打出一个一个的洞，洞里掉进了草籽，老鼠用后脚蹬土把草籽埋好，便长出庄稼结出籽实，这样人便学会了栽种。在《聪坡坡》第二章里，教习人类原始种作的不是动物，而是女能人遮努，她"摘来了饱满的草籽，种进最黑最肥的土壤，姑娘又去背来了湖水，像雨神把水泼在籽上。草籽发出了粗壮的芽，草籽长出了高高的秆。当树叶落地的时候，黄生生的草籽结满草秆，先祖们吃着喷香的草籽，起名叫玉麦、谷子和高粱"。这位能人姑娘遮努的种作显然比之老鼠教飞（人文之初的仿生学）要晚近得多，由模仿自然到主动创造，这已经历了一整个时代的飞跃，即人由自在之物变成为自为之物了。

《聪坡坡》里还讲到另外一位能人姑娘遮妪，这是一位原始饲养业和畜牧业的发明者，同时也是原始历法的创造者。她聪明地想到把活捉的小野猪抱回去饲养，而且做成圈养牲畜的木栏，使"木栏里野猪野马一处吃草，木栏里野牛野羊一处游逛。野鸡野鸭也关进来，野狗野猫成了同乡。"② 为了使从事农业的遮努能够按节令种植，遮妪姑娘发明了历法，指着她豢养的十二种动物定下了年月属相。从这里我们得到一个信息：原始畜牧业和农业是相互杂糅和补充的经济成分。狩猎有了剩余的捕获，为了预防无法捕猎的时日之需，人们便将自然界的野兽饲养起来令其繁殖，这样比之猎取有保障得多，在这个驯化到牧放动物的过程中（一整个历史时期），原始种作业也伴随着发生发展起来，正如恩格斯所说："园圃种植业

---

① 参见《哈尼阿培聪坡坡》第一章，云南民族出版社 1986 年版。
② 参见《哈尼阿培聪坡坡》第二章，云南民族出版社 1986 年版。

大概是野蛮低级阶段的亚洲人所不知道的，但它在那里作为农田耕作的先驱而出现不迟于中级阶段。在图兰平原的气候条件下，没有供漫长而严寒的冬季用的饲料储备，游牧生活是不可能的；因此，牧草栽培和谷物种植，在这里就成了必要条件……但谷物一旦作为家畜饲料而种植，它很快也成了人类的食物。"① 因此作为原始农牧文化的英雄在史诗里同时出现，就是十分自然的事情。

再看原始农业中高级阶段的文化英雄。在古歌《湘窝本》中，讲述老鼠教人打洞种庄稼之后，接着就讲到了开水田种稻谷："是哪个教会他们（哈尼族祖先）开田？是哪个教会他们浇地？是水牛教会的，是大猪教会的。"怎么教呢？原来是牛和猪在寨脚的大坝里拱土打滚游戏，把大坝滚成像平平的手一样的泥塘，那里有水有肥（哈尼族村寨均分布在半山区，水田一般在寨子的下方，如此便于高山流水注入田中，同时将山上及寨中的自然肥料和农家肥冲入田内），长出的庄稼格外粗壮，结出的稻谷格外饱满，哈尼祖先从而学会了开垦水田种植的技术。

哈尼族是一个典型的南方半山稻作民族，在其作为文化核心的半山稻作（或梯田耕作）中，稻种是一个极其重要而令人深感兴趣的问题，我们在"化育万物的文化英雄"类型中已谈到若干种稻谷来源神话，但那里所谈仅是死体化生型——而且仅仅是反映渔农经济的鱼体化生型，同时其所化生亦非仅稻谷一种。其实，由于这个问题的重要（它反映或决定着哈尼先民文化的走向和建构方式），哈尼先民们对此倾注了极大的心血，近年来发表的各位同行采录以及笔者亲自采录的大量哈尼族稻谷神话，正反映了人们对此关注的热切远胜其他。有人将云南各族的稻谷神话分类为九：自然生成型、飞来稻型、动物运来型、死体化生型、英雄盗来型、祖先取回型、天女带来型、穗落型和神人给型。笔者发现自然生成型、飞来型、穗落型和神人给型多在壮傣和南亚语诸民族如壮、傣、侗、佤等族中流传，而动物运来型、死体化生型、英雄盗来型、祖先取回型、天女带来型多在彝语支诸民族如哈尼、彝、怒、拉祜等族中流行。总之，在云南地域生息的各民族，由于长期共居一区，文化交互熏染流播，呈现出异常繁丽

① 参见《马克思恩格斯选集》第4卷，人民出版社1972年版，第156—157页。

的景观，但在这纷纷纭纭之中，依然可以从总概率上见出，凡文化与西北高原民族有渊源者，稻谷源起多为外来（不论动物运来、天女带来、英雄盗来、祖先取来抑或死体化生而来），而文化渊源更趋土著的壮傣、南亚语诸民族则多为原生（不论共自然生成、飞来、穗落或神人给型），因此我们在观照关于稻谷源起的文化英雄时应对哈尼族文化英雄的外来（外取）性给予充分的注意。

动物运来型　最典型的是关于"尝新先喂狗的习俗"由来的解释神话。对此笔者于元阳、红河两县搜集到的不下 10 种，流传最广泛的一种是说，古时人间没有稻种，鸟木（大头人）许愿说，谁能把稻种从烟沙神那里取来，就把美丽的独生女儿嫁给谁，许多人类和动物都试过，没有成功，只有聪明的狗成功了，于是它娶到鸟木的女儿，为了牢记狗的恩德，每到秋季稻谷新熟时，人们便用第一碗新米饭喂狗。与此相关的习俗是凡嫁为人妻的女性统称"克玛"，其意为"母狗"，转义为"狗的妻子"（"玛"有妻子之意）。此一称谓并无任何不敬之意，相反，它表明每一位女性都希望自己有幸嫁给狗那样造福人间的郎君。这一故事在流传中的另一变体是，天神摩咪之女因偷盗稻种给人间而被天神罚为一条狗。这样便减弱了"动物运来"的意味——她本质上是一位神，更多地带上"天女带来型"的气息。但不论这取种者是动物（狗）还是天女，稻种都是从本民族之外（天神那里）取来的。

死体化生型　前面"化育万物的文化英雄"中实际已包含此类型，但我们没有更多地谈及外来的性质。李子贤文中所谈两则鱼体化生和取出稻种神话，同时交代了鱼是诸神"找寻"并"捕捉"到的（第一则），和人类"到处寻找谷物，终于从一条大鱼的腹中找到"的，可证这外来的特征是极明显的。而在《英雄玛麦的传说》① 中，玛麦乘飞马上天盗回稻种，但因仙女的追杀，从空中摔落地面而死，从马腹中摔出稻种撒向大地。虽然基本上属英雄盗来型，但也带有死体化生的意味，而在这里笔者要指出的依然是他从天上（外向）取种的性质。

上面我们实际已谈了四种类型：动物运来型、天女带来型、死体化生

① 参见《哈尼族民间故事选》，上海文艺出版社 1989 年版。

型和英雄盗来型，下面再看祖先取（来）回型，这里笔者加一个“来”字，因为传说中的稻种并不全部是原先就有的。有一则很出名的神话《塔婆取种》，[1] 其中说古时始祖塔婆生下二十一个儿子，其为虎、鹰、龙等，后来她从龙王那里得到三节竹筒，里面装着人、五谷、财富（包括牛、马、金、银等）的籽种。这是外取型的。另在古歌《窝果策尼果》第二十四章《咂罗多罗》中也说古时因七月发山水，谷魂和人魂、牲畜魂被冲到大海中，后诸神和贝玛将其喊回。但这里值得特别提出来一说的是，尽管这种内取型的稻谷神话和文化英雄目前发现尚少，但它却有着重大的意义。根据笔者对哈尼族文化的研究，该族文化有着多元的性质，即来自西北高原的游牧文化和来自南方的稻作文化的杂糅，哈尼族的民族渊源也是双向的，即北方游牧民族与南方稻作民族（南迁民族与土著）的融合。因此，在具有外取型（祖先取来型）稻谷文化英雄的同时也有内取型（祖先取回型）稻谷文化英雄，这就是文化英雄所具有的文化史内涵。

教习生产的文化英雄尚有许多，诸如首创狩猎生产方式的《猎神》中的“人”，就是制服猎神（动物保护神）而且发明使用铜刀、铜矛、铜箭的英雄，[2] 又如发现铁并加以冶炼的摩批，[3] 也是一位不得了的大英雄，但限于篇幅，不再赘述。

三、引导生活模式的文化英雄

生活模式是一定经济生产方式在生活领域里的文化反映，它受制于经济的发展，所以我们讲述生产方面的文化英雄后，这一类型就易于理解了，譬如用火是人类战胜自然取得作为人的自立从而脱离动物界的一大进步。对如此大事，《窝果策尼果》中辟有专章《俄妥奴祝》（意为“雷神降火”）叙述：雷神发脾气放火烧毁山林，人类目睹了它的威力造成的浩劫，又尝到余烬中烧死的兽肉，于是知道保存火种和熟食，雷神成为教人用火的文化英雄。《聪坡坡》（第一章）中对熟食的记述又有别趣：先祖们跳到河里捕鱼，然后围着火塘吃生鱼，有一条鱼跳进火塘被烧熟，老阿

① 参见《哈尼族民间故事选》，上海文艺出版社 1989 年版。
② 同上。
③ 同上。

波舍不得丢弃，抢出来尝尝，发现味道从未有这样好，于是懂得熟食。用火和熟食使人类上升到一个新的文化阶梯。又譬如射日神话《为什么鸡叫太阳就出来》① 中说，古有九日，被英雄俄普浦罗射下八个，剩下的一个吓得躲在山后，所有的雀鸟都去叫，叫不出来，只有公鸡去叫它才出来，公鸡教习人类分昼夜辨昏晓，于是成了人类发明计时计日的文化英雄。最为有趣的是《人鬼分家》，② 这则故事说到人和鬼原先是亲兄弟，后因闹矛盾分家分不清，告到天神摩咪那里，摩咪用栗树条把鬼赶到悬崖边，用藤子把人拉到水草丰盛的平地上，人分得牲畜家禽，鬼分得动物野禽，鬼不甘心，常常来侵犯人的利益，于是又重新分，鬼要草树生长的地方，人要有灰和糠的地方，人放火烧荒，于是所有生长草木之地都被人占有了。故事的内蕴很深长，人鬼是亲兄弟证明人未从自然中分离出来，分家实质上是人类脱离动物界，由野蛮走向文明（并非恩格斯所称意义上的），因此，在做出生活方式——文化历史走向——的重大选择中，人本身就是文化英雄。哈尼族神话传说中关于此类文化英雄的叙述还有说唱歌舞的由来，赶街的由来等，③ 这里仅做一简要的涉及。

四、规范典章制度的文化英雄

典章制度是文化模式的外显构架，它通过一套礼仪规范着人们的行为。通常所谓的典章制度是指人生礼仪（生死婚嫁）、村社礼仪（居式、房式、发式、服式等）、年节礼仪（节日庆典）和宗教礼仪等，其种类之繁难以遽说。哈尼族诸多礼仪均由文化英雄创制，即如这"礼仪"（古规）本身，也是由天神俄玛的女儿烟本和烟姒站在天宫金门槛上讲出来的，而如这两位女神般颁定种种规程的天神，在《窝果策尼果》里就有数十位，简直构成了一整个的原始社会立法委员会，我们在此只能择其要者言之。

---

① 参见《哈尼族民间故事选》，上海文艺出版社 1989 年版。

② 参见《哈尼族民间故事选》及《窝果策尼果》第八章《普祖代祖》（意为"安寨定居"）。

③ 参见《哈尼族古歌·窝果策尼果》第二十一章《莱祖》（意为"街子的来历"）、第二十二章《苏雪本》（意为"说唱歌舞的起源"），云南民族出版社 1992 年版。

如人生礼仪中的生死婚嫁法规就是由天神烟沙制定的，传说古时万物寿命不长，是天神烟沙请其母梅烟生下九位永生不死的姑娘，分别嫁给天地日月与众神，于是兴下男婚女嫁的规矩。但是由于人类从此有了不死的寿命，世界上老人堆积如山，深为其苦而企望死去，于是人们自行决定人可以死，且要为死者发丧，烟沙闻知大怒，认为不经他允许擅自死亡是不行的，但在贝玛、猎人、木匠的劝解下终于答应了人可以死亡。本来他规定老人死年轻人活，但因传话人传错，有了老中青都可死的命运，而死亡的一套丧制也就决定下来；相应的，人的婚娶礼仪也有了规范。[①] 在制定这些仪式的过程中有很多曲折的故事，参与制定的文化英雄也有许多，而主要决策人物则是烟沙天神。

由于文化的整合特性，许多礼仪交合杂糅于一体，现在我们来看下面两种神话，因为它们同时包容着年节、宗教和村社礼仪的诸多因素。

一个是关于哈尼族最盛大的宗教祭典"艾玛突"（意为"祭寨神"）由来的传说：从前有一个魔王专吃活人，人们不堪其苦，与他达成协议，每年二月杀两名男子，砍头祭他，以使更多的人家平安。后来轮到寡妇艾玛（一称阿玛）家的两个儿子砍头，艾玛与魔王通融，每年送他两个最美丽的姑娘为妻，魔王答应了。殊不知艾玛送去的却是男扮女装的两个儿子，他们趁酒宴大张、魔王沉醉，杀死了他，从此一劳永逸地拯救了哈尼人。艾玛死后，人们便奉其为寨神，使之保佑村寨平安，于是每年二月均举行祭寨神仪式。[②] 此一祭典历时三至五日，内容繁杂严苛，分五个步骤举行：祭神林中象征寨神的神树神石，游寨招寨神魂（效艾玛杀魔故事，以两个男子男扮女装率众寨人持木制刀械四处"砍杀"魔王，然后喊寨神魂，封寨门），饮贺生酒，祭水神，祭神林。这些过程都与艾玛故事相关，事由艾玛起，故以其为文化英雄。

一个是关于哈尼族代表性节日"苦扎扎"（六月年）来历的传说，其

---

① 参见《哈尼族古歌·窝果策尼果》第十六章《然密克玛色》（意为"嫁姑娘讨媳妇"）、第十七章《诗窝那窝本》（意为"丧葬的起源"），云南民族出版社1992年版。

② 参见《哈尼族古歌·窝果策尼果》第十四章《艾玛突》，云南民族出版社1992年版；亦可参看《男扮女装祭护寨神的由来》，载《哈尼族民间故事》，云南人民出版社1984年版。

说有三：① 古时六月间天降暴雨，冲毁山寨良田，原因是天池漏水，有艾蒲艾乐兄妹飞上天用身体堵漏，为纪念他们，哈尼每到六月便打磨秋，磨秋吱吱嘎嘎的响声传达天庭，诉说人们对他俩的思念之情；② 古时日月并出万木涂炭，有两兄妹借磨秋旋转的力量飞上天宫劝说日月轮班出没，打磨秋过六月年是纪念他俩；③ 古时哈尼烧山开田得罪了山上的动物，它们便到天上告状，聋子神判其于稻谷扬花（六月）时砍一名男子的头向动物赔罪，人们的哭声惊动大神梅烟，她心生一计，叫哈尼在六月打磨秋，并以牲血涂祭其上，这样动物们看见哈尼受到"酷刑"，被"吊"在空中又哭又叫（欣喜之声）并出了血，便不再要人头祭献了，从此六月年打磨秋与天神一道过节的规矩就定了下来。六月年是哈尼族最隆重的农事大典，节期三至六天，由砍树立磨秋、祭磨秋、磨盖杀牛房、杀牛祭神并分牛肉（福餐，人均一片）、打磨秋、摆街心酒、摔跤等仪式组成，其中打磨秋请神供祭等与第三则故事情节相扣。① 以上三个"苦扎扎"传说中的文化英雄各不相同，第一、二则是兄妹俩，第三则是天神梅烟，但不论是人是神，都紧扣住特定的节令——六月，因此时稻谷已扬花，有的已灌浆待熟，在丰收大忙到来之前，人们需要一个充分休息养精蓄锐的机会，六月年正是适应这样的需求而产生的。

以上介绍了有关艾玛突和六月年的神话传说，从中可以见到它们具备着多么复杂的社会功能，在阐释时气节典的同时又阐释了宗教信仰、村寨活动诸种方面的文化因由，或许正因如此，制定这一套典章礼仪的文化英雄才显得格外庄严神圣。

哈尼族的文化英雄数量既多内容又异常庞杂，本文所涉仅是其中在笔者看来较典型的一部分，希望通过这样初步的整理，能够把该族文化英雄系统的概貌和特征勾画出来。

（载《民族文学研究》1998 年第 3 期）

_____

① 以上三则神话参见云南民族出版社 1986 年版《哈尼阿培聪坡坡》注释③ 及上海文艺出版社 1989 年版《哈尼族民间故事选》中之《都玛沙莪》。

神话的整化意识

远古的神话恰如一张黠智的犁，犁开了洪荒时代贫瘠的土层，使今人得以窥测到其中的深层内涵；它又如一张诡谲的网，为今人罗织了自有人类以来最为神秘莫测的物态人情。多少年来，人们对远古神话揣摩想象，观踪追迹，企图真正把握住原始初民们的意念和风情。人们常常看到神话世界中的若干奇异景象，创造这些形象的原始初民的大脑，似乎完全不受时间、空间和物理构造的捉控，随心任意，颐指气使，大自然以及人类本身，在他们那里似乎变成一团可以随便搓捏的面团，而由他们去恣肆地发挥自己的主观意象，去塑造自己无往不至的心灵的幻影：一切有形的，可以转化为无形；一切无形的，可以获得实在的形体；一切非生命的，举手之间便可获得生命；一切生机隆隆的，转瞬又成无垠的死寂；毫不相关者，在神话里相关了；毫不起眼者，在神话里得以伟岸；原始人的心眼，好像魔术师手里的棍子，可以点化金石，变腐朽为神奇；原始人的意念，正如磅礴的大气，一无所在，又无所不在。

现代人一直在探索，这一切是怎么发生的？头脑简单四肢发达的原始人究竟是用一种什么样的眼光来观察事物，用一种什么样的感觉来触摸世界，用一种什么样的手段来表达对于世事的感受？笔者认为，对这个问题的解答，就是原始人的整化意识。①

—

首先展现在我们面前的是各民族先民的创世神话。原始人野心勃勃，

---

① 笔者所言"整化"与文化学上的"整合"有质的不同，"整化"强调不同类之间的互为互等，"整合"更强调类间的综合与集成。

他一张口，便要说尽感官所接触的所有东西——天地、日月、星云、江海、丘岳、草木树石、动物植物通过神经所感受到的生命的最大弹性限度——一瞬至永恒，他把自己的坐标定在时空纵横的交叉点上，以自我为中心，向四面八方辐射出自己的创造能量：

> 远古的时候，世上一无所有，神巨人顾米亚生下十二个孩子，他和他的孩子们一起来造天造地。他们用犀牛皮做天，用犀牛肉做地，用犀牛骨造石头，用犀牛血造江河，星星则用犀牛眼睛来造……（布朗族创世神话）
>
> 天地产生以前，世界一片混沌，遮帕麻、遮米麻二人来造天织地。遮帕麻造天，他还在天上造出太阳、月亮、星星。遮米麻织地，她在大地上织出了花草树木、江河海洋。（阿昌族创世神话《遮帕麻与遮米麻》）
>
> …………

在这些远古神话里，我们看到了初民意识中十分独特的一面，这就是超越、融和、派生、互为、共组。从审美意象上说，就是浑成、朴厚、空濛、超迈、广阔；从哲理意上说，就是统一、集合、概括等等；而从思维科学的角度来说，就是原始思维中强烈的整化意识。

本来，天自为天，地自为地，然而天地竟然共由一物生出、造出和化出，日月自为日月，江海自为江海，而日月江海也和兄弟姐妹一般出自一个母腹。这化育了万类者，或者为神，或者为巨人，甚或为天鬼、神牛，总之他们是一个最高概括限度的数量词"一"。万物生于"一"，始于"一"，又返于"一"，溯于"一"；"一"是"万物"，"万物"亦即是"一"。这种"一"与"万物"派生与归元的正逆运行，就是原始人的整化意识，也正是他们认识和表达客观世界的思维模式和行为模式。

德国哲学家恩斯特·卡西尔从他对前辈人类文化哲学成果的富于批判性的继承中，认识到科学思维与原始思维在方法论上的根本分界点，在于前者的分析与后者的综合，他总结道：

> 当科学思维想要描述和说明实在时，它一定要使用的一般方法——分类和系统化的方法。生命被划分为各个独立领域，它们

彼此是清楚地相区别的。在植物、动物、人的领域之间的界限，在种、科、属之间的区别，都是十分重要不能消除的。但是原始人却对这一切都置之不顾。他们的生命观是综合的，不是分析的。生命没有被划分为类和亚类；它被看成是一个不中断的连续整体，容不得任何泾渭分明的区别。各不同领域间的界线并不是不可逾越的栅栏，而是流动不定的。在不同的生命领域之间绝没有特别的差异……他（原始人——引者注）深深地相信，有一种基本的不可磨灭的生命一体化（Solidarity of life）沟通了多种多样形形色色的个别生命形式。①

卡西尔以前的若干人类文化学家，面对原始人文化创造中这种无处不在的能够沟通一切、等于一切，而又不尽是一切的"生命一体化"现象，常常感到深重的困惑，他们触摸到千千万万诸如此类的原始文化现象，不禁睁大现代人好奇的眼睛，惊诧于原始先民们思维上的怪诞，觉得在现代人与原始人之间，尽管在物理组合上没有什么根本的差异，但二者思维之间毕竟存在了一条无法逾越的鸿沟，仔细揣摩苦心经营之下，各自提出一套意在以一当十的理论对此加以诠释，早期的有泰勒的泛灵论，稍后的有弗雷泽的图腾理论，而后有马林诺夫斯基的社会功能论，列维 - 布留尔的"互渗律"和最近的列维 - 斯特劳斯的结构主义等等。这些理论框架在根本上的缺憾，就是采用了"分类和系统化"的视角，从而在虽有建树的同时，遗忘了原始思维中的最重要的这一点——整化意识，即卡西尔所谓的"综合的生命观"。因此，现代人的意识将他们引入了迷津（或多或少）。

就笔者看来，生命的整化观——思维的整化意识普遍存在于原始人的头脑中，并且是作为总领一切的大旗高举着的，它决定着、规范着原始人的所有文化活动，而且在程序上、程度上，越是原始便越是整化，最后竟至可以整化到一些基本的点上。笔者曾经在亲身调查的过程中，搜集到下面这则神话故事，它能够帮助笔者说明自己的观点。

最早的时候，哈尼族祖先是一条大鱼。那时世上的水分作三

---

① ［德］恩斯特·卡西尔：《人论》，上海译文出版社 1985 年版。

股，一股是甜的，一股是淡的，一股是咸的，祖先鱼尝过三股水，认为咸水味道比较好，就住进了那突德取厄玛（意为"有咸味的大海"）。后来她开始生孩子，先后生下天、地、有、无、黄、红、绿、白、黑、生、死、大、小、半。

天地就是平常的天地。"有"就是样样都在了，都得了，拿着了，摸着了，见着了，听着了。"无"是"有"的反面。什么是"黄"呢？就是不管摸得着摸不着、看得见看不见，也不管认得认不得、吃得吃不得，只要是黄色的，就是"黄"，像黄果、黄芭蕉、黄牛、黄水、落山时的太阳，都是"黄"。什么是"红"？"红"和"绿""白""黑"都差不多，就是不管看不看得见、摸不摸得着，也不管认得认不得、吃得吃不得，只要是这些颜色的，就是它们了。说到"红"，血是"红"，火也是"红"，早晨的太阳也是"红"。说到"白"，银子是"白"，白天是"白"，老人的白头发白胡子也是"白"。"生"是什么？阿妈生小孩是"生"，田里庄稼发蓬长高也是"生"，梨子小吃不得也是"生"。至于"死"，动物植物死去是"死"，石头不会动也是"死"，人憨、心笨也是"死"。"大"和"小"中的"大"是没有边，"小"是认得但看不见摸不着，另外，哥哥比弟弟大也是"大"，鹿子比马鹿小也是"小"。"半"是饭半生半熟是"半"，德摩诗琵①白天管人间，夜晚管鬼神也是"半"，女的说男的是"半"，男的说女的也是"半"，儿女说爹妈是"半"，爹妈说儿女也是"半"。

祖先鱼把这些小娃奶大，他们就各走各的了。后来祖先鱼也上了地，住在河谷的"苏密苏纳"大岩洞里，因那里终年不见阳光，又上了虎尼虎那高山，这时头人也从女人换成了男人。（哈尼族神话《祖先鱼上山》）②

①　德摩诗琵是传说中兼管阴阳的神人。

②　此神话由笔者1984年搜集于元阳县树皮寨，讲述人为70余岁老贝玛杨批斗，今已去世。每抚及此，常有念焉。顺志为悼。

云南文库·学术名家文丛

有、无、黄、红、绿、白、黑、生、死、大、小、半，这一组概念对原始先民来说，是空泛的，又是实在的；是理念，同时又是具体物象。"不管摸得着摸不着、看得见看不见，也不管认得认不得、吃得吃不得，只要是黄色的，就是'黄'。""看与摸"是官能感知的物质世界，"认得认不得"是思维认识的理念世界，这分属两大范畴的内容，用一个概括词"黄"就包容了，即物质的也好，理念的也好，绝不相属的概念都在一个点上整化，而这个概念是具象的同时又是抽象的，它完全是具象意义上的这一组事物中的每一个，又不完全是它们中的每一个，它完全是抽象意义上的这一个，又不完全是这一个。这是一种奇怪的、反现代概念的思维模式。按照现代人的思维方式，"人"是抽象的泛性概念，所指为哺乳动物中具有直立行走、制造使用工具、制造文明的这一类，但它不具体到某人，尤其在"人"与某人之间不存在共体关系，因为在这二者之间已经存在着类和亚类的分属，而在原始人那里情况却是反过来的，"黄"，是集合抽象词义上的同时又是各别具象词义上的概念指代，即 β（黄）同时是 A（黄果），同时是 B（黄芭蕉），同时是 C（黄牛），同时是 D（黄水）。

我们谈到的"有""无""黄""红""绿""白""黑""生""死""大""小""半"，从某种意义上来说似乎具有分类学上的意味，如从色彩的归类上，我们可以看到"黄""红"之类的分渠，但是当我们这样看时，马上就会发觉上了原始人的当，因为这样的分类是最混乱不过的。仅从色相上看，"黄果""黄芭蕉"与"黄牛""黄水""落日"确然是暖色调的"黄"色类，但是果子、芭蕉、牛、水、太阳这些实体又属于哪一门哪一类呢？果子和芭蕉是植物学的范畴，牛属动物学范畴，水是流体，太阳是天体，它们各有自己的系列和统属；按科属种分下去，黄果、黄芭蕉应属于热带亚热带水果中的某科某种，黄牛应当属于脊椎动物哺乳类中的某科某种，黄水应属于液态流体中的某属某种，落日应属于银河星系中的某属某种，彼此间根本是风马牛不相及的。但是在一种跨科、跨属、跨种的整合意识中，它们是相关的，因为它们是自己的同时又是"黄"的本身。比如说芭蕉，这里不指其他任何形态的芭蕉，也不涉及芭蕉中的品种，只是说一切成熟了的且具备黄色调的芭蕉。

一切客观事物有条不紊的序列组合，在原始思维中的整化意识里被全部打乱重组，地域、门类、时间、空间、物态、属性等等，都没有了界限，一切可以互通、互化、互换、互等，原始人正是在这里为自己找到了驰骋心灵的真正广阔无垠的空间。这也是为什么在人类文化之树上收获的第一批果实中，出现的是神话而非传说、故事、童话、寓言、叙事诗、抒情诗……的原因。

二

近年来，神话学界出现一批研究变形神话的文章，其中大多注意到一些著名的古代变形神话，如《庄子》：北溟有鱼，其名为鲲，化而为鸟；《山海经·大荒西经》：蛇乃化为鱼；《北山经》：炎帝之少女女娃，游于东海，溺而不返，化为精卫鸟；《左传》：鲧化为黄熊等等。有的文章由变形神话连类到其滥觞，即后期的精灵故事、魔法故事以及传说中的人物变幻等。这些文章都注意发掘种种变形后面的原始人对时空、生命形式的超越和克服，这无疑是有价值的。但是这些文章多侧重于变形神话故事中的"变"，而未能对这种种"变"所由生的整化意识加以研究，这不能不说是一大缺失，因为在笔者看来，变形只是整化意识支配下的原始人的认识方式和表达方式，归根结底，主宰原始人的还是整化意识。为了说明这一点，我们最好还是再留心集变形神话大成的《山海经》中那些半人半兽或半禽半兽的怪物们：

　　自招摇之山以至于箕尾之山，其神状皆鸟身而龙首。

　　自钤山至于莱山，其十神，皆人面而马身，其七神皆人面牛身。

　　崇吾之山至于翼望之山，其神状皆人面羊身。

　　自单狐之山至于隄山，其神皆人面蛇身。

人面龙身、人面牛身、人面羊身、人面蛇身等等怪相，都是异类合体，即在一个形体之上赋予一个以上的形体，在一种属性之上赋予一个以上的属性。这些相异的形体和属性，在本质上又是完全不相干的，诸如人与龙、人与牛、人与羊、人与蛇之类，但这些异类却在一个同体中统一了、融合了、共生了、互化了，亦即整化了。上面所举的若干异类同体的形象，都是整化意识的迹化之物。

列维－斯特劳斯曾被流传于原始民族中鸭兔图形大大吸引，并从中认识到凡研究原始文化者，都应该"站在土著的立场"来观测自己的研究对象，因为原始文化作为初民意识形态的反映，与现代人的文化意识自有若干不同，因此在探索它们的时候，应当从表层的接触深入底里，甚至必要捕捉到流动于这表层之下的潜意识流才可得其三昧，这对我们确实是有启示的。其实，类如鸭兔图形的造型在原始或半原始乃至文明初启的文化大泽中不是个别例外的神龙，它们是大量而普遍地存在着的，在中国，从新石器时代一直到殷商，我们都可以从大量的文化遗存中看到。

下面不妨将列维－斯特劳斯所见的鸭兔图形与青铜饕餮纹做一番探讨。

（1）鸭兔图形（图略）

这一图形的妙处在于，人们观察它的时候无法明确地说出它究竟是个什么东西，强为之说，只好蒙起右面，说它是一只鸭头，蒙起左面，说它是一只兔头，而原始民族却能一口道出："这是鸭兔！"蒙起来说左说右，是现代人的科学方法，即分析的、归类的、系统化的方法，一言以蔽之曰鸭兔，则是原始思维的整化意识。

（2）青铜饕餮纹（图略）

饕餮究竟是什么东西？这个问题迄无定论，各种说法都有：牛、羊、龙、鹿、虎、豹、山魈、湾鳄……李泽厚认为它是牛头纹，"但此牛非凡牛，而是当时巫术宗教仪典中的圣牛"。① 但从我们的观点看来，李泽厚的推测不尽准确，他认定是牛头纹固然不错，但又排除了它同时是其他动物的可能性，因为他采用的仍然是现代人立场（而非"土著立场"）的分类法和系统法，但从制作了青铜饕餮的先民角度看，它是它自己，同时又是牛，是羊，是龙，是鹿，是虎，是豹，是山魈，是湾鳄……是这些种类的整化体。

在所有这些异类同体图形和异类同体神话中，反映着初民们一个极为重要的观念——反排中律。按排中律，在同一时间和同一的条件下，互相

---

① 李泽厚：《关于中国古代艺术的札记》，《美学》1980 年第 2 期，第 151 页。

矛盾的两个判断中，必有一真，必有一假，不能都是真的或都是假的，不能有中间情况，即 A 或非 A，不能是 A 同时又是非 A。上面我们表示了大量"中间情况"在原始思维中的存在，鸭兔图现在"是鸭子"的判断中又包含了"不是鸭子"的判断，在"是兔子"的判断中又包含了"不是兔子"的判断；饕餮纹在"是牛头"的判断中，同时有"不是牛头"的判断，在"是羊、龙、鹿……头"的判断中，同时具有"不是羊、龙、鹿……头"的判断。这种判断式，我们不妨称之为整化判断，因为它是整化意识的共生物（这个问题牵连到一系列逻辑概念，本文不做深谈）。

整化意识及整化判断直至现代还在若干原始民族中起着支配作用，列维－布留尔引述封·登·斯泰年的材料说：

> "特鲁玛伊人（Trumai）（巴西北部的一个部族）说他们是水生动物。波罗罗人（邻近的一个部族）自夸是红金刚鹦哥（长尾鹦鹉）。"这根本不是说，他们死了以后就变成金刚鹦哥，或者金刚鹦哥变成波罗罗人，因此，它们值得同等看待。不是的，根本不是这样。封·登·斯泰年（Karl von den Steinen）无论如何不愿相信这种无稽之谈，但他不得不在他们坚定的断言面前让步，他说："波罗罗人硬要人相信他们现在就已经是真正的金刚鹦哥了，就像蝴蝶的毛虫声称自己是蝴蝶一样。"……他们这样说，是想要表示他们与金刚鹦哥的实际上的同一。①

在这里我们碰到了与上示图形一模一样的问题：异类同体。波罗罗人没有向封·登·斯泰年出示他们的自画像或图腾标志，否则的话，一定是一个长着波罗罗人头和红金刚鹦哥身子（或相反）的"人首鸟身"像。列维－布留尔还说到大量神示材料，他把这些现象解释为"原逻辑"思维的结果，比如：

> "墨尔本的土著部族失去了一个自己人，这个人看来死得十分自然。死者的几个朋友采取了常用的挖沟方法来寻找罪犯，他们准确按照草的指向来到侨依斯克利克，中午在那里袭击了一群

① ［法］列维－布留尔：《原始思维》，商务印书馆 1986 年版。

打猎的土人，并杀死了一个美少年……这个少年的朋友们虽然亲
眼见到他被杀，清楚地知道这群犯罪的人是谁，但是他们仍旧采
用了同样的办法，把尸体捆起来，并且挖沟。结果，草的指向表
明，罪犯是在高尔布拉族（Coulbura）那一方，于是一支以长矛
等等武装起来的 18 个人的劲旅开到那里，在乔依斯克利克惨案
发生一个星期以后，他们则在高尔布拉族那边谋害人命。"……
用以发现这个原因的方法自然符合构成这个原因的观念，这些方
法同样能说明原逻辑和神秘的思维的特征。①

绝不相干的两个或多个事物一股脑儿联系起来，这不是神秘的原逻辑在起
作用，而是整化意识和整化判断所生成的结果。挖沟、观察草的指向这种
种神占的仪式绝不是突然出现在土人中的，它们有理由使土人相信，它们
所示的一切都具有真实的权威性，在这种方法形成的第一次，必然是真实
的应验的，所以第一次的成功也等于第二次，第三次……第 N 次的成功，
后面发生的也可逆等于前面发生的，正如前文所示 β 等于 A、等于 B、等
于 C 的等式是可以互逆的，这里 β 已变为若干次成功所集成的经验了，所
以乔依斯克利克的土人虽已亲眼看见罪犯杀人的事实，但因这一事实没有
获得神占的认可，便被整化意识排除了，而他们在高尔布拉族那边的新罪
行因进入了我们的等式，便被视为天经地义。从概念上说，看见凶手然后
找他报仇，这是"同类合体"，看见凶手而挖沟卜草找凶手，这是"异类
合体"，第一种判断合于排中律，第二种判断合于整化判断即反排中律。

三

过去人们认为神话创造的动因，是原始人对周遭事物变幻莫测的不理
解，因而用想象来阐释自然，为了说明这种想象的天真，常用儿童的想象
与之作比，后来人们发现原始人的心态与现代儿童的心态在表面的相似之
下更有深层的相异，于是放弃了这种比拟。这里的问题，笔者认为关键在
于文化背景（或称文化积累）的不同。儿童的天真富于想象力，是在他不
以自己的劳作实践为基础的扩张思维，他缺乏一种真实的丰富的文化积累

---

① ［法］列维－布留尔：《原始思维》，商务印书馆 1986 年版。

可供其作为对世界认识的参照，因而他的思维出现了单向单线的"天真的"趋向。原始人的思维也有单向单线的特征，但他是在经年累月的艰辛劳作之后的经验总结。就文化积累来看，在儿童是"无"，在原始人是"有"；在趣味上儿童是"天真"，原始人是"老成"。儿童对世界没有规律性的认识，而原始人的世界是有条不紊按部就班的。他们清醒地认识到，一切早在他们出生之前就按某种规律安排妥当了，人情世态，劳作休憩，或天风海雨，地崩山摧，甚至他们头上应长多少根头发，每天要走几步路，都是自然力量的代表（神）在那里照章办事的分派，因此无论是作为个体的人还是作为群体的人，都必须按照这种先验的规律运作；他们对一切绝不是"想"怎么样的问题，而只是"是"怎么样的问题，这里不存在"愿不愿"，只有"应不应"，他们只是棋盘上的一个子，药柜格子里的一种药，有自己天定神决的位置，这便是他与群体、与自然的关系。

因此作为文化符号之一的神话并不是自然或社会在原始人心灵中的复制和放大，更不是天马行空的想象，如果我们"站在土著的立场"，便会看见，神话不是"想象"的产物，而是"真实"的记录，一切都是像神话里所描述的那样在发生着、变化着的；对"土著"来说，并没有"神话"。因此在他制造这不是神话的神话时，他并没有去浪漫地想象，而是严格地按照自己的原则在记录着，好像一个忠实的书记官，记录着法庭的最后宣判，这原则就是整化意识；他通过这种方式来参与宇宙的运行，取得与周遭万物的谐调，达成自我的"定格"。所以，制造神话之于他，是其庄严的人生使命之一，正如吃、睡、生殖一样重要。

为了进一步说明，我们用作家创作作品与原始人创作神话做一番比较。

原始人创作神话，根本的目的，是为了通过这一活动来实现个体与群体、群体与群体、人类与自然的联系，而作家的创作则是自我表现。在创造过程的始终，作家十分清楚笔下的每一行都是虚构，因而为了表达内心的隐秘总是苦心经营，刻意求工，原始人却认为他创造的神话与真实的情况毫无二致，他没有加进个人一丝一毫的想象和夸张。此一。第二，就功能而言，作家的创作是他精神的生命，而原始人的神话则是他真实的生命。笔者曾认为："原始人的艺术活动不同于今日的艺术活动，是作为一种'精神享受，缘情而发，他们之从事艺术活动，首先是一种'物质需要'，缘事而发。今日的人们不听音乐、不演舞蹈、不诵诗歌、不事绘画，并不影响其生存，而原始人不听音乐、不演舞蹈、不诵诗歌、不事绘画，就势必给他们的生存带来威胁和困难，这正是原始艺术与文明艺术的一条分界线。"①

总之，我们通过神话观察整化意识的产生，首先看到的第一个因素是社会集群的整化存在系统。个人的存在是无关紧要的，个人的观念更不值一提，个人唯有按照"定格"程序整化入群体，他才有存在的资格和价值，因此整化意识首先不是思维意识，而是社会意识。集群成员之间是一律平等的，物质和精神产品的生产与分配，都严格地取公平方式进行，在这些生产中，只有分工的不同，没有分工的贵贱，分配因此也取原始共产主义原则，所以在这样的社会里，无所谓"类和亚类"的区分。这就决定了他们的思维方式必取整化形式而不是其他。

整化意识产生的第二个原因便是感情因素。我们仍用现代人来做比较。即便是现代派者，在情感的激越时刻也必然以纯主观的意识来观照世界万物。王国维《人间词话》说：

> 有有我之境，有无我之境……有我之境，以我观物，故物皆着我之色彩。无我之境，以物观物，故不知何者为我，何者为物。

远古神话是原始人类心灵高度燃烧的结晶，与文明成熟时期才出现的"无我之境"的冷峻、淡泊格调不类，故此纯是"有我之境"，而且"我"高度融入客观事物，使万物"皆着我之色彩"而却失去客观的性质。但因"以我观物"，一切自然均已人化，人的品格赋予万物，不论是否相干，统统笼罩在这人格之下；在"我之色彩"点染下，自在的世界纵横变幻为诡奇瑰丽的人的神话世界，这就是原始人整化世界的过程，也是整化意识发生发展的过程。

（载《云南社会科学》1988 年第 4 期）

① 参见拙文《人的艺术与神的艺术》，载《民间文艺集刊》（第 7 集），上海文艺出版社 1985 年版。

旷世的辉煌

——论《哈尼族古歌》的文化内涵

我最早系统地接触到哈尼族的"窝果"（古歌），是 1981 年。那时，由红河州元阳县文化馆为主要发起单位，召开"文革"之后第一次"贝玛（祭司、歌手）讨论会"，我作为《山茶》编辑部的编辑，与老作家李乔、王松二位结伴前往山城元阳赴会。在文化馆那低矮的会议室里，在元阳城特有的终年浓雾的缠绕中，幸会了二十几个赫赫有名的大贝玛。他们甩开那喷着酒气和豪情的喉咙，用传统的"哈八"歌调把令我惊讶得咋舌的神话传说灌进我的耳朵里。我的心潮随着阵阵如松涛林吼的歌声飞腾起来——想不到，我所听到的竟是一连串震荡心灵的、具有万钧伟力而又意象超迈的古典精品；于是我挚爱了这些歌，和它们的歌者，和创造了歌及歌者的民族。

历经 10 余载，这些古歌于今日竟得以系统的体制丰盈的内容出版于我的眼前，我内心的激荡不言而喻。这一成果的问世有我一份小小的劳作在内，更有许许多多同道、朋友、领导、民族弟兄的关注、温暖和爱抚在其中！诸如，西双版纳州的李勇、阿海同志等等，红河州元阳县的卢友明、徐国学同志等等，以及西双版纳州民委、省民族古籍办、民族出版社的许多领导、朋友……对他们的支持、帮助，任何感激的话都难以表达我的心情。更值得缅怀的是由搜集哈尼族古歌开始的我与朱小和、杨批斗、车国忠、麻蒲成、陈阳则等著名歌手及杨叔孔、卢朝贵等朋友间的经久不移的友谊，10 余年来，我们共同为民族文化做着自己应做的工作，在世风日下人情如纸的时下，长留我心底的更是这人世间的温馨与慰藉。

这是一些与正文有关又无关，可以不说但又不能不说的"多余的话"。

《哈尼族古歌》内容的博大深邃、意态的豪放潇洒、格调的宏大阔远、手法的简洁精致、情采的富丽多姿，尽在读者的披览之中。作为一篇陋文企图说尽这样一部民族大著的精彩也是力有不逮，因而本文不欲与一般评论介绍雷同，而从学术评估探究的角度，选择了以偏概全、以点带面，力求突出特征所在的议论方式，试图对这本书做一些评说，而笔者切入的角度尽管多有层面，但主视点则放在文化性质的议论上。

一个民族总以某种为其独有而为他族所不具（或不突出）的精神作为观念形态上的旨归，而这种精神又总以某种文化形态为其传载。一个民族文化精神的突出表述，往往又是在其古代文学的代表性种类中。如华夏族，其文化精神多浓缩在远古神话和先秦诸子的文著（如《诗》《骚》）中，希腊民族的文化精髓，举世公认集中反映在大诗人大歌手荷马的史诗中；近年来国内外学术界大谈傣民族的文化，其精彩则是在世传的"五百五十部长诗"如《召树屯》《兰嘎西贺》《巴塔麻嘎捧尚罗》等中；而哈尼族的文化精神，窃以为正高扬在诸如《哈尼族古歌》这样的神话史诗和那些惊人的迁徙史诗如《哈尼阿培聪坡坡》《雅尼雅嘎赞嘎》《普嘎纳嘎》之中。因为正是它们，才使我们迈越了千百年的空间，得以透视这所有民族对于历史、社会、人生、过去、现时、未来的思考，以及他们全部的向往、追求、创造和奋斗。

一

且看《哈尼族古歌》所涵的民族文化精神。

从内容来看，《哈尼族古歌》实质上就是一系列神话、传说的韵文化（诗体化），可以说，哈尼族的神话传说中最重要的部分几乎都涉及在此中了。因而我们可以认为它就是一部神话传说大集，自然，它因此呈现了哈尼族神话传说的整体风貌。

哈尼族神话在中国 50 多个民族神话系列中是十分独特的，它不但具有强烈的个性色彩，而且极为丰富，俨然形成一整套的材料系统。《哈尼族古歌》中，举凡开辟神话、洪水神话、始祖神话、日月神话、文化英雄神话、物类崇拜神话、起源神话、火神话、感生神话、化身神话等等，应有尽有。著名的如《烟本霍本》（意为"神的古今"）、《俄色密色》（意为

"造天造地")、《查牛色》（意为"杀查牛补天地"）、《毕蝶凯蝶则蝶》（意为"人、庄稼、牲畜的来源"）、《俄妥奴祖》（意为"雷神降火"）、《厄朵朵》（意为"洪水泛滥"）、《嵯祝俄都玛佐》（意为"遮天大树王"）、《直琵爵》（意为"头人、贝玛、工匠"）、《天地人鬼》《阿培阿达埃》（意为"祖先的传说"）、《葫芦里走出人种》等等。它们的内容波及到哈尼族古代生产、生活、宗教、哲理、伦理、风俗、礼仪、庆典、节日、历史、社会等等的几乎所有层面。诚如有的学者所誉美的，它是哈尼族社会生活的百科全书，千百年来，哈尼族人民确然是以它为自己的价值系统和行为规范来展开人生画卷的。

因此，《哈尼族古歌》向我们呈现的第一个特点就是，它有着严密的、完整的系统性。

这在中华民族的神话造作上是一个不得了的贡献。

众所周知，数十年来，国际神话学界对中国神话所持的微词和诟病，就是它的残缺不全、杂乱零散、不成体系。国内学者囿于汉族典籍的稽考，也同意外国人的这一说辞。几位研究神话的大师曾遗憾地说：

综上所述，可见中国神话之系统的记述，是古籍中所没有的；我们只有若干零碎材料，足以表现中国神华原来也是伟大美丽而已。①

世界上的几个文明古国：中国、印度、希腊、埃及，古代都有着丰富的神话，希腊和印度的神话更相当完整地被保存下来，只有中国神话，原先虽然不能说不丰富，可惜中间经过散失，只剩下一些零星的片段，东一处西一处地分散在古人的著作里，毫无系统条理，不能和希腊各民族的神话媲美，是非常抱憾的。②

连鲁迅先生也在《中国小说史略》里说：

中国神话之所以仅存零星者，说者谓有二故：一者华土之

①　茅盾：《神话研究》，百花文艺出版社 1981 年版，第 31 页。
②　袁珂：《中国古代神话》，中华书局 1960 年版，第 16—17 页。

民，先居黄河流域，颇乏天惠，其生也勤，故重实际而黜玄想，不更能集古传以成大文。二者，孔子出，以修身齐家治国平天下等实用为教，不欲言鬼神，太古荒唐之说，俱为儒者所不道，故其后不特无所光大，而又有散亡。

自然，这里所说的"中国"，仅指汉民族而言，此为习用之语，不足为怪，然而放眼中华广大各族人民的神话，则不尽然，《哈尼族古歌》就是一例。

所谓自成体系的系统化，当指两方面而言：第一，所涵内容的广大深博，这一点，我们已在前文议及；第二，神话人物之间不是杂乱无章的，而是存在内在的联系。这可以从《哈尼族古歌》中诸神派生关系见出。

古歌中唱到了两个神灵系统，一是鱼祖系统，一是天神俄玛系统。鱼祖系统：世界之初，宇内一片混沌，只有一条大金鱼"密吾艾西艾玛"是唯一的生物，亿万年后——

> 金鱼娘醒过来，
> 它把天地来生养，
> …………
>
> 鱼娘的左鳍一扇，
> 黑黑的雾气被扇光，
> 蓝汪汪的天露出来了，
> 鱼娘把它留给天神去在。
> 它的右鳍一扇，
> 茫茫大水扇落千丈，
> 黄生生的地露出来了，
> 鱼娘把它留给地神当家乡。

生过天地，它又生神——

> 从脖子的鱼鳞里面，
> 抖出了一对大神，
> 先出来的是太阳神约罗，
> 后出来的是月亮神约白，

....

背上的鱼鳞一抖，

金光把天地照亮，

这回又生出两个大神，

就是天神俄玛，

和那地神密玛，

....

紧靠鱼尾的细腰，

又跳出一对大神，

他们就是有名的人神，

男的叫做烟蝶，

女的叫做蝶玛，

....

在鱼娘宽大的尾巴里，

还躲着一位大神，

她就是力气最大的密嵯嵯玛。

——《窝果策尼果》第一章

由此派生出天神俄玛系统：所有的天神都是俄玛生出来的，她十分明智，在生下诸神之前，先生出两个儿女玛白和烟姒，玛白管"规矩"，烟姒管"礼节"，使万物有序。然后她生下了神王——

最大最高的天神俄玛，

生下一位最高能的姑娘，

这就是天神梅烟，

梅烟是万能的女神，

梅烟是众神的大王。

....

梅烟生出大神烟沙，

这是一个万能的男神，

....

烟沙又生下大神沙拉,

沙拉和烟沙本事一样高强。

——《窝果策尼果》第一章

这就是三代神王,从梅烟开始,严格地按梅烟—烟沙—沙拉的连名谱系排列。

烟沙又生下了九位大神——

…………

他们就是:

管风的神密查、

管雨的神即比、

管雷的神阿惹、

管土的神达俄、

管籽种的神姐玛、

管水的神阿波、

管田的神得威、

管地的神密玛、

管沟的神阿扎。

——《窝果策尼果》第一章

由此又派生出人的系统、动物的系统、植物的系统,各系统间又相互有所照应,实在是一个结构严整的天地人神万物的庞大体系。这一体系填补了中国神话残缺不全的空白,足以与为学者们乐道的希腊、印度神话体系相媲美。

这是一个文化的辉煌。这无疑是哈尼族人民的骄傲,也无疑是中国人民的骄傲。

二

《哈尼族古歌》向我们呈现的第二个特点,就是它的神话正剧的特质——民族文化中英雄主义精神的高扬。

按照神话学的观点,神话世界实质是人类现实世界的夸张和放大,神也是人的升华和扩张，因此我们可以认为，古歌中的神，是现实的哈尼族人民理想中自己民族英雄的写照，对神的歌颂，即是对民族英雄的歌颂。

这一讴歌，集中反映在造天造地的诸神身上：

> 动了，
> 三层高天的神殿动起来了，
> 大殿里走出一窝一窝的神：
> 太阳神约罗走出来了，
> 月亮神约白走出来了，
> 雷神阿惹也走出来了，
> 雨神即比也走出来了，
> ……………
>
> 动了，
> 地底下的龙宫也像打摆子一样动了！
> 宫门里走出望不见头的神：
> 龙王欧罗走出来了，
> 水神阿波走出来了，
> 地神密玛走出来了，
> 土神达俄走出来了，
> ……………
>
> 造天嘛，
> 造得三层高天在晃，
> 造地嘛，
> 造得三层矮地在摇；
> 天晃嘛，
> 像冲瞌睡的女人走路，
> 地摇嘛，
> 像酒醉的汉子掼跤。
>
> ——《窝果策尼果》第二章

　　　　翁奔奔朗
　　　　去到天边边
　　　　从天地相合的地方
　　　　抽出四根光柱

　　　　翁奔奔朗
　　　　右手捏住东边光柱
　　　　左手捏住南边光柱
　　　　右脚钩住西边光柱
　　　　左脚钩住北边光柱

　　　　翁奔奔朗
　　　　用足全身力气
　　　　拉着光柱上天空
　　　　…………
　　　　把光柱钉在了天空
　　　　天光耀耀
　　　　地亮堂堂
　　　　天地明朗了
　　　　天地间看得清了

　　　　　　　　　　　　　　——《天地人鬼》

　　这是一群拥有无所畏惧、无所不为、无所不能的自信、自强、自我创造的震烁人寰的伟力巨人。神们那种创造天地的潇洒和践履万难前行的轻松自如,活泼地跃然于我们面前。

　　史学界对于哈尼族历史的探讨方兴未艾,论家蜂起,议论颇多,但大抵赞同其先发轫自西北高原,后经千百年的漫漫迁徙路,辗转来到滇南定居,沿途与南方的稻作农耕民族相融合,从而扬弃了原先的游牧文化,创造了独具一格的以梯田水稻耕作为主导方式的半山农耕文化。我们姑置民族渊源的歧义不论,只看哈尼先民在各地生活的环境,便可知其居处尽为逆境。迁徙途中的青藏高原、川西高原和云南高原的远古状貌,可从大量出土文物中来观测，即这些地区曾森林密布、荆莽绵亘，到处都是洪荒不毛。各地出土的动物遗骸中，除今日常见的虎豹豺狼、毒虫蛇蝎外，还有大量凶猛异常的犀牛、貘、纳玛牛、剑齿虎、嵌齿象等等。地质考古资料也表明，这些地区古代有洪水泛滥、山川崩毁等巨大自然灾害出现。这一切，都给先民们的生存造成了巨大的威胁。这种种威胁反映在神话里，就是古歌中那些作恶多端的神灵形象的出现。如那位"力气最大的密嵯嵯玛"女神，她见天、地、太阳、月亮、人神一对一对地飞上天空大地，只剩她一个留在大金鱼身上，就生气了，于是——

> 密嵯嵯玛骑上鱼背，
> 伸出巨手把鱼尾来搬，
> 鱼尾搬动一下，
> 世上就遭受祸殃，
> 蓝天罩上黑雾，
> 大地摇摇晃晃，
> …………
> 她还抖动长长的衣裳，
> 大水就漫齐大地天上；
> 她的鼻洞吹出狂风，
> 再重的石头也会抬起，
> 她的嘴巴喘出大气，
> 再粗的大树也吹到天上，
> 肚脐会出气，
> 屁股会喷气，
> 身上有洞处都会出气，
> 闹得天昏地暗不见亮光。
>
> ——《窝果策尼果》第一章

这就是地震、山崩、飓风、洪水等大规模自然灾害的神话形象。而面对这一切毁灭性的灾难，哈尼祖先们却以造天地诸神的伟大创造力和敢于迎战一切而胜之的英雄主义来回答。

在古歌《窝果策尼果》第十五章中，具体描写到这样一则神话：远古时哈尼人去烧山开梯田，因而得罪了大大小小的野兽，它们有的被火烟熏瞎了眼睛，有的洞穴被挖坍，就到天神那里告状，天神听其言，判决哈尼人每年必须杀人为祭。后来公正的阿匹梅烟（老祖母梅烟大神）知道了，她很同情哈尼，就为人们想出解脱的妙法，叫他们在六月二十四（杀人的法定日子）支好磨秋，抹上红色，一面打一面叫。阿匹梅烟又对野兽们说，看啊，哈尼受到了我加倍的惩罚，他们被吊在天上挨打，被打得团团转，血也流出来了，疼得直叫唤，这不比每年杀一个人好吗？这样就免去了杀人的规矩，而开始过苦扎扎（六月年）。在这里，如果说我们看到的还是人对神的乞求的话，故事发展下去就有了新的内容：哈尼人过六月年的欢呼直达天庭，大神烟沙的女儿莪姒（一说沙莪）骑马来到人间共度佳节，她与哈尼小伙子威惹相恋并结婚生子。古歌因唱叙六月年定情的古规由来，故事到此为止，后来歌手做了如下补充：烟沙大神不喜欢哈尼族姑爷，把女儿骗回天宫，威惹上天找妻子，烟沙与威惹赌赛击天鼓，以输赢定莪姒是否回到人间。威惹坐进天鼓，巧妙地用金针戳破天鼓，天鼓无法震死他，轮到烟沙进天鼓，威惹用鸡蛋汁把针眼糊起来，烟沙反而被震昏在天鼓里，他只好认输。这个故事，我们把它加以整理发表在《哈尼族神话传说集成》上。

在这里，人的地位（主宰性的）取代了神灵，先是人世间的欢乐对女神莪姒具有强大的吸引力，以致促成她和哈尼小伙子威惹的结合，然后是威惹与神王烟沙的直接对垒和战胜，这正是先祖们英雄主义的发扬。这一段是整个神话最精彩的部分，也是故事发展的高潮所在，因是古歌的延伸，我们不妨将发表后的这段故事引在这里，作为古歌的一个补充：

> 烟沙神王敲了一下（天鼓），问一声："姑爷，你还活着吗？"威惹在里面应一声："活着，活着。"烟沙神王敲一下，又问一声："姑爷，还活着吗？"威惹又应一声："活着活着，阿波（哈尼语：老大爷），使力敲，你敲不动，就叫你的弟兄们来敲！"……（轮到威惹敲鼓）威惹拿起脚杆粗的一根老竹使力敲了一下，问："阿波，格耐得住？"

> "耐得住，耐得住！"烟沙在里面回答。

敲了三下，里面都说耐得住，只是声气一下比一下小。敲到后来，威惹问："阿波，还耐得住嘎？"只听里见里面"依耶——"长长地出了一口气，不回答了——烟沙神王震昏在里面了。

威惹赶紧把烟沙神王拖出来，掐掐捏捏，拍拍打打，烟沙神王才睁开眼睛。

在平静的、毫无夸张的叙述中，一个重大的主题被表现出来了：神王被凡人打倒，他昏厥的狼狈相表明，平昔的威风、权势、炫人眼目的神光都不灵了，因为与他对立的是远远强大于他的人。威惹作为一个胜利的凡人，全胜之后（取了神王之女又战胜了神王），还用幽默的语调探问："阿波，还耐得住嘎？"这是真正有力量的人的轻松口吻，也是神话正剧——民族英雄主义歌颂的格调。

三

《哈尼族古歌》对中国乃至世界文化的贡献，还在于它为神话思维学提供了崭新的思辨材料，使人们得以借古开今，形成新的学术精进。

多年来，中外神话学界对神话世界的恢宏与磅礴、诡谲与飞动始终存着巨大的好奇心。世人无法理解，为什么在先民们的大脑里，时间和空间、物质和精神纯然是无所拘束的。大自然以至人类本身，在先民们那里似乎变成一团可以随意搓捏的面团，而由人们去恣肆地发挥想象，去塑造自己无往不至的心灵幻影，也就是说，神话究竟是按一种什么规律去营造的？对这个疑团的解答，形成了诸多的学术派别，造就了一代代的学术巨匠。就国外而言，早期的有泰勒的泛灵论，稍后有弗雷泽的图腾论，而后有马林诺夫斯基的社会功能论、列维-布留尔的原始思维论和列维-斯特劳斯的结构论等等。可惜的是，这些大家一个共同的弊端都在于采用了"分类和系统化"的视角，即采用了现代人的眼光去观照古代的事物。

近世以来，德国哲学家恩斯特·卡西尔从他对前辈人类文化哲学的富于批判性的继承中，认识到科学思维与原始思维在方法论上的根本分界点，在于前者的分析与后者的综合。他总结道：

云南文库·学术名家文丛

当科学思维想要描述和说明实在时，它一定要使用的一般方法——分类和系统化的方法，生命被划分为各个独立的领域，它们彼此是清楚地相互区别的。在植物、动物、人的领域之间的界限，在种、科、属之间的区别，都是十分重要不能消除的。但是原始人却对这一切都置之不顾。他们的生命观是综合的，不是分析的。生命没有被划分成类和亚类；它被看成是一个不中断的连续整体，容不得任何泾渭分明的区别……有一种基本的不可磨灭的生命一体化（Solidarity of life）沟通了多种多样形形色色的个别生命形式。①

卡西尔是对的，他的大著确然为学术界指点了迷津，然而遗憾的是，他没有充实的材料系统作为这一理论的支撑。他可能没有找到理想的材料，但如果看到《哈尼族古歌》的话，他一定会欣喜若狂加以征引，并使自己的理论更臻完善。

笔者曾依据《哈尼族古歌》及相关的材料，在卡西尔的理论基础上更向前推进了一步，得出了先民们创作神话思维的方式是按照"整化意识"来进行的。②

古歌《窝果策尼果》唱道古时万物皆无，只有一条大金鱼由它生出诸神和天地，古歌《天地人鬼》中也唱道：

很久以前

远古时候

上没有天

下没有地

只有气上下串

上气下串

下气上串

上气下气交配

产生又红又稠的血（着重号为引者加）

---

① ［德］恩斯特·卡西尔：《人论》，上海译文出版社1985年版。

② 详见拙作《神话的整化意识》，《云南社会科学》1988年第4期。

············

　　血雨凝固起来

　　成了厚厚的地

············

　　地层的热气

　　上升为雾

············

　　雾层层增厚

　　这就有了天

　　天地交合生下一群大雁和蚂蚁，天地之神相合又生下日月，渐渐又生出万物。

　　"气""血"这种只可意会不可言传的极端概念化的东西竟然是万物之始，由空洞的"气""血"化生万物，大到天地，小到大雁蚂蚁，在这种抽象与具体的两极，我们先人的思维将它们进行了十分轻松直接的联系。这种思维实在是奇妙之极！

　　本来，天自为天，地自为地，然而天地竟然共由一物（而且是抽象的"气""血"或者是十分具体的大金鱼）生出、造出或化出。然而不管它们是出自于何物，总之它们是出自一个最高概括限度的概念（"气""血"、大金鱼），这即是万物生于一，始于一，又返于一，溯于一的思维模式。简单说来这种"一"与"万物"相派生与归元的正逆运行，就是原始先民的整化意识，亦即他们认识和表达客观世界的思维模式和行为模式。

　　如果说《天地人鬼》中对"气""血"与天地、大雁、蚂蚁等万物的整化关系，或《窝果策尼果》中大金鱼与天地、日月、人及密嵯嵯玛诸神的整化关系还有某种模糊的话，那么，笔者在搜集《窝果策尼果》时作为背景材料的这则神话说得就十分明白了：

　　　　金鱼娘住在"那突德取厄玛"（意为"有咸味的大海"）中，后来它开始生孩子，先后生下一大群孩子：老大是天，老二是地，老三是"有"，老四是"无"，老五是"黄"，老六是"红"，老七是"绿"，老八是"白"，老九是"黑"，老十是"生"，老十一是"死"，老十二是"大"，老十三是"小"，老十四是"半"。天地就是平常的天地，"有"就是看得见摸得着的东西，"无"就是看不见摸不着的东西，"黄"是不管看不看得见摸不摸得着，也不管认得不认得，只要是黄色的就是"黄"。"红"也类似"黄"，如血、火、旭日都是"红"。其余都类似。①

天地、有无、大小……这一组概念对先民们来说，是空泛的，又是实在的（大金鱼与天地、日月、人神，气血与天地、大雁蚂蚁等等一样），它们是理念的，同时又是具体物象。"不管看不看得见摸不摸得着，也不管认得不认得"，"看"与"摸"是官能感知的物质世界，"认得不认得"是思维认识的理念世界，这分属两大范畴的内容，却用一个"黄"就包容了，即物质的也好，理念的也好，绝不相属的概念都在一个点上整化了。这是一种奇怪的、绝不类同于现代思维——"分类和系统化的方法"——的思维模式，一切客观事物有条不紊的序列组合，在这里全部打乱重组，地域（天、地、大海……）、门类（生物、无生物、动物、植物、飞鸟、游鱼、虫蚁……）、时间（几亿万年、一瞬……）、物态（气、血、天、地、日、月、大雁、蚂蚁）等等，都没有了界限，一切可以互通、互化、互换、互为、互等，我们的祖先正是在这里为自己找到驰骋心灵的真正广阔无垠的空间。

四

《哈尼族古歌》难能可贵的第四个方面，是它极为精彩地记述了人类历史上第一次脑力劳动和体力劳动大分工的过程，从而为我们认识上古史中这一次大革命的全程提供了契机。

世界历史告诉我们，人类的进化经历了漫长而复杂的过程，由猿到人，由早期智人到成熟期的人，人类由自在之物变为自为之物而成为"万物之灵"，这一整个历史长链中，至关重要的一环，就是人的自我意识的觉醒和思维水准的提高，这集中地反映在古巫（哈尼语之"贝玛""摩

---

① 云南省民间文学集成办公室编：《哈尼族神话传说集成》，中国民间文艺出版社1990年版，第48—52页。

云南文库·学术名家文丛

琵")的产生与形成上。

关于古代巫师的形成与发展，因为问题的重大而为历代学者所注目。就汉族而言，从先秦诸子的论著到近人的文章都有论说。如大学问家王国维先生在其《中国戏曲史》中探究戏曲起源时就说过，戏曲之源当是古代的巫歌巫舞，而巫的发生则"与文化俱古"（商务印书馆本第一节）。他认为巫的发生相当古远自然是不错的，但说"与文化俱古"则十分模糊。人的本质是文化，换句话说，人类自从创造出一个文化符号，就不再是其他物类而是人类本身了。从理论上说，这可以上溯到旧石器时代之初，但那时的人类刚从动物中分解出来，虽已有了"文化"，但是否有巫兴作于其间，甚至是否有最初的巫术意识亦很难印证。

一般说来，学术界认为人类出现于地球约在300多万年前，但直到二三十万年前还是直立猿人阶段。现在从世界各地发掘的四五十万年前的若干石器，如扁桃型粗石斧、石核及原始人采集、狩猎和用火的遗迹，即所谓"早期旧石器时代"的文化中，很难见到巫的痕迹。直到50 000年至15 000年前的"晚期旧石器时代"，我们才见到出土文物中的巫术文化遗迹。哈尼族先民在旧石器时代晚期的文化至今难以寻觅，其活动只能从神话传说中做一些约略的推想与揣摩，因而《哈尼族古歌》这样的传世之作在文化史的认识上就显得格外重要了。

综观《哈尼族古歌》及其神话系统，我们可以看见哈尼族先民对巫文化的兴作发达大致有以下阶段的认识：

① 人人为巫，人神杂糅阶段

在《窝果策尼果》第九章中唱道，洪水泛滥之后，人类濒临灭绝，只剩下佐罗佐白兄妹俩，在天神的撮合下，为了延续人类，兄妹相配成婚，妹妹佐白浑身上下怀了孕，生下"七十七样人种"，她成了"高能的塔婆"（多子者）。古歌《天地人鬼》中也唱道：

> 神能的安追出现
> 安追有个姐姐
> 名字叫唐盘（塔婆的异音）
> 她是人鬼的阿妈
> 唐盘胸前有两个乳房

　　那里装着喂人的琼浆

　　唐盘背后有七个乳房

　　那是鬼的饭袋和食粮

　　…………

　　人鬼生活在一个屋檐下

　　唐盘管教他们守规矩

　　人鬼在一起打闹玩耍

　　唐盘劝告他们要谦让

　　…………

　　人鬼虽属异类，但系一母所出，手足相亲，融融泄泄，这里的文化氛围确是人鬼不分的时代写真。

　　古歌吟唱的严肃性和权威性还可以从哈尼族的世系谱牒中得到印证。《哈尼族简史》对元阳县麻栗寨李黑诸的家谱所记为"奥玛（天女）—阿卑（大地）—奥黑……奥尼（鬼）……提息里（天地开朗）—里包倍（生长茅草）—包倍乌（大蛋）—乌浩然（鹌鹑鸟）—浩然初（鸟孵蛋）—初未与（哈尼的祖先）……"并说"从奥玛至浩然初这二十一代，其间鬼、物、人不分"。简史中还罗列了金平县金临乡高陇山的家谱、红河县思陀土司李呈祥的家谱、西双版纳勐宋芒窝科寨六户"维咩谷"的家谱和西双版纳勐海南糯乡姑娘寨木姓家族家谱，内中都有类似的共识。

　　笔者亲自在元阳县攀枝花区洞铺寨和黄草领区树皮寨搜集到的家谱，基本排列为：

　　第一代：俄玛——天母；

　　第二代：玛窝——神人合体，以背走路；

　　第三代：窝觉——从天上降落人间；

　　第四代：觉涅——遍体长毛，鬼头，不会说话，不分尊卑，一窝一窝地在；

　　第五代：涅直——有了头领、鬼王；

　　第六代：直乌——以上几代身体如飘蓬随风游走，直乌则主动活跃起来；

第七代：乌突——能蹲起来；

第八代：突玛——能站能走；

第九代：玛约——住进岩洞；

第十代：约涅——身体多种孔道尚堵塞；

第十一代：涅本——七窍均开，会听会望；

第十二代：诗米乌——会认母亲，不会吃错奶头……

这些材料说诗米乌以上，是人、神、鬼、物不分的时代，诗米乌以后人、神、鬼、物各归其类，不再相混。

人与神鬼万物厮混的观念实质是什么呢？鬼神观的发生，是先民在生产能力低下时期（旧石器前、中期）的产物，人类受到大自然的压抑，尚未完全从自然客体中脱颖而出，依赖感极强，加以思维能力的低次，从而萌生了人与万物合一的世界观，人与自然界只存在形的差异而已。因此，就有了人与万物皆由一母（如"奥玛""俄玛"等天母）所生的意念。

在这一思维定式下，产生了人人皆是可与万物神灵沟通交往的巫者（"琵"）的概念。所谓"巫"，实指与神灵沟通之人。许慎《说文解字》释"巫"为：

> 祝也，女能事无形以舞降神者也，像人两褰舞形与工同意，古者巫咸初作巫，凡巫之属皆从巫。

又释：

> 觋，能斋肃事神明也，在男曰觋，在女曰巫，从巫从见。

（徐锴曰："能见神也。"）

上面所说人与万物鬼神不分，也即是人人皆"能见神"，能"降神"（请神降临，与神沟通），人人皆为巫。巫作为意识形态的文化工作者，人人皆为巫，可见脑力劳动与体力劳动尚浑然一体。

②人神（鬼）分家，天地绝通阶段

古歌《窝果策尼果》第八章中唱道，人和鬼是兄弟，后来兄弟不和，闹开了分家——

（先分大象）

云南文库·学术名家文丛

人拉着尾巴，

鬼拉着鼻子，

你拉过来我拽过去，

尾巴拉短了，

鼻子拉长了。

…………

（又分水牛）

人扳着牛角，

鬼拖着牛尾，

牛角扳弯了，

尾巴毛抹掉了。

…………

（又分麻蛇）

阿哥拉着蛇头，

兄弟拉着蛇尾，

拉过来拽过去，

阿舅（指蛇——引者）被拉成了七排长。

…………

　　动物、植物、山林、草地、水源……都被分开了，形成了人的世界和鬼的世界。

　　③ 人神（鬼）交通专职化，人类脑体劳动第一次大分工阶段

　　人与神鬼分家之后，人无法自由自在地到鬼神世界里游荡，而鬼神却可以往来于人间，这即是鬼神观念的明确化，亦即人类的思维有了巨大的发展表征。

　　但是与鬼神的交通中断并不是绝对的，在某些特殊的情况和场合下（如宗教祭典、巫术活动中），某些特殊的人们（即巫师）则可以与鬼神打交道。这就是专职巫与兼职巫的出现，即脑体劳动第一次社会大分工的过程，也是人类历史向着文化的高层发生突变的过程。这个过程充满着变革与复旧的斗争，因为它本质上就是一场伟大的社会变革和真正意义上的"文化大革命"。

古歌《窝果策尼果》第十三章《直琵爵》（头人、贝玛、工匠）就极细腻而生动地描绘了这场斗争。

因问题涉及的重大，古歌对这场变革不但辟以专章，而且以 2000 余行的大幅度加以表现。

为叙述简便，我们撮其大要如下：

①"直堵、琵堵、爵堵"——头人、贝玛、工匠的诞生：在远古的时代，天神烟沙在三块神田里栽出三种籽种，吃下第一种的人就变成头人，吃下第二种的人就变成贝玛，吃下第三种的人就变成工匠。这里的"头人""贝玛""工匠"不仅指人类社会的头人、贝玛、工匠，而且包括了老虎、豹子、老鹰等动物在内，只要吃到三种籽种，就变成老虎、豹子、老鹰等动物的头人、贝玛、工匠。这还是人、动物不分时代的写照。三种能人（哈尼族对这三种人尊称）问世以后，天神委派他们来到人间主持事务，但是哈尼人不知道三种能人的妙用，认为没有他们，千千万万年来人类不还是一样过日子？天神于是开导哈尼："没有头人，一家的十个姑娘吵架没有人劝，一家的十个儿子分家没有人做主，一寨的十条水沟要挖没有人做决定，千百种大事办不成。没有贝玛，病人睡在床上没有人扶起来（指治病），鬼进寨子捣乱没有人撵，千百样灾难降临无人献鬼敬神乞求保佑。没有工匠，锄头砍刀磨到把没有人接，盖房子的大树没有东西去砍，田里的尖刀草长得比人高只好用牙齿咬。"听了天神的启发，哈尼接受了三种能人。

②"直坡、琵坡、爵坡"——头人、贝玛、工匠的逃亡：三种能人各司其职，对哈尼社会的发展作用巨大，哈尼人对他们十分尊重，向其奉以优厚的报酬。如此一来，极大地刺激了人群中一些希望不劳而获的人，他们认为当头人、贝玛、工匠劳其心不劳其力，是一件轻而易举的事，于是骚动起来，纷纷取三种能人而代之，造成了一个是非不分黑白不辨的时代："哈尼先祖的大寨，出了争当头人的贼人，出了争当贝玛的无赖，出了争当工匠的饿狗；到处摆起香案，胡说八道地讲礼，到处摆起祭桌，装模作样地退鬼，到处支起了铁炉，会的不会的都来打铁。"如此一来真正的（天神派来的）头人、贝玛、工匠被排挤到一边，不再受人尊重。无赖们恢复到远古人人可与神鬼打交道的时代，于是三种能人逃跑到遥远的

"俄吾罗娘"（天边的大城）。

③"直枯、琵枯、爵枯"——头人、贝玛、工匠被盛情邀请回来：三种能人的大逃亡使哈尼村寨变得一片混乱，人们为了各自的利益像疯狗一样乱咬，骨肉相残，但无真正的头人管理，谁也不听谁的。大群的魔鬼搬进寨子来居住，"大鬼在寨头唱歌，小鬼在寨脚游玩，鬼婆在寨边的树荫下给鬼儿喂奶，鬼公在寨外的草棵里烧下酒的干巴"。但是没有真正的贝玛能驱赶它们。没有巧手的工匠，"尖角的锄头挖到锄耳，凸背的砍刀砍到刀把，蘑菇房像坍山一样睡平，田坝里茅草竹篷一样旺"。这时哈尼人尝到了没有真正头人、贝玛、工匠的苦头，终于真正认识到他们的文化价值，于是派出最最擅长辞令的代表远赴天边的俄吾罗娘去向能人们赔礼道歉，并许以加倍丰厚的报酬。有趣的是，为了查找三种能人的去向，代表们向"早起的媳妇""屋檐下的蜘蛛""穿花衣的家雀""放牛的小娃""坐在田埂上的田鸡""在江边打架的江鳅"等等人物和动物问询，终于找到了三种能人的所在，并盛情将其请回，使哈尼村寨又恢复了秩序和安宁。

这个离奇的故事所包含的内容十分丰富，首先我们看到，"三种能人"的问世是天神的旨意，必须吃过天神种下的特殊籽种的人，才有可能成为头人、贝玛、工匠，因而这三种能人皆是"上帝的选民"；也即是说，他们都具备某种特殊的本领，如头人必须具备有管理村寨事务的才干，贝玛必须掌握驱神撵鬼治病消灾的能力，工匠则必须持有打造先进工具的技艺。神话通过"直堵、琵堵、爵堵""直坡、琵坡、爵坡""直枯、琵枯、爵枯"的曲折过程，向我们展示了围绕着人类社会第一次脑力与体力劳动大分工所进行的复杂争斗。

这一斗争的真谛何在呢？

我们知道，原始社会的人类，社会生产力极其低下，身处大自然的险恶势力环围中，人命危浅，朝不保夕，所获菲薄，社会只能取原始共产主义均权分配制。但是随着石器的打磨加工，火的广泛运用，工具的渐进精良，语言的完善细致，社会的组织渐由散漫的人群聚落走向了更为严密的组织。社会生产力的提高，使社会财富出现了一定的剩余，人们能够供养得起在某种程度上脱离体力劳动而以一部分精力从事精神活动（脑力劳动）的人，这就出现了半脱产式的从事宗教活动（巫——贝玛）和政治活动（头人）乃至工艺技术活动（工匠）——工匠并不脱离体力劳动，乃是脑体劳动相结合者——的人，这就是人类社会第一次脑体劳动大分工，这一分工使人类社会在历史的进程上跨出了决定性的一步。

自然，能够从事脑力劳动者必是一些智商较高的"异材茂等"，这些精英人物劳作的结果，使一系列意识形态得以完备。他们担任人与神鬼的中间媒介，因而具有一定的权威，这权威使社会由凌乱的组合渐次进化为严密的组织，从而形成战胜自然、保护和发展人类的有力武器。最后，当他们完全脱离体力劳动，成为高踞于氏族群体之上的"劳心者"特权人物时，社会就形成了阶级的雏形。因而，围绕着他们的社会地位、劳动报酬，展开了极为尖锐复杂的政治的（社会阶层）、经济的（分配制度）、文化的（知识结构）斗争，这是十分必然的。

综观中外古籍与口传文化的林林总总，我们发现，到目前为止，只有哈尼族古歌中对这一伟大变革做出了深刻、细腻、完整、优美的叙述。尽管许多民族（甚至许多先进民族）的经典古籍对此都有不同的表述，但在认识的深刻、表达的形象、色彩的灿烂上，都远不及哈尼族。

为了证明哈尼族古歌的价值，我们不妨将它与汉族古籍的记述做一个比较。

汉族典籍对这个问题的记载，便是学术界多年来大书特书的"绝地天通"。这一问题，从战国之前的"上古之书"《尚书》中的《吕刑》开始，直到近世顾颉刚先生等"古史辨"派，一直论说不休。

《尚书·吕刑》所载为：

> 民兴胥渐，泯泯棼棼，罔中于信，以覆诅盟。虏威庶戮，方告无辜于上，上帝监民，罔有馨香德，刑发惟腥。皇帝哀矜庶戮之不辜，报虐以威，遏绝苗民，无世在下，乃命重黎，绝地天通，罔有降格。

说的是远古之世，文化渐开，人们为一己私利相互杀伐，皇帝就派重黎断绝了"地天"即人与鬼神的往来交通，使鬼神不再参与人间事务。这就是汉典中有关的最早记述。

云南文库·学术名家文丛

稍后的有《国语·楚语》，其记为有一天，楚昭王问大夫观射父说："《国书》上说的'重黎实使天地不通'究竟是怎么回事呀，如果没有重黎将天地断绝，是不是人们真的能上天去呢？"观射父说不是那么回事，接着讲了一篇大道理，就是历为论家最好征引的这段名言：

> 古者，民神不杂，民之精爽不携贰者，而又能齐肃衷正，其智能上下比义，其圣能光远宣朗，其明能光照之，其聪能听彻之。如是，则明神降之，在男曰觋，在女曰巫。是使制神之处位次主，而为之牲器时服，而后使先圣之后有光烈，而知山川之号，高祖之主，宗庙之事，昭穆之世，齐敬之勤，礼节之宜，容貌之崇，忠信之质，禋洁之服，而敬恭明神者，以为之祝。使名姓之后，能知四时之生，牺牲之物，玉帛之类，采服之仪，彝器之量，次主之度，屏摄之位，坛场之所，上下之神，氏姓之出，而心率旧典者，为之宗。于是乎，有天地神民类物之官，是谓五官，各司其序不相乱也。民是以能有忠信，神是以能有明德，民神异业，敬而不渎。故神降之嘉生，民以物享，祸灾不至，求用不匮。及少暤之衰也，九黎乱德，民神杂糅，不可方物，夫人作享，家为巫史，无有要质。民匮于祀而不知其福，蒸享无度，民神同位，民渎齐盟，无有严威。神狎民则，不蠲其为，嘉生不降，无物以享，祸灾荐臻，莫尽其气，颛顼受之，乃命南正重司天以属神，命火正黎司地以属民，使复旧常，无相侵渎，是谓绝地天通。

《楚语》所说，是远古之世人神互不相杂，人类中的聪明睿智者能与神交通，这就是男觋女巫，所以"民神异业，敬而不渎"。但到少暤的时代，"九黎乱德，民神杂糅""夫人作享，家为巫史"，人人可以与神鬼交往，一切混乱无序。于是颛顼皇帝派"重"和"黎"把天地人神的交通中断，"使复旧常，无相侵渎"。在这里，《楚语》把"绝地天通"的时代——即脑体第一次大分工的时期足足提前了一个历史时代，这分明是一种错误的历史观，所以袁珂先生说它是过分历史化的结果，并不可信。而《尚书·吕刑》反而更近于历史的真实，因为远古之世并非天地绝通的，而是人人可与神鬼交往，后来文化渐开，个人情欲渐渐凸显出来，人类相互攻伐，上帝不高兴了，才命重与黎绝地天之通，而唯有专门的人才方可与鬼神打交道的。

相较之下，我们可以看见，《窝果策尼果》中《直琵爵》的描述比《楚语》更真实可信，此一。第二，《直琵爵》甚至比袁珂先生认为最真实可信的《尚书·吕刑》更有价值，因为它不但描述了人神绝交的结果，而且细致描述了人神绝交的过程——天神派三种能人（《楚语》中所谓"民之精爽不携贰者"，即神明特选的精英分子）到人间，开始人们不接受（人群尚未受到文化启蒙），后来接受了，但又羡慕能人报酬丰厚（打破了原始共产主义的平均分配制度），人人充作能人而排挤了真正的能人（斗争的曲折复杂和反复尖锐性表现得极真切），引起了天灾人祸（《楚语》之"神狎民则，不益其为，嘉生不降，无物以享，祸灾荐臻，莫尽其气"），人们不得不接受历史的教训，而历尽艰辛，请回能人。

请回能人，是文明的召唤与胜利，是历史的进步。古歌以真切的描摹展现了哈尼先民对文明的渴望：

> （两个最擅辞令的人来请头人）
> 回来吧，
> 哈尼的头人，
> 三碗清水拿来敬你，
> 三两银子拿来给你，
> 三斗谷子拿来送你。
>
> 哈尼的香案有三张，
> 中间那张留给你，
> 哈尼的高凳有三把，
> 中间那把留给你。
> …………
>
> （他们又带着厚礼来请贝玛）
> 回来吧，

云南文库·学术名家文丛

哈尼的贝玛！

办理高等的羊葬，

送你一只羊腿，

还有那牵羊的脖圈，

也拿来给你；

办理中等的牛葬，

送给你九根肋巴骨，

肉厚的一只牛大腿，

也拿来送给你；

办理低等的鸡葬，

送你一只鸡大腿，

还有一只鸡翅膀，

也拿来送给你。

（他们又来请工匠）

回来呵，

哈尼的工匠师傅！

…………

打一把刀的工钱，

不会少一升米，

打一把锄头的工钱，

不会少三升米。

吃饭的时候，

最肥的肉拣给你，

喝酒的时候，

最甜的酒倒给你。

——《窝果策尼果》第十三章

三种能人回来了，从此"哈尼白天在着也心宽了，哈尼晚上睡着狗也不咬了"，足见这次大分工对人类社会的影响何等巨大。

五

《哈尼族古歌》宛如一片斑斓的海滩，其中的彩贝珍珠远不是随便拾掇几粒就可以得其大观的，以上我们仅从其系统性、神话正剧色彩、文化哲学思维模式、人类历史第一次脑体劳动分工等维度，做了些微的探讨，就已见其博大精深的点滴，如果放笔去谈，恐怕就不是一篇两篇文章所能涵盖得了的，有鉴于此，我们也只能隐忍不发割爱了。

但是在此也不妨简单提几句，以使读者稍得大要。对这部书笔者曾在以下几方面做过探讨，有所心得。如其中提供的关于哈尼民族对"不死药"与不死观的认知。人们常常讶异哈尼族对年高德劭者亡去所持的达观态度。所谓"哀而不伤，悲而不戚"，一如庄子亡妻的鼓盆而歌，其文化底蕴即是以个人与民族群体的联络为鹄的。又如古歌全歌洋溢的农耕稻作文化的浓厚气息，也证实了笔者对哈尼族文化渊源有双向融合的论说。盖其先由西北高原向南迁徙时，尚未形成民族，仅是氏族部落向部族的演进，到唐时，大规模迁徙已初定格局，此时在南方稻作文明的交感下，诞生了全新的、完全有别于北方游牧文化的但又与南方稻作（坝区耕作）相区别的半山稻作形式，哈尼作为一个规范意义上的民族方始形成，并以这一全新的文化作为自己的文明标志而登上历史舞台。这在古歌中鱼生万神、安寨定居、开田种谷、年轮立法、寨神祭祀、稻种再生等等内容中可以见出。又如古歌中对一系列文化英雄的讴歌，也大有价值存在。"文化英雄"系指为人类首创典章礼仪、生产技艺、文明规范的英雄，古歌中不但做出记载，而且别具匠心地开列了一整个文化英雄谱。如开创"规矩"和"礼节"的女神玛白、烟姒；如首开畜牧业和原始农业的遮奴、遮姒；如教人用火的雷神俄妥奴祝；如生养各族始祖的人类共同母亲塔婆等等，无不历历在目。再如古歌中极为著名的篇什《嵯祝俄都玛佐》中描绘的遮天大树，更有多元的文化内涵。这一瞬之间使世界变成黑暗的大树，以及砍倒大树后化生的种种物类，一方面表现着初民们植物崇拜的观念，另一方面又展现出女性为尊的母系社会让位于以男性为长的父系社会的艰难历程。一位妇女一怒之下，手植一杖，顷刻长成遮天的大树，树尖直插天神的大门，挡住太阳的双眼，蒙住月亮的脸庞，使世间黑白不辨，万物难以生长，世上的七十七个民族不得不合力来把它砍倒，才使世间重现光明。这里女性虽然不再受到敬重（她带来黑暗），但它们仍有着回天之力，女性的权威和力量仍然不可小估，然后大树倒坍，女性终于让位于男性。对这两系（两个时代）转型的描画之细、之深，恐怕为别的著作所难以企及……

我希望有机会在将来的某个时候，能够对《哈尼族古歌》做出全面的探究和思考，因为它所展现的哈尼族人民智慧和心灵的结晶实在太迷人了，它所蕴藏的珍宝太多太美了。我更相信，虽然这部大书的问世稍嫌迟了些，但它在文学的、美学的、哲学的、宗教学的、社会学的、历史学的……诸学科领域中引起的反响和吸引力，将是无可抗拒的。

（载《哈尼族古歌》，云南民族出版社 1992 年版）

变形的整化趣味

——哈尼族、汉族变形神话比较

近年来，不少论述神话变形特征的文章认为，原始人生活在大自然的严重威慑之下，在生命交关的时候，为鼓足自己生存的勇气，战胜死亡和艰险，常常把无法逾越的生命本身加以形的变幻转化，使之得以永存。但在神话阅读完之后，笔者却常常怀疑：原始人在创造神话时，真是如此富于哲理而又充盈着优美抒情的意味吗？如果真是这样的话，他们的创造神话又与今日艺术家的创作作何区别呢？

本文从对哈尼族与汉族神话的比较中来研究这一问题。

我们先从观察原始先民的创世神话开始。

例如哈尼族的化生神话《烟本霍本》中说：

> 最古时世上只有茫茫大雾，后来有了大海，海里有一条九万九千九百九十九拃长的大金鱼密乌艾西艾玛，它几亿年翻一次身，翻过若干次，从背脊上抖出七个神——天神、地神、日神、月神、人神（一男一女）和海神。神们创造了天地万物，但天地万物没有生命力，众神就杀了查牛（神养的土牛），用牛皮绷天绷地，用牛骨做天梁地梁，用大肠做银河，用小肠做江河，用牛血做云霞，用左眼做太阳，用右眼做月亮，用板牙做星星、鼻涕做雨水、嗓管做狂风……

又如《五运历年纪》中汉族的盘古化生神话是这样说的：

> 元气濛鸿，萌芽兹始，遂分天地，肇立乾坤，启阴感阳，分布元气，乃孕中和，是为人也。首生盘古，垂死化身，气成风

云，声为雷霆，左眼为日，右眼为月，四肢五体为四极五岳，血
液为江河，筋脉为地理，肌肉为田土，发髭为星辰，皮毛为草
木，齿骨为金石，精髓为金玉，汗流为雨泽，身之诸虫，因风所
感，化为黎甿。

如果我们站在现代人立场上，这一切确实是匪夷所思。一头牛、一个
人，可以化生万物？天地，是用牛皮绷成的；江河，是用牛肠或血液做成
的；日月是用牛眼或人眼做成的；狂风暴雨，是牛嗓、牛鼻涕或人的汗水
变成的；而盘古身上的"诸虫"，竟"因风所感，化为黎甿（人民）"了！

对比上例两族神话，可以看出哈尼族神话较古朴些，因为在汉族盘古
神话中，已经有了清浊、阴阳、生殖等观念，而在哈尼族神话中，一切都
还是那样浑然和简稚。诚然，盘古神话中的生殖观念，还只是一种极初原
的、朦胧不清的意识，盘古这个巨人之被"生"出来，还不是如同有性繁
殖那样经由两性的交合孕育而生，而是由一种充塞于天地宇宙间的鸿蒙的
"元气"，自孕化育出的。正因为如此，盘古才具有垂死化生万类的神通。

这两种神话属神话学中所谓的"尸体化生型"神话，就其实质言，乃
是一种大规模的变形，只不过二者变形的方式稍微有些不同。哈尼族神话
中的牛化万物，是牛被神们杀倒之后，用各部分器官去"做"天地万物，
而这"做"是有一定的前提的，那就是天地万物已经有了，但缺乏生命，
神牛尸体化生的变形，只是一种生命的过渡或转借，而盘古尸体化生的变
形，却是新的生命物种的创造。从生命物种的创造这一意义上说，哈尼族
神话中的最初几位大神——天神、地神、日神、月神、人神和海神的产
生，与盘古的化生更为接近，他们都来自海中巨型生物大金鱼密乌艾西
艾玛。

从上面的神话，我们确可以抿味得出充溢其间的博大而野蛮的力，以
及那浑万物为一体的高度综合的哲理意味，但这一切，恰好仅仅是现代人
以今衡古的一种揣度，一种推测，一种一厢情愿的理解和判断。

德国文化人类学家恩斯特·卡西尔通过对前辈成就的清理，提出了一
个极为重要的理论，认为现代思维（科学思维）与原始思维（非科学思
维）的区别，在于现代思维采取分析的方法，即分类的、系统化的方法，
而原始思维的要谛，则是综合的方法。

　　卡西尔向我们指出原始人的生命观是综合的，不是分析的，这在前面所列举的两种死体化生神话中已经见到了：哈尼族先民认为，宇宙万物可以综合为神牛一体，汉族先民则认为宇宙万物可以由盘古一人化生。这一现象，用理论界时下热衷的说法，可称为"一的思维"，即一切由一而生：天地万物由一神牛（哈尼族）或一巨人（汉族）化生而成，亦即万物皆始于一，或归于一。理论界还讨论到此外的两种思维，"二的思维"和"三的思维"。"二的思维"，即阴与阳、男与女、天与地、上与下、左与右、清与浊……的二元对应。这在两族神话中也体现出来了：哈尼族神话中有天地（绷天绷地）、左右（左眼右眼）、男女（人神一男一女）的对应；至于阴与阳、上与下、清与浊的对应还未出现，这证明它较之汉族神话古老，因为这些概念在汉族神话中已然具备了——"天地开辟，阳清为天，阴浊为地"（《三五历记》）、"启阴感阳，分布元气，乃孕中和，是为人也"（《五运历年纪》），是为阴阳、清浊；"肇立乾坤"，干脆是天地、阴阳的集合指代，"天日高一丈，地日厚一丈，盘古日长一丈。如此万八千岁，天数极高，地数极深，盘古极长"（《三五历记》），又有了上下、厚薄、长短的对应。"三的思维"，则是"二的思维"的反悖，即非阴非阳，或亦阴亦阳，非清非浊，或亦清亦浊，非上非下非左非右，或亦上亦下亦左亦右，要之，即非此非彼或亦此亦彼的中性状态。

　　"三的思维"在笔者亲自搜集到的一则哈尼族神话《祖先鱼上山》中有精彩表述。

　　这则神话说：

　　　　从前，哈尼族的祖先是一条大鱼，那时世上的水分作三股：一股是甜的，这就是山泉水；一股是淡的，这就是江河水；一股是咸的，这就是海水。祖先鱼尝过这三股水，认为咸水味道好，就住进"那突德取厄玛"（意为"有咸味的大海"）里。祖先鱼生着奇怪的样子，身子滑滑亮亮的，脚上长着鸭子巴掌，头像人的一样聪明。后来她开始生娃娃，先后生下天、地、有、无、黄、红、绿、白、黑、生、死、大、小、半。

　　　　"天""地"就是平常说的天空和大地。"有"就是样样都在了，都得了，拿着了，摸着了，见着了，听着了。"无"是"有"

的反面。什么是"黄"呢？就是不管摸得着摸不着、看得见看不见，也不管认得认不得、吃得吃不得，只要是黄色的，就是"黄"，像黄果、黄芭蕉、黄牛、黄水还有落山时候的太阳，都是"黄"。什么是"红"呢？"红""绿""白""黑"都差不多，就是不管看得见看不见、摸得着摸不着、认得认不得、吃得吃不得，只要是这些颜色的，就是它们了。说到"红"，血是"红"，火是"红"，早晨的太阳也是"红"。说到"白"，银子是"白"，白天是"白"，老人的头发胡子也是"白"。"生"是什么？阿妈生小娃是"生"，田里庄稼发蓬长高是"生"，梨子小吃不得也是"生"。至于"死"，动物植物死去是"死"，石头不会动是"死"，人憨、心笨也是"死"，"大"和"小"中的"大"是没有边，"小"是认得但看不见摸不着，另外，哥哥比兄弟大也是"大"，弟弟比哥哥小也是"小"。"半"是饭半生半熟是"半"，德摩诗琵白天管人间、夜晚管鬼神也是"半"，女的说男的是"半"，男的说女的也是"半"，爹妈说小娃也是"半"。

祖先鱼把这些小娃奶大，就让他们各走各的了。后来她走上陆地，住在河谷的"苏密苏纳"大岩洞里，因为那里终年不见阳光，又走上"虎尼虎那高山"，这时头人就从女人变成了男人。

"有""无""红""黄""绿""白""黑""生""死""大""小""半"这一组概念是实指性的，又是空泛性的，是具象的，又是抽象的。不管看得见看不见、摸得着摸不着、吃得吃不得，也不管认得认不得，只要是黄色的，就是"黄"。"看""摸""吃"是官能知觉的感性范畴，"认得认不得"是思维认识的理性范畴，它们分属两大门类，却在一个"黄"的概念中统一了。我们看到，在这里，感性与理性之间存在着一种可以互逆互等的关系，即"黄"这一概括了感性与理性的概念，又互逆直等于这感性、理性及它们中所包含的各项具体事物。"黄"是"黄"自己，同时又是"黄果""黄芭蕉""黄牛""黄水"和"金黄色的落日"，这些种类在各自是它们自己的同时又是"黄"这一抽象集合概念，它们之间并不存在类和亚类的区分，彼此是一种互为、互化、互含、互等的正逆直等；而且，我们这样说的时候，在潜在意义上包含着一种相反的含义，即它们分别是自己的同时，又不分别是它们自己。"黄"是抽象概念的，同时又不尽是这一概念本身，因为它同时又是黄果、黄芭蕉、黄牛、黄水和金黄落日。它是这些具体事物中的某一种时，又不尽是这一事物本身，因它同时又是它以外的其他各种事物和抽象意义的"黄"。在这里出现的"三的思维"表现着 A 亦非 A，B 亦非 B……N 亦非 N，即亦阴亦阳又非阴非阳，亦清亦浊又非清非浊，亦上亦下亦左亦右，又非上非下非左非右的状况。

其实，这则神话里包含的不仅仅是"三的思维"，它既包含了"一的思维"——祖先鱼生出毫不相干、绝非其类的不同事物，即一生万物；也包含了"二的思维"——二元对应的物象（天地、有无、红绿、黑白、生死、大小等），和"三的思维"。笔者将这种思维特点称为"整化意识"，它规定和支配着所有神话的酝造，当然也规定和支配着神话的变形规律，因而笔者将神话的变形称为整化变形，以示与其他种类的变形相区别。

笔者认为，这种"整化意识"是从本质上把握了原始思维的特征的，它有着广泛的和内核的性质。之所以这样说，是它不仅仅在一两个民族（如哈尼族和汉族）的一两种原始文化（如神话、传说）中体现出来，它存在于原始人的所有文化创造物中。下面从造型艺术和语言艺术两种文化现象来稍作分析。

一、造型艺术

① 列维－斯特劳斯曾经大为惊叹的土著民族的"鸭兔图形"（图略）：左面是鸭子的长喙，右面是兔子的嘴唇和鼻子，二者共一头部和眼睛。现代人观察这一图形时，通常蒙起左面说："这是兔子。"蒙起右面说："这是鸭子。"而原始民族却能一口道出："这是鸭兔！"蒙起左面右面说鸭说兔，是现代人的科学思维即分析（分类、系统化）的思维方式，一言以蔽之曰"鸭兔"，则是原始人的原始思维即"整化意识"。

② 青铜饕餮①：它整合了牛、羊、龙、鹿、虎、豹、山魈、鳄鱼等形象，同时含有恐怖狰狞的宗教威吓力和可爱而又贪得无厌的美食狂的诱惑力。李泽厚在《关于中国古代艺术的札记》一文中认为它是牛头纹，"但

---

① 参见《中国古代图案》，人民美术出版社 1979 年版。

此牛非凡牛，而是当时巫术宗教仪典中的圣牛"。他举西南少数民族的调查材料为证，"牛头作为巫术宗教仪典的主要标志，被高高挂在树梢，对该氏族部落具有极为重要的神圣意义和保护功能。它实际是原始祭祀礼仪的符号标记。这符号在幻想中含有巨大的原始力量，从而是神秘、恐怖、威吓的象征，它可能就是上述'巫''尹''史'们的幻想杰作。"这也是现代人的分类化、系统化思维方式。按照我们的看法，它应当是"饕餮"自己，同时又是牛、羊、龙、鹿、虎、豹、山魈、鳄鱼等等的异类同体。

③ 人面含鱼纹[①]：这是由一人面与几条小鱼共组而成的图形。学术界通常认为这是捕鱼民族的图腾标志或崇拜物。但笔者认为它不是简单的人面与几条小鱼的相加，而是一种互为、互等、互通、互化的异类同体，它是"人面含鱼"这一符号本身，又同时是人面与鱼的分别互等。

二、神　话

希腊神话中，有有名的《司芬克斯的谜语》。在埃及法老齐夫林的金字塔旁伏卧了 2000 年的人面狮身像，似乎至今尚在向世人询问着与司芬克斯相同的谜语："早上用四只脚走路，中午用两只脚走路，晚上用三只脚走路，这是一种什么动物？"这个巨硕的异类同体像，也是原始思维（整化意识）的流遗。希腊神话中有数不尽的异类同体形象：人首马身神、人首蛇身神、人面蛇发神、人首狮身神、人首鸟身神，以及人首豸、狼、虎、豹……之躯的种种神灵。

在中国，异类同体神灵的集大成者莫过于《山海经》，请观一二：

> 女娲，古神女而帝者，人面蛇身，一日中有七十变。
>
> 凡首阴山之首，自首山至于西山，凡九山，二百六十七里，其神状皆龙身而人面。
>
> 自柜山至于漆吴之山，其神状皆龙身而鸟首。
>
> 自天虞之山以至于南禺之山，其神状皆龙身而人面。
>
> 自铃山至于莱山，其十神，皆人面而马身，其七神皆人面牛身。

---

① 参见《中国古代图案》，人民美术出版社 1979 年版。

　　崇吾之山至于翼望之山，其神状皆羊身人面。

　　自休与之山至于大騩之山，其十六神者皆彘身而人面。

　　其余在《史记·帝王世纪》《楚辞·天问》《淮南子》诸书中，也屡见不鲜。众多神怪，无不贯串着原始人的整化意识，这是中外一致的。

　　我们以整化意识来看神话，就不会认为神话世界里的万千气象是原始人诗心大振而作的瑰丽奇想，也不会误认为这是原始哲人对自我、对外物所作的深刻研究了。实际上，原始人是老老实实地按照整化意识勤勤恳恳地记录着他们认为"就是那样"的神奇事象，而不敢稍作点滴的非分之想的（因为神话对他们来说是真实的神圣），在创造神话时，与其说他们是浮想联翩的诗人，毋宁说他们是忠诚笃厚的书记官。但是，我们仍然看到了奇奇怪怪的神话变形。然而我们已解释了这些变形的根由是整化意识；整化变形是神话世界的普遍规律。

　　这个规律有什么特点呢？

　　在讨论之前让我们先做一点比较。过去有的研究者常将原始人的思维与儿童的思维相比附，后来发现这样并不科学，二者之间有着许多无法解释的差异。实际上，二者不能类比的根本点，在于他们之间存在着文化积累（或文化经验）的不同。儿童常在夏夜晴空下面闪动着好奇的眼睛，任凭思绪飘游编织出许多美丽的幻想，这幻想与原始人呕心沥血惨淡经营的神话都溢扬出一种稚拙质朴的情调。但是儿童的幻想纯是在幼小心灵一无所知（即缺乏文化积累）的情况下所生出的天真烂漫，而原始人的神话则是在积累了千万年辛勤劳作舍命拼搏的文化经验之后所形成的一种"认定"。这就是，他固执地认定被儿童拿来随意编织故事的那两颗星，有一颗必定是在天上织云的神女，另一颗必定是牵牛犁耕的牛郎，此外它们不可能是别样事物。他的认定，是若干前辈遗下的文化经验，也是万古不移的绝对真理。因此，可以说，儿童的心灵是一片文化积累的空白，而原始人的心灵则是早被先人的文化积累塞满了的仓库。那点稚拙真淳的情趣，在儿童是天真，在原始人则是老成。童话之于儿童，是温柔亲密的伙伴；神话之于原始人，则是刻板严厉的教母。

　　由此，我们看到原始人的整化意识有一个基本的支撑因素，这就是信念。这坚执的信念促使他们在整化意识的支配下创造神话（记录他们自以为是）的世界，也督促他们对自己创造出来的原始文化产生依赖感。我们在研究整化变形神话时，信念的坚执与否成为区分这些神话的检验尺度。

根据上述理由，我们将整化变形分为下面两型：肯定型和变化型。

第一型：肯定型

在若干种肯定型整化变形神话中，首先我们看到的是上面举出的异类同体变形。在所有这些人首蛇身，人首鸟身，人首豺、狼、虎、豹、牛、马、猪、羊等动物之身的形象中，人们找不到变化的过程，它们似以一种先天的存在、固有的模式直接来到我们面前。这里的整化意识是那样坚定和明确，竟容不得半点的疑惑，这组群像后面的潜台词是："我们就是这样的。"一切非常和怪诞的存在，在原始人那里如清风明月般自然而然，如火之向上水之趋下般合度合理。因此，我们名之曰"变形"者，只是站在今人视点上带有几分强加于原始人的意味所下的判断，这是没有过程只有结果的变形，因此"变"的动词意义就已消失。

这一型神话的汉族资料已累见上引，故不举。哈尼族资料十分丰富，仅就前引《祖先鱼上山》中的祖先鱼，就是一个典型的例子。她身体滑亮，有着鱼的体形，却又生着鸭子的脚和人的头，而且此头"很聪明"，绝非凡头，已具备了人类的文化智慧，这是人、鸭、鱼三位一体的神明。《山海经》里似乎还没有怪异至此的现象，不过它有一则人、鱼同体的神话，与哈尼族的祖先鱼差可相若：

> 有互人（郭璞注：人面鱼身）之国。炎帝之孙，名曰灵恝，灵恝生互人，是能上下于天。有鱼偏枯，名曰鱼妇。颛顼死即复苏。（郭璞注：《淮南子》曰后稷龙在建木西，其人死复苏，其中为鱼。引者按：《淮南子·地形篇》云：其人死复苏其半，鱼在其间。）风道北来，天乃大水泉；蛇乃化为鱼，是为鱼妇。

不过这则神话对整化意识的坚执程度打了一点小小的折扣，即在尾巴部分拖上了一点怀疑的色彩，呈现了一点微弱的变化过程："蛇乃化为鱼，是为鱼妇。"因此它也可以归入下一型神话的第一类。

第二型：变化型

这是最丰富、最引人注目的一型，几乎没有论者不议及它。但是它也最复杂，可分为以下两类。

第一类，与肯定型只一指之差。它却在肯定型神话对整合意识毫无保留的执信中渗进了一点怀疑的味道，对这一意识的运用给出了轻微的规定，比如：

> 鹰则为鸠。
>
> 田鼠化为驾。
>
> 雀入于海为蛤。
>
> 雉入于淮为蜃。
>
> ——《夏小正》

> 仲春之月……始雨水，桃始华，仓庚鸣，鹰化为鸠。
>
> 季夏之月……温风始至，蟋蟀居壁，鹰乃学习，腐草化为萤。
>
> 季秋之月……鸿雁来宾，爵入大水为蛤。
>
> 孟冬之月……水始冰，地始冻，雉入大水为蜃。
>
> ——《礼记·月令》

> □献酒于天子乃奏广乐，天子遗其灵鼓，乃化为黄蛇。是日天子鼓道，其下而鸣。乃树之桐，以为鼓，则神且鸣，是利于戎；以为琴，则利□于黄泽。
>
> ——《穆天子传》卷5

这一类记载可能还未被认为是神话，因为它们的意象经营尚嫌不足，但它们在精髓上却与神话毫无二致，因为它们同在阐释自然，而且依循着整化意识的引导，只是更为幼稚和单纯些，因此不妨称之为前形态的神话。在这类神话里我们还看不出类和亚类的区分，一切都在瞬间互变，其中的变化过程短暂到几乎难以细察。鹰变鸠，田鼠化驾，雀变蛤，雉变蜃，腐草化萤，爵变蛤，灵鼓化黄蛇，只用一个"为""化为"就表达了全部意思。但问题恰在这简单的"为""化为"上，它们毕竟表达了运用整化意识时的犹豫心绪，这使整个整化意识的大堤出现了第一条细小的裂纹。尤其是这类神话的整化变形都附加了一定的条件：雀为蛤，须"入于海"；雉为蜃，须"入于淮"（《夏小正》）或"入大水"（《礼记·月令》）；
爵为蛤，须"入大水"；灵鼓化黄蛇，经由"天子遗之"……这使得整化
意识不再高驰无忌，而必须在某种特定环境的限制中方可进行。

这类神话的特点是，并不认为绝不相干的事物之间的互变存在着因果
关系，鹰为鸠则为鸠，雀为蛤则为蛤，腐草化萤则化萤，灵鼓化黄蛇则化
黄蛇，根本用不着考虑这一变化本身的合理性与必然性（肯定型亦如此），
但是由于对整合意识的信赖产生了疑虑，在变形中就不是那样干脆利落
了，附加简单的限制，采用带委婉意味的"为""化为"这样的字眼，将
肯定的变化过程交代一二，以求得心理上的平衡。从文化功能角度说，它
们是在适应着新的历史需求而做出的调适。因此，这些微弱的变化为我们
带来了重大的信息：原始人的思维之鸟已展开起飞的大翼向着新的维度上
升，这上升的结果，便产生了第二类的整化变形。

第二类的整化变形就不再是毫无原因的、突如其来的了。由于对整化
意识的疑惑越来越大，神话中出现了较为曲折复杂的情节，以求在故事的
展开过程中，将整化变形的因果关系解说清楚。由此，神话的艺术情趣和
社会意味得到了大幅度地加强。

在哈尼族创世神话《烟本霍本》中，神牛是被肢解后造成天地万物
的。表面看来，这里似乎不存在什么前因后果，但只要联系哈尼族的古代
历史，这原因就十分清楚了。哈尼族作为从青藏高原迁徙南来的民族，有
很长一段时期曾是北方游牧民族，后来在与南方农耕民族的融合过程中，
方始形成了今日的半山稻作农耕文化，族体也才演变为南方农耕民族。作
为稻作农耕最重要生产工具的牛，在人们意识里占据了举足轻重的地位。
现今居住于红河南岸哀牢山区的哈尼族，在所规定的四季大节中，专门列
出"牛纳纳"（即"牛休息"）的节日，供耕牛休养生息，而牛的形象也
被先民们吸收到神话中，成为化生万物的神牛。因此，《烟本霍本》中关
于牛的神圣化育功力就有了明显的因果关系。

至于汉族神话中此类神话数量虽多，但故事情节却远没有哈尼族的复
杂曲折，然而抒情的、哲理的意味却加强了。

我们先来看一下《山海经》中著名的《夸父逐日》故事：

　　　　夸父与日逐走，日入，渴欲得饮，饮于河、渭，河、渭不

足，北饮大泽，未至，道渴而死，弃其杖，化为邓林。

夸父，作为一个追赶太阳的英雄，那种奋发不已、自强不息的拼搏精神，直至今日仍不失为人类追求光明与理想的伟大典范。他逐日而渴，饮河渭不足，欲饮大泽，中道渴死。作为一个真实的生命，他失败了，但他不中止，不旁顾，不犹豫，一往无前的精神力量却在逐日的过程中永恒地保留下来。最后的变形——弃杖化林，将伴随他追求全程的手杖化为一片充满生命的绿荫，足见其精神之不可战胜。

夸父的整化变形，是在物质的寂灭与精神的永存这矛盾的两元间所做的选择。表面看，形灭是因，神存是果；深层看，精神的不死才是真正的原因，只不过借物质消亡这曲折的故事来强化它的效果罢了。因此，夸父的变形是积极的，变形的主体占据了主导的地位。

另一则著名的神话《姮娥化蟾蜍》中，变形主体却由于某种原因屈居被动地位。

《淮南子·览冥训》：

> 羿请不死之药于西王母，姮娥窃之以奔月。（高诱注：羿请不死之药于西王母，未及服之，姮娥盗食之，得仙，奔入月中为月精。）《后汉书·天文志》梁刘昭注：羿请不死之药于西王母，姮娥窃之以奔月。将往，枚筮之于有黄，有黄筮之曰："吉。翩翩归妹，独将西行；逢天晦芒，毋惊毋恐，后其大昌。"姮娥遂托身于月，是为蟾蜍。

姮娥变蟾蜍的神话除具备上述特征外，更带有深切的悲剧因素，所以千百年来，她始终是美好、洁秀、清丽，但同时又是孤寂、冷漠、空虚的女性象征，为众多墨客骚人所惋叹。苏东坡的名篇《水调歌头·明月几时有》就对姮娥独居瑶宫的清寂表示了无限的同情。当然，这种种意绪的抒发仅仅是后人的揣摩臆测，姮娥变形神话的实质，乃是对迫在眉睫的危机的解脱。其夫羿"请不死之药于西王母"后，又让姮娥把药窃了去，（这不是羿的一种心机？）就证明羿、姮娥之间早已潜伏着某种不安的契机。姮娥窃药后，对命运把握不定，于是"枚筮之于有黄"，有黄为其算命曰"吉"，方托身于月，乃为月精为蟾蜍。她的本意是要借此解脱与羿的矛盾，殊不料又使自己陷进一个更深重的危机里面去了。以她这样一位芳龄、美貌、热情的女子，突然间落进一个清冷孤寂的广寒世界，这是她十二万分不愿意的。但使她更难堪的是，她窃服的恰恰又是不死药，因此她连轰轰烈烈地死去（如夸父那样）的权利也被剥夺了。她被命运推上了尴尬、羞辱的顶点，于是仓皇间，她变成了难看的蟾蜍。这虽与她姣好的形象相去太远，但她毕竟逃脱了危机，获得了解脱。李商隐的诗："云母屏风烛影深，长河渐落晓星沉。嫦娥应悔偷灵药，碧海青天夜夜心。"写得较贴近姮娥的真实心理。姮娥（嫦娥）窃药，本欲求仙，结果欲益反损，不得不变形，她确是"应悔"的。这两字准确地道出了整化变形的原委，也道出了这类神话可能产生在社会发生巨大变动、人际物际关系做大规模调整的时期，当时由于许多人无法适应这样的调整，或墨守成规，或欲回避革新，反而落到一种无可奈何的、被冷落的、被淘汰的境地，这便是变化型神话的深层意义。

（载《民族文学研究》1995 年第 3 期）

不死药与不死观

——哈尼族"不死药"神话研究

一

哈尼族"不死药"神话的全部趣味，在于它是先民们直接观照人类生命奥秘本身的产物。对若干民族的同型神话，中外学者已从不同的角度做过探索，或称月亮神话，或谓宗教神话，或言婚配生育神话，或曰自然神话等等，各因其理各成面貌而莫衷一是。本文不欲从某一固定的理论框架出发，只求从哈尼族这一民族的几则代表性作品出发，做一些求实的探寻，以期从本原上把握它们的文化因质，当然，此中或许兼采了各家理论也是十分自然的事。

到目前为止，笔者所看到的该族"不死药"神话中较为古拙者，当推《永生不死的姑娘》，[①] 其大意是讲——

> 天地开辟之初，天神造下万物，但是一切都是短命的，天常常倒塌，地时时陷落，太阳和月亮的光芒只能照耀一天一夜，水源常常干涸，树木每每枯萎，庄稼无收，年月短暂，人命危浅。天、地、日、月、水、树、庄稼、年月和人等九位天神十分恐慌，一起向第三代神王沙拉要"长命"，沙拉是位极其富有的尊神，但他打开九口装满财宝的箱子，却找不到"长命"。神们又到第二代神王——沙拉之父烟沙那里去要，烟沙财富更为丰足，

① 参见《哈尼族民间故事选》，上海文艺出版社 1989 年版，出版时更名为《长命的故事》。

但也找不到"长命"。神们无奈，只好去向第一代神王——所有天神的始祖母阿匹梅烟①要，但这位至高无上的女神也没有"长命"给大家。看见天神们愁眉不展，阿匹梅烟开导说："长命不是像天地万物那样可以造出来的，它是生出来的。"烟沙神十分高兴，请求母亲阿匹梅烟赶快生出"长命"来，阿匹梅烟应其所请，生下九位"永生不死的姑娘"。作为兄长的烟沙神立即将九位妹妹嫁给天地日月等九位天神。但是事情发生了变化，九位"永生不死的姑娘"认为没有出嫁的规矩，不愿婚嫁，便逃到远方，烟沙神于是使用暴力，砍来九捆藤子，把她们分别绑在自己男人的腰上，这样解决了逃婚的问题。于是天、地、日、月、水、树、庄稼、年月和人等就得以永生不死了，婚嫁的规矩也就开了头。

这里虽然没有直接提到"不死药"，但是众神执着追求的"长命"与"不死药"（亦即永生之药）具有同样的功效，因而可以归入"不死药"神话中。这是第一则神话。

第二则是《约罗约白的故事》，意即"太阳和月亮的故事"，② 大意是——

从前人类生存的地方到处都有"俄罗罗玛"在活动，这是一种身材高大四肢粗壮遍体长毛的怪物，它们的乳房足足拖垂到地上，专以吃人为快乐。有两个的年幼的姐弟，父母都葬身在"俄罗罗玛"口中，后来弟弟约罗也被闯进家门的"俄罗罗玛"吃得只剩一只手臂。姐姐约白是个聪明的女孩子，她向装扮成母亲的"俄罗罗玛"要来弟弟的手臂，逃出了家门。她想救活弟弟，就来到大海边，在那里找到一种放射出金光和银光的草，她用这种草擦弟弟的手臂，弟弟的灵魂返回肉体上，约罗便复活了。姐弟俩打算永远离开这"俄罗罗玛"横行的世界，就分吃了这神奇的草，姐姐变成放射银光的月亮，弟弟变成放射金光的太阳，两人

---

① "阿匹"，哈尼语，意为老奶奶；"梅烟"为其名。
② 资料存元阳县文联及文化馆。

飞到天上，所以哈尼人把太阳叫"约罗"，把月亮叫"约白"。因为姐姐胆大，所以夜里出来活动；弟弟胆小，白天出来活动。弟弟不但胆小而且羞涩，姐姐就送他一把金针，让他刺痛那些偷看他的人的眼睛。姐弟俩后来孤寂无聊，发生了不道德的风流韵事，结果生下许多小太阳和小月亮，把过分的炎热带到大地上，于是至上神派来天狗吃掉这多余的太阳和月亮，并且周期性地咬他们，惩戒他们不能再干不合理的事情，这就是日食和月食的产生。

内容相似的还有另一个变体故事《不死草》，① 是说一个妻子给丈夫吃下"不死草"，丈夫变成太阳飞上了天空，妻子为了和他在一起，也吃下"不死草"，变成月亮飞上天空。从女性使男性变成太阳从而具有永恒的性质（永生、不死）这一点看，这则故事与第二则故事是一致的。

第三则是《纠底那迟和天狗吃月亮》，② 是讲——

> 兄弟俩为了娶到两位姑娘，受尽波折，流落远方。回乡途中，从龙那里得到"纠底那迟"——起死回生药。为了避免发霉而拿去晾晒的时候，"纠底那迟"被月亮偷走了。弟兄俩造好天梯，准备上天去讨回宝贝，行前嘱咐两个妻子，每天在天梯脚上浇开水防虫蛀，但是妻子们没有照办，只是浇了冷水，以至兄弟俩刚要登上月亮的瞬间，天梯因虫蛀而倒塌，他俩就从天空摔下死了。但是弟兄俩带去的狗却爬上月亮，它在那里欲下不能，肚子饿了找不到吃的，只好吃月亮，月亮因有起死回生药"纠底那迟"，在伤口上一抹，就复原了，这就是月食。

关于起死回生形态的"不死药"神话，在哈尼族民间文学中足有一大组，总称为"退西退列"，即"起死回生的故事"，内容的大体套式是，主人公因种种缘故，遭受人生的磨难，然后得到神异力量（如龙女、神灵、智者）的帮助，得到起死回生的宝贝（药草、工具、宝石等），战胜了天神、

① 参见《哈尼族民间故事》，云南人民出版社1984年版。
② 同上。

地神或最高统治者，娶到天神地神或人间统治者的女儿。在这些斗争中，女主人公（即上面说的女儿）总是背叛自己的父亲，站在她的情人一边，给予关键性的指点和帮助，这些故事也总是以男主人公娶到她为最终目的。

第四则神话是一个牵涉到众多内容的故事，名叫《遮天树王》，① 这则故事具有许多变体在民间广泛流传，有的地方叫《砍倒天不亮的大树》，有的地方又叫《遮天大树》，大意都是一个——

> 古代有一个残暴的酋长生下两个孩子，他们是一男一女，哥哥忠厚老实，妹妹贪而不知足，哥哥为了照顾妹妹，一反老例把全部家产让给妹妹，自己远走他方，妹妹却在家中挥霍无度，使家业破败。由于她心肠坏，嫁过十个男人都被丈夫们无情地抛弃，她只好跑到哥哥那里要吃的，也受到哥哥责怪。离开哥哥家的时候，她拿走一根拐杖。返回家乡的途中，她向栽谷、种荞的姑娘和小伙子索取食物，姑娘们拒绝了她，于是她诅咒她们田里将要长出薅不尽的杂草，小伙子给了她食物，她便祝福他们地里的荞子只需种下不需管理就会有好收成，这些都一一应验了。当她来到一个水泉边，插下的拐杖刹那间长成一棵遮天盖地的大树，树尖直插进天神烟沙的大门里，挡住了太阳的眼睛，蒙住了月亮的脸庞，于是白天黑夜无法分辨。天下的七十七个民族都来砍这棵大树，但是砍下的缺口立即长好，后来人们听到鬼说必须用鸡屎抹在斧子上，同时用藤子捆住树身才能砍倒，于是这样做了，果然砍下的缺口不再合拢。树倒下的时候，压死了一半的民族，所以现在只剩下三十多个民族了；而树叶、木渣、树枝则飞向四面八方，变成江河里的鱼虾、田里的泥鳅、黄鳝和稻子，但是树尖却挂在月亮上，变"梭罗树"——一棵永生不死的大树，月亮于是也永生不死了。

这则神话的内涵极其复杂，后面我们要详细说到它。另外十分有趣的是笔者亲自在哀牢山哈尼族聚居地区元阳县搜集到的一则神话，它与秦始

---

① 参见《哈尼族民间故事选》，上海文艺出版社 1989 年版。

皇求仙长生的故事几乎是一样的，这就是叫做《嵯摩麻西那七》的故事，翻译成汉语，意即"人老不死药的故事"，它也收进了《哈尼族民间故事选》（上海文艺出版社 1989 年版）中。大意是讲——

> 传说古代有一位乌木（最高统治者），年迈体衰已近寿终，但他还想无休止地活下去，于是派大臣西耶去寻找使人长生不死的药。西耶找了许多年，打听到这种药是由下面几种东西配成的：一是月亮九节肠子中最毒的一节，二是石头九个胆中最苦的那一个，三是蚂蚁的九碗眼泪中最辣的那一碗，四是螃蟹的软肝，五是芭蕉的骨髓。这些药就在大海之中的岛上（岛和药物的种数有不同的说法，一说有三种药、三个岛，一说有五种药、五个岛）。西耶征得乌木同意，带领 3000 对男女青年，携带种子、工具去到海上，果然在海岛上找到这些神奇的药，但是他却把暗中跟随而来的乌木杀死，自己吃下不死药，就在海岛上居住下来，自然他从此也长生不死了。

这是我们要研究的第五则神话。

这些神话在民间广为流传，第一、二、四则在创世古歌中细细演唱，婚礼歌《然密克玛色》中唱到婚姻起源时，就要唱第一则神话的内容，以说明结婚生育的神圣和必要，示谕如果不行婚配不事生育，则天地日月树木江流年月庄稼乃至人类，都将短命，那即是世界末日的来临。当然，哈尼族"不死药"神话远不止上述几则，这里仅就要者而言之。这些神话包容着非常复杂而广泛的内容：原始人类生死观念及围绕这一观念而派生的一整个原始文化系统，都得到了由表层及深层，由静止到律动的表现。

二

"不死药"神话是把人类生命现象中最为震撼人心的事件——生与死——的研究提到了第一位来进行的。在第一则神话里，这个问题在原始初民的心态平衡中所占据的位置远远覆盖了其他所有问题，天地风雨、星河云霓、树石江流、五谷庄稼直到人类自己，都因生命的短促而忧虑（作为自然物的感知，是泛神论的观照）。当然，低等动物对死亡现象也有所

云南文库·学术名家文丛

反映，同类死亡，会引起生者的惊惧乃至哀伤，即所谓"物伤其类"，异类死亡，也会有所触动，所谓"兔死狐悲"，但这些物类所伤所悲，永远不会对其死亡现象的原因、过程、结果、回避方式（解脱）等等出出文化上的反映，即不能做出解释，能够解释死亡的只有人类，"不死药"神话就是人类对生命（生、死）的解释。

从这一则神话可以看出，初民对死亡（短命）及与之对立又紧密联系的生存（长命）所做的解释已跨越了生命个体的局限，由个体伸延为群体，由人生伸延为宇宙自然，而对所有的事物给予哲学的回答，并由此形成了特定的文化符号。对前来要求"长命"的众神，至上神阿匹梅烟回答，"长命"不是如同天地万物一样可以造出来，而是生出来的，于是她生出九个永生不死的姑娘，这些姑娘就是"长命"，也即是"不死药""永恒"这些概念的指代符号。生者，生生不息、绵绵不绝，是时空的无限扩大和延续，因此，这则神话提出的哲学命题是"一瞬"与"永恒"的对立统一，这个问题一经初民提出，便下延各代，所有的人们（直至当今之世）都对此做出探讨，力图从各自的思维角度来回答它。如佛教对时间有限与无限的探讨，提出"一瞬""一刹那""一弹指"等额度概念，力求在宏观与微观的结合上给出解释，数理学又从度量单位上给出规范，如"个""十""百""千""万"……"亿""兆""京""垓""秭"……直至"恒河沙""阿僧祇""那由他""不可思议""无量大数"（数字单位）等等。另一方面，在现实生活中，虽有哲学理论的圆满答案，（又有哪一种哲学理论是"圆满"的呢？）但每一个生活着的个人，仍然永恒地在用自己的生命过程对这一问题做着自己的探索。（又有谁是根据哲学论证去生活的呢？）由此我们看到，原始初民做出的第一个文化思考，是从生命本原出发的，因而它及其表述这一思考的神话，便获得了永恒的魅力和不朽的价值。

死生，是生命世界（包括人在内的）最常见的现象。今日之所存，似乎只是沟通生死枯荣两极的桥梁中介。何者谓生？何者谓死？原始初民对其思考的程序是怎样的？按照列维－布留尔的看法，也是笔者同意的看法，这二者在原始人那里并没有明显的界限，它们通过"互渗"连接彼此。"首先，死亡从来就不是自然的。这是澳大利亚土著居民和南北美洲、非洲与亚洲的稍有点儿文明的部族所共有的信仰。斯宾塞和纪林说：'土人绝对不能把死亡理解成来源于任何自然原因。'……'非洲人坚信任何死亡都是横死。他不能想象，一个人两个星期以前还是健康的，而现在就病得要死，这不会没有什么厉害的巫师的干预，准是巫师用妖术弄断了他的命脉，使他生了病。'"① 把一切死亡乃至灾祸归咎于神秘的原因，一切事物中的异己力量都统谓之作祟为害的"鬼"，这信仰直到近世还在哈尼族意识中弥漫。哈尼族葬仪（从葬仪谈死亡是最直接的印证）有多种档次，最隆重的是"莫嵯嵯"，届时需杀成群的牛，族人毕至，巫师云集，声势之显赫，不亚王者，然而大家并不以为哀，因为这是专为有德行而年高的长者或权势者所举行的仪式，他们已享尽天年，无哀可举。次档葬仪中要延请著名的专事哭葬的女歌手"嵯厄厄玛"哭唱葬歌《密刹厄》，这是一种专供女歌手唱的哭葬歌。这两种葬仪都为高寿者举行，人们并不认为丧者已经死去，相反，认为他们只是转换了一种存在方式，即："回到惹罗普楚去了，所有的祖先都在那里好好地活着呢!"（"嵯厄厄玛"罗尤姒对笔者所言）"惹罗普楚"是哈尼族先民居住过的北方某个迁居地，一般送魂要送至此处。因为这样的观念，整个葬仪在一种似悲实喜的气氛中进行，颇有庆贺死者亡去的意味。非正常死亡者（暴病、天灾人祸等原因所致者），则不唱《密刹厄》，因为这种不能享受生命之数的死，才是真正的死亡，在这种种原因促成下的死亡，不但形销，而且也神灭了。哈尼族将亡魂归去的惹罗普楚称为"哈尼苏嘎惹罗普楚"，意谓"哈尼族最富足的地方是惹罗大寨子"，可见那里确实是一个令人欢愉向往的所在，横死者不能前往，岂不悲哉! 因此不唱《密刹厄》，是意味着这真正的悲哀是无以言传的。当然，这横死的原因是某种鬼魂作怪，不然就是巫师陷害，要避免这样的死，唯有借助巫师之手，去和那个要人性命的鬼协商，许以财帛礼品，赎买生命，或请此一巫师消弭彼一巫师所施的巫术，以使生命延续。

关于生的概念也是一样的，"出生也只是一种生命形态变成另一种生命形态。如同死亡至少在头一个时期只是环境和居住地的改变而其余一切

---

① ［法］列维－布留尔：《原始思维》，商务印书馆1986年版，第268—269页。

仍然不变一样，出生也只是个体变成婴儿，通过它的双亲转入尘世。"① 生者是死者的再度赋形，是生之延续、移化；死生相依相存，互为储存，互为渗透，似乎是在一个带有喜剧色彩的环中周而复始地运转不息。这在原始人看来是十分自然的，万物有灵，万物互渗，灵肉相聚为生，灵肉相离为死（也是一种生，而且似乎比真实的生更为永恒），正如庄子所言："生也死之徒，死也生之始，孰知其纪。"既然生与死、存与灭在进行着永无休止的大轮回，人们又有什么必要去伤逝呢？

"不死药"神话所表述的就是这样一套生死观。

"不死药"，其本身就是一个辩证着的哲理概念。"不死"的前提是"死"，因有"死"，才有对"死"的否定物"不死"出现，因有"死"与"不死"，联系这二者的中介"不死药"才有了意义。前述初民意识中的"死"是指"横死"，"不死"就是对"横死"的祛除。"死"既是非自然因素（非生理性）造成，是异己力量（鬼怪、巫师）作用的直接后果，要祛除"死"而就"不死"，通过巫师的神异功能乞求神灵就是必要的，因此，我们可以认为，本原意义上的"不死药"，即是远古的巫术礼仪，它不仅仅是今日所谓药石、膏丹、丸散之属的物质实体，作为文化符号的内涵，它乃是一整套的巫术制度和观念模式，包括咒语、仪式、法术、施法程序、感应效果、心理意念等等。

从第一则神话可以看到，所谓"药"，在这里是"长命"这种看不见摸不着而又无处无时不在的东西，它可以是一系列不间断的时空的演化，也可以是某个生命的过程或轮回变形。原始思维的特征是具象的，一切观念均有实体承载，虚无的"生"化为一种实物，"九位永生不死的姑娘"就是"生"理念的实指，下延各代，一群天真烂漫的姑娘就变化为"退西退列"（起死回生的宝贝），这种宝贝一般都有两端，一端触之即死，那是专为坏人准备的；一端触之即生，那又是好人的专利；显然，这善恶观念的掺入使神话变得不那么古老了。接下来是"退西退列"的变种——"药"，其中有草（第二则神话）、树（第四则神话）、虫蚁石头（第五则）之类。这一个演变过程说明，"药"概念的形成，是当后世人们有了以药

---

① ［法］列维－布留尔：《原始思维》，商务印书馆 1986 年版，第 330 页。

云南文库·学术名家文丛

疗疾的经验之后方始形成的，它的形态可以是人、草、树、石、蚁、蟹、芭蕉，甚至是月亮和某种世间不存的宝贝，而实质则仍是某种文化观念和典章制度，如生死观念及与此相关的巫术和巫术制度。

"不死药"神话是在原始社会的完整背景下产生的，从深层意义上讲，它反映的不单是人类生死存亡、自然变异的事象，更重要的是，它表达了原始人所处的环境（自然的、社会的）以及人们对这一环境的态度。原始人生存环境的恶劣，在林惠祥《文化人类学》一书中有着周详的描述，他指出，原始人群在生产力和防卫力极低的情况下，要应对变幻莫测的环境是十分困难的，自然界的风雨晴晦、星奔电迈、地崩山摧、江河横溢以及虎狼蛇虫、恶瘴毒疠，无一不是作为与人相对立的因素出现的。

人类自出母腹，每时每刻都置身在一个充满敌意的危机四伏的环境中，因此他们于死生之道是无时不在苦苦思虑着的，于是"死"就衍化为一个广泛的概念，包容了人世的所有苦难和哀痛，"不死"自然也就成为幸福、满足、安全、发展、光明的象征。由此，"不死药"神话被赋予一种更为深远的意义和更为广泛的内涵，成为人类战胜生存环境中的所有敌对势力的精神力量。

三

第一则神话说，"长命"是阿匹梅烟生出来的"永生不死的姑娘"，但是天地日月等九神要实现不死，必不可少的条件是与之婚配，这无异于说，女性的生殖能力即是"不死药"。在这则神话里，女性——阿匹梅烟及九位姑娘——的地位在一切之上，天、地、日、月、树、水、庄稼、年、人（实际是世间万物的代表）无不为之主宰。第二则神话中，找到"不死草"的是姐姐约白（月神），以"不死草"救活弟弟约罗（日神）的也是她，月使日生，阴使阳生，生死在于女性，女性为中心，男性为附庸，"不死药"甚至直等于女性本身了。神话中反映的这一观念，正是母权社会意识形态的写照。第三则神话里，兄弟俩为娶两位女性才得到"不死药"（纠底那迟），月亮之得到"不死药"也是因两位女性不按照丈夫的吩咐把滚水浇到天梯脚上，以致天梯脚被虫蛀，丈夫们由此摔死，决定事情的因素依然是女性。第四则神话中，虽然女性不再受人尊重，但她仍然是有回天之力，她说出的话竟然改变了作物的生长规律（对栽谷姑娘和种养小伙子说的话都应验了），而且手植一杖，转瞬间就长成遮天的大树，使日月无光，世界黑暗，这仍是对女性权威的描写，只不过带有一种无奈的遗憾罢了。第五则神话中，女性因素遽尔消逝，出场的角色尽是男人，但这个神话明显地受到汉族秦始皇求仙传说的影响，男权至上的观念不足为训。① 而从整个"不死药"神话系列来看，女性地位的显赫，君临天下的力量与威势是极为突出的，这才是"不死药"神话的主题所钟。

对女性的崇拜一般说来是母权制的理念，摩尔根《古代社会》中的有关描述，笔者认为至今尚未过时或未完全过时；虽然当代世界民族学者对此有若干非议。过去理论界曾将这一制度放大、泛化或干脆绝对化，但这偏颇过不在摩尔根而在我们的理论界。事实上，许多原始、半原始的民族至今仍有母权制存在（至少在摩尔根调查过的易洛魁人中存在着），而许多稍有文明但仍较落后的民族仍有若干母权制的痕迹可寻——至少在笔者调查过的哈尼族中有此痕迹存在是不可抹杀的事实。

摩尔根在考察民族社会政治制度的时候，对女性中心现象曾做出合于科学的分析，尤其肯定了生殖功能在氏族集团中的地位，他说：

> 拉丁语之 gens，希腊语之 γεγος，梵语之 ganas，本义均指亲属而言。它们分别含有本语言中的 gigno，γιγνομαι和 ganamai 等词的相同成分，这三个词的意义为生殖；gens 等词从而也就暗示着一个氏族的成员们有着直接的共同世系。因此，氏族就是一个由共同祖先传下来的血亲所组成的团体，这个团体有专名以资区别，它是按血缘关系结合起来的……在往古时代，世系一般均以女性为本位；凡是在这种地方，氏族是由一个假定的女性祖先和她的子女及其女性后代的子女组成的，一直由女系流传下去。当财产大量出现以后，世系就转变为以男性为本位；凡是在这种地

---

① 为证明第五则神话受到汉族传说的影响，除结构上与秦始皇求仙故事的对应同一外，我们尚可提供以下史料作为传播学上的参考：a. 秦始皇在云南"置吏"波及汉制。b. 汉武帝屡次开拓西南夷地区，遣使至云南，有滇王与汉使者言曰"汉孰与我大"的故事。"元封二年，天子（武帝）发巴蜀兵击灭劳浸、靡莫，以兵临滇。"以上材料均见司马迁《史记·西南夷列传》。

方，氏族就由一个假定的男性祖先和他的子女及其男性后代的子女组成，一直由男系流传下去。① （文内着重号为笔者所加）

这一理论可以从哈尼族家谱世系中得到证明，这一谱系在哈尼族各支系中普遍由女性始祖"俄玛"（天女）起头，按序排列为：俄玛—玛窝—窝觉—觉涅—涅直—直乌—乌突—突玛—玛约—约涅—涅木（阿匹）—诗米乌—乌突里—突里佐—佐俄烟—俄烟恰—恰七习—七习里—里波贝—波贝乌—乌合然—合然嵯—嵯摩于—摩于直—直塔婆……（此为红河州元阳县胜村寨哈尼族卢朝贵的家谱，此外，尚可参看《哈尼族简史》云南人民出版社 1985 年版第 22—25 页等有关材料）一般说来，"直塔婆"以下为男性世系，以上有男性有女性，但远古开系之祖为女神"俄玛"，近古开系之祖为女性祖先"塔婆"。虽然目前这一男女杂糅的世系家谱尚未研究透彻，但以女性为文化转折的始者则是显而易见的。

马克思、恩格斯也曾对生殖在人类社会历史上的杠杆作用作过评述，指出物质生活资料和人本身的生产再生产是一切人类生存的前提，这些因素从历史的最初时期起，从第一批人出现时，就同时存在着，而且就是现在也还在起着作用。② 西方人本主义心理学家马斯洛（A. H. Maslow）论述人类的心理需求层次为——生理需求、安全需求、情爱需求、自尊需求、知欲需求、审美需求和审美价值实现需求，在这些需求中，生存的需求（包括生殖）是一切需求的前提。由此我们可以理解为什么女性崇拜在原始人对生命追求的产物"不死药"神话中始终高扬奋举，而且成为永不衰竭的主题。

与女性崇拜相关联的第一个神话是第四则神话中作为主要形象出现的大树崇拜——这在哈尼族神话中是极为突出而罕为他种民族所具有的——那遮天大树在一瞬间长成，直插天神的大门，遮月蔽日，使世界陷入黑暗，倒下之际又压死世界民族之半，树叶、树枝、木渣化生成鱼虾、泥鳅、黄鳝、稻谷，洒遍江河，盖满田垄，而且树尖挂在月亮上，从而使月亮也永生不灭，这参天拔地的威力，该是令人多么惊叹啊！

那么遮天大树的神话意味着什么呢？

① ［美］摩尔根：《古代社会》上册，商务印书馆 1983 年版，第 62 页。
② 参见《马克思恩格斯选集》第 1 卷，人民出版社 1972 年版，第 32—34 页。

在我看来，它恰是女性权威的象征。这里有几个证明。其一是，"遮天大树"哈尼语为"嵯卒俄都玛佐"，"玛"在此有"巨大"之意，形容此树硕大无朋。但哈尼语"玛"，常用词义为"女人"或"母亲"的尊称，如前述家谱之首"俄玛"中，"俄"为"天"，"玛"为"母亲"，直译 为"至高无上的母亲天神"。因而"嵯卒俄都玛佐"本身就含女性崇拜的意味。其二是，遮天树王的再生之力，正可与女性的生殖功能相匹，可看作是这一功能的变形具象。其三是，树尖挂在月亮上（而非太阳上）变成不死之树，月为阴，为女性，可知其为女性崇拜。其四是，砍倒遮天大树的办法，除用污秽的鸡屎破邪外，还要用藤子捆住树身，西双版纳地区哈尼族支系的僾尼妇女，今天仍有用藤子圈束腰身的风俗，与神话所述遮天树王是女性象征恰成契合。

第四则神话值得我们注意的原因，在它反映了社会发展中男女权力中心转移交替特殊阶段的文化特征，此时女性地位虽有下降，但积威仍在。从整个情节看，女性是给世界带来黑暗的罪魁，因此全世界的所有民族纷纷起来讨伐她们（砍大树），从而展开了一场争夺社会权力中心地位的大血战，经过生死较量（其剧烈程度，乃至使日月无光星移斗转），人口大量损失（七十七个民族损失殆半），混乱的秩序终于重整，男人们终于主宰了世界，结局是大树崩坍，光明复观，举世升平，但从神话对大树（女性）威力的描述看，人们虽然对女性世界充满仇恨和恐惧，但又不得不肯定她们生殖力量的伟大，因为基本的历史事实是，没有女性，便没有了人类本身。尽管这则神话企图否定女性，但它恰恰使人看到否定女性的困难。

与女性崇拜相关联的第二个神话特征，是石崇拜。第五则神话中所开列的"不死药"药方——月亮的肠子、蚂蚁的眼泪、石头的胆、螃蟹的软肝、芭蕉的骨髓中，石头为其一味（先议石头，其余后及）。

哈尼族的石崇拜最明显地反映在安寨时的"立寨石"仪式中，该族迁徙史诗《哈尼阿培聪坡坡》中有这样的描述：

> 按照惹罗的规矩，
>
> 哈尼把寨子来兴建：
>
> 定居的基石是寨子的父母，

它从遥远的惹罗普楚搬来。①

这寨石是村寨的核心，具有守护村寨的神力，没有它，村寨将受到鬼神的侵凌，它同时象征着全寨人员均系远古某个祖先的子孙，起着维系寨人血缘关系的作用。另一个信息是传说哈尼族的祖先诞生在遥远北方的"虎尼虎那高山"。②"虎尼虎那"意即"红石头黑石头"，③ 在同一传说里又说，生下全体人类的始祖母是"塔婆"，在生育时，头、额、顶、肩、胸、腹、膝盖等部位统统生出人来，哈尼族生在"塔婆"肚脐眼里，格外受到她老人家的庇护垂爱，所以今日也住在山坳里。④"塔婆"其实是摩尔根所说的"假定的女性祖先"，她与"虎尼虎那"，即"红石头黑石头"都生出了人类，两者有着同质异形的对应性，都是女性崇拜观念的人格化或物态化。

与女性崇拜相关的第三个神话特征是，"不死药"神话中反复提到的月亮。第二则神话中述及月使日生，阴使阳生，月是女性代表的内容。月亮与女性的关系何在？从生与死的交替互渗来看，月亮的变化，是自然界中最能引发原始人联想的事象。月亮的晦明圆缺，有着严格的周期性，由明而暗，由亏而盈，渐消渐长，很易于使人联想到人和自然物死而复生、存而又灭的渐生渐息的变化规律。尤其是女性在生殖过程中，为新生命的诞生所经历的痛不欲生的"假死"状态（如难产、休克、疼痛）与婴儿出世新生时的响亮的呼喊，也使人们对生与死这生命的两极在一个短暂的过程（生产）中有了深切的体验，从而与月的死而复生相连类。从形体变化看，女性"十月怀胎，一朝分娩"的渐长渐消，也很容易引动人们对月亮渐圆渐缺的消长变化做出想象。换句话说，在自然万物中，月亮变化的周期性远胜于其他事物，也最易为人观察到，因此，凡与周期性相关的事象，如死亡与复活、生育、发端等等，都与月亮取得了对应，经过原始思维的"互渗"，这本来不相干的种种就俨然合一了。弗洛伊德谈过，月亮

---

① 参见《哈尼阿培聪坡坡》，云南民族出版社 1986 年版，第 46 页。
② 同上书，第一章及注⑥。
③ 同上。
④ 同上。

晦明的周期与女性月经周期以及大海的潮汐周期有着不谋而合的近似，月三十天一圆缺，潮汐三十天一涨落，女性三十天一经期，这种相似于是变成了对原始人关于月亮与女性合一玄想的启示录。

四

"不死药"究竟是什么东西？除神秘的草、树、类似棍棒的"退西退列"和不名其状的"纠底那迟"外，回答得最具体的是第五则神话所开出的药方：月肠（月亮）、石胆（石头）、蟹肝（螃蟹）、蚂蚁泪（蚂蚁）和芭蕉髓（芭蕉）。现在我们来研究为什么这些东西具有使人不死的效力。

J. G. 弗雷泽曾将死亡神话分为四类，而其所议实际同时包含了不死神话在内，为说明我们的问题，不妨将其类型与上述"不死药"做一照应。

弗氏死亡神话类型为：

① 传消息型　基本情节为至上神派使者到人间传消息许诺人可不死，后来他改变了主意，又派使者去说人必须死，后发者先至，于是人开始死亡。前列数种哈尼族神话中没有同型者，但在该族长篇古歌《窝果策尼果》中却有十分相似的例子：

> 远古时人不会死，于是老人们日渐其多，他们不饮不食不动，如同朽木，年轻人须在晴天将其搬出晒太阳，雨天又搬回，以免发霉，天长日久，年轻人不胜其苦，便不再搬，一任其如同柴垛般堆积，年月如梭，老人们脸上堆起五拃厚的尘灰，白茅草的根在皮肉骨骼之间往来穿行，老人们苦不堪言。出于孝顺，人们便与烟沙大神商议，使人取得死的权利，经过一番争议，烟沙同意了，但又说"老人死，年轻人活"。但传达此话的人"德摩诗匹"（文化英雄）摔了一跤，忘却了原话，传成"老人死，年轻人也死"，于是开了老人和年轻人都死的头。①

此型神话不在"不死药"中，姑不议。

② 消长月形型　基本结构是，月亮是死而复生的，它也主张人和它一

---

① 参见《哈尼族古歌·窝果策尼果》中之《诗窝纳窝本》一章，云南民族出版社1992年版。

样，但由于人不愿意或其他原因，人死不复再生。如东非洲 Masai 人说，古时人们听见一只狗说："一切人要像月亮死去，但如人们给我吃葫芦里的奶、喝草秸滤过的酒，就能在第二天复生。"人们觉得狗言可笑，就用便器给它喝奶和酒，狗见人们无礼，很不高兴，喝过之后说："一切人都要死，只有月亮可以复活。"所以人死不复活，月死则复活。本文第一、四、五则神话都隐含着月死复生的内容：第一则神话所说包括月神在内的九位神由短命而长命，也是死而复生；第四则说大树蒙住月亮的脸，树倒后日月重光，也是死而复活；第五则说月是"不死药"，也与此相同。

③ 蛇蜕皮型　基本结构说原先人不死，因人可在垂暮之年脱去老皮，焕发青春，后来蛇、蜥蜴等效行人类，结果它们不死而人却死去。如苏门答腊 Niss 岛人说，神造天地时派了一个人来帮助创造，但规定他一月之内不准进食，此人不耐饥渴偷吃了香蕉，于是人便死亡，若他吃的是螃蟹，就可如蟹之脱皮再生。又如大洋洲土人说原先人也是蛇、蟹一般可以蜕皮再生，但这一幸福被一老妪丢失了，她老时到河边蜕去旧皮，抛于水中，回家后青春健美，但儿子不再认她为母，不得已，她只好回到河边捞出旧皮穿上，从此人不再蜕皮复生。第五则神话中"不死药"五味中之一味便是蟹的软肝，想必有蟹脱观念潜伏于彼。

④ 香蕉树型　基本故事说，人在至上神提供的两种可能性中选择了以香蕉为代表的死亡，于是死去。如生活于 Ceuebes 中部的土人说，起头天地相近，创造神不时从天上用绳子为人送下礼物来，有一次送下一块石头，人类不要，说："石头有什么用，给点别的吧！"神收回石头送下香蕉，人接受了，立刻听到神说："你们选择了香蕉，就像香蕉一样死吧；如果选择石头，就可像它一样长存。"于是人开始死亡。第五则神话中有芭蕉（香蕉类），但含义与上说相反，非死而生，对此下文将释，含有石头，则同。

弗雷泽的四型死亡神话，实际提出死生的关键，在于其征候物之是否具有消长、蜕皮、更新等自然属性，如月、蟹、蜥蜴、蛇等，第四型所举的石头和香蕉，则是生与死的代表。关于石头，已有前述为女性生殖表征，且石头的不变更不移徙的属性（如巨石、石崖的万古长存）也是人类希冀永生的寄托。另一"不死药"蚂蚁，弗氏未举，但此种昆虫的多子孙、整体力量的巨大（非洲丛林中有食人蚁阵，所过之处生者不存）也可作为激发女性生殖和人寿恒昌意念的契机。至于香蕉，Ceuebes 土人谓之死而哈尼族谓之生，可能由于两个民族对同一事物的性状取舍不一，前者以香蕉树老而易衰，是从生命现象着眼，后者或以香蕉（芭蕉）形似月钩，由月不死引申为香蕉不死，是从造型现象着眼，二者虽异，但实质都是从香蕉是否具有消长、蜕变、更新属性出发引类神思的；正因上述诸种"不死药"具备这样的属性，所以它们在神话里便成了使人永生不死的神药。

消长、蜕变、更新是"不死药"神话的特质所在，但还不是这类神话的本源所在。笔者以为，这一神话系统的文化内核，在于原始人对宇宙秩序的恒定、给出、构想，即宇宙万物均在一个大系统中按一定（先验的既定）的方式，做均匀、平衡、稳定、有序、规范、圆满的运动的思维指向，而这指向最后归原到一个神（常是至上神）的身上，这就是为什么在这纷纷纭纭的神话中，总有一个出场或不出场的神祇，一切由他做出安排的原因，要改变人类的命运或自然规律，常常只在他一念之间，一切的消长、蜕变、更新都是由他先决的定律。出于这一观念，复杂神秘的生命现象和万事万物都在原始人那里变得清晰可解，一切异常（死亡、灾变……）都是正常，一切非理都是合理；对于原始初民来说，主观世界和客观世界的所有事物的生息存灭，都仅仅是这一恒定的宇宙秩序在不同时空里的赋形罢了。

（载《民族文学研究》1989 年第 2 期）

学术年表

1981 年

《九隆石雕初识》，载《云南社会科学》1981 年第 2 期。

《论"生命的根源"》，载《哲学研究》1981 年第 2 期。

1985 年

《故事·历史·人生——中日故事文学比较》，载《云南民族学院学报》1985 年第 3 期。

《人的艺术与神的艺术》，载上海文艺出版社《民间文艺集刊》。

《哈尼族迁徙史诗断想》，载《思想战线》1985 年第 6 期。

1986 年

《哈尼阿培聪坡坡》，云南民族出版社。

1987 年

《迥异有别的诗史——哈尼族迁徙史诗〈哈尼阿培聪坡坡〉与荷马史诗》，载《山茶》1987 年第 4 期。

《哈尼族与"氐羌系统"》，载《民族文化》1987 年第 5 期。

1988 年

《洪水神话：生殖的花原》，载《红河民族语文古籍研究》1988 年第 1 期。

《滨海文化与高原文化的嫡裔》，载《边疆文化论丛》第 1 辑，云南民族出版社。

《和夷的嬗衍》，载《云南民族古籍研究》（创刊号），云南民族出版社。

《历史的迹化——哈尼族送葬头饰"吴芭"初考》，载《山茶》1988 年第 2 期。

《神话的整化意识》，载《云南社会科学》1988 年第 4 期。

1989 年

《哈尼族的历史分期及文学史分期》，载《山茶》1989 年第 1 期。

《不死药与不死观——哈尼族"不死药"神话研究》，载《民族文学研究》1989 年第 2 期。

1991 年

《山坳中跳荡不息的精灵——哀牢山少数民族》，载《大地》1991 年 9 月号。

《"民神杂糅"与"绝地天通"——中国古巫源变三说》，载《边疆文化论丛》第 3 辑，云南民族出版社。

《巫之生与巫之成——哈尼族神话中记载的人类历史上第一次脑体劳动大分工》，载《民族文学研究集刊》1991 年第 5 期。

1992 年

《哈尼族古歌》，云南民族出版社。

1995 年

《云海中的奇婚女性》，合著，云南教育出版社。

1996 年

《哈尼族文化精神论》，载《首届哈尼族文化国际学术讨论会论文集》，云南民族出版社。

1998 年

《哈尼山寨啜茗录——哈尼族茶义发微》，载《古今艺文》第 24 卷第 4 期。

《哈尼族文化英雄论》，载《民族文学研究》1998 年第 3 期。

《哈尼族文学史》，云南民族出版社。

1999 年

《哈尼族与百濮民族茶事丛谈》，《云南民族学院学报》1999 年第 2 期。

《云南少数民族概览·哈尼族》，合著，云南人民出版社。

《哈尼族文化大观》，合著，主编，云南民族出版社。

《建立"哈尼族梯田文化奇观保护与发展基地"的构想》，载《梯田文化报》1999 年 3 月 25 日。

《哈尼族文化魂之跌落与招回》，《哈尼族文化论丛》第 1 辑，云南民族出版社。

提出"红河哈尼梯田申报世界遗产"构想，获云南省及红河州政府采纳，建立该申遗项目核心理论"江河水系—森林—村寨—梯田四度同构的人与自然高度融合的生态农业系统"，受聘为该项目专家组组长，并于 2013 年 6 月，参加中国代表团赴金边第 37 届世界遗产大会捧回该世界遗产。

提出"云南世界茶树原产地与普洱茶申报世界遗产"构想，获云南省政府采纳，受聘为该项目调研课题专家组组长，目前此项目已列为中国政府申遗预备项目第 6 位。

2000 年

《对元阳哈尼族梯田申报世界遗产的调查研究》，载《梯田文化报》2000 年 6 月 22 日。

《打世界顶级品牌——关于建立云南省申报世界遗产战略的建议和构想》，载《梯田文化报》2000 年 6 月 22 日。《云南民族学院学报》2000 年第 6 期转载。

《哈尼族十月物候历与农耕生产》，载《中国哈尼学》第 1 辑，云南民族出版社。

2001 年

《大山里塑成的奇迹——元阳哈尼族梯田申报世界遗产》，载《今日民族》2001 年第 4 期。

《世界茶文化源头之辩》，载《云南民族学院学报》（哲学社会科学版）2001 年第 6 期。

《元阳哈尼族梯田申报世界遗产可行性研究》，载《华夏·人文地理》2001 年增刊。

2002 年

提出"红河哈尼族多声部民歌文化申报世界非物质文化遗产"构想，获红河州政府采纳，担任该项目专家组组长，项目正进行中。

提出"云南世界茶树原产地与普洱茶申报世界遗产"构想，获云南省政府采纳，受聘为该项目调研课题专家组组长，目前此项目已列为中国政府申遗预备项目第 6 位。

2003 年

《茶事鼻祖，历久弥芳——关于思茅、西双版纳、临沧世界茶树原产地与世界名茶普洱茶申报世界遗产的思考》，载《云南民族大学学报》2003 年第 4 期。

《一片绿叶叩响一个世界——世界茶树原产地和普洱茶申遗叙事曲》，载《今日民族》2003 年第 7 期。

《中国少数民族民间故事精选》，人民教育出版社与中国大百科全书出版社。

2004 年

《哈尼族八声部复音唱民歌亟待申遗》，载《春城晚报》2004 年 12 月

24 日 C8 版。

2005 年
《文明的圣树——哈尼梯田》，黑龙江人民出版社。

2008 年
《金谷魂——云南稻作文化之自然崇拜》，云南美术出版社。

2009 年
提出召开"首届世界梯田大会"构想，获红河州政府采纳，担任该大会专家委员会主席。

2010 年
主持召开了"首届世界梯田大会"，创意成立了"世界梯田联盟"组织，成为创会主席。

2012 年
《首届哈尼梯田大会论文集》，合著，主编，云南人民出版社。
《红河宣言——保护与发展梯田文明全球宣言》，执笔，云南人民出版社。
《奏响梯田文明的金色乐章》，论文，云南人民出版社。
《从红河到巴黎——红河哈尼梯田申报世界遗产历程》，云南人民出版社。

2014 年
5 月，赴秘鲁参加"第二届世界梯田大会"。
5 月，创意成立"世界山地及梯田茶联盟"，担任创会主席。

图书在版编目（CIP）数据

史军超学术文选——神舞哈尼／史军超著．--昆明：
云南人民出版社，2014.10
（云南文库．学术名家文丛）
ISBN 978－7－222－12274－1

Ⅰ．①史… Ⅱ．①史… Ⅲ．①哈尼族—民族文化—中
国—文集 Ⅳ．①K285.4－53

中国版本图书馆 CIP 数据核字（2014）第 216413 号

出 品 人：刘大伟
统筹编辑：马维聪
责任编辑：董郎文清
装帧设计：郑　治
责任校对：文　清　李继孔
责任印刷：洪中丽

书名	**史军超学术文选——神舞哈尼**
作者	史军超　著
出版	云南人民出版社　云南大学出版社
发行	云南人民出版社　云南大学出版社
社址	昆明市环城西路 609 号
邮编	650034
网址	www.ynpph.com.cn
E-mail	ynrms@sina.com
开本	787mm×1092mm　1/16
印张	17.75
字数	273千
版次	2014 年 12 月第 1 版第 1 次印刷
印刷	昆明卓林包装印刷有限公司
书号	ISBN 978－7－222－12274－1
定价	55.00 元